FAMÍLIA VIAGEM GASTRONOMIA **MÚSICA** CRIATIVIDADE
& OUTRAS LOUCURAS

FABRICIO MAZOCCO
SILVIA REMASO

CONTRAPONTOS
UMA BIOGRAFIA DE
AUGUSTO LICKS

Belas Letras

© 2019 Fabricio Mazocco e Silvia Remaso

Uma mensagem assustadora dos nossos advogados para você:

Nenhuma parte desta publicação pode ser reproduzida, armazenada ou transmitida, sem a permissão do editor.

Se você fez alguma dessas coisas terríveis e pensou "tudo bem, não vai acontecer nada", nossos advogados entrarão em contato para informá-lo sobre o próximo passo. Temos certeza de que você não vai querer saber qual é.

Este livro é o resultado de um trabalho feito com muito amor, diversão e gente finice pelas seguintes pessoas:

Gustavo Guertler (edição), Fernanda Fedrizzi (coordenação editorial), Germano Weirich (revisão), Celso Orlandin Jr. (capa e projeto gráfico), Ilton Saffer (foto da capa) e Fernando Rigotto Witt (foto da contracapa)

Obrigado, amigos.

2019
Todos os direitos desta edição reservados à
Editora Belas Letras Ltda.
Rua Coronel Camisão, 167
CEP 95020-420 – Caxias do Sul – RS
www.belasletras.com.br

Dados Internacionais de Catalogação na Fonte (CIP)
Biblioteca Pública Municipal Dr. Demetrio Niederauer
Caxias do Sul, RS

M475c	Mazocco, Fabricio
	Contrapontos: uma biografia de Augusto Licks / Fabricio Mazocco e Silvia Remaso. - Caxias do Sul, RS: Belas Letras, 2019.
	320 p.
	ISBN: 978-85-8174-472-8
	1. Músico brasileiro – Biografia. 2. Licks, Augusto, 1956. 3. Guitarrista gaúcho – Música Popular Brasileira I. Remaso, Silvia. II.Título.

18/98   CDU 929Licks

Catalogação elaborada por
Rose Elga Beber, CRB-10/1369

Dedico este livro à família de onde vim e à família que formei. A Augusto Licks, que foi quem me inspirou a ouvir música de outra maneira! A todos e a todas que me apoiaram.

Fabricio Mazocco

Para Augusto Licks, um gênio que engenhosamente se comunica com a guitarra, e ao meu amado filho, Vittorio.

Silvia Remaso

SU MÁ RIO

PREFÁCIO **(8)**

COMO ESTE LIVRO FOI CONSTRUÍDO **(14)**

TO BE OR NOT TO BE ENGENHEIROS DO HAWAII **(17)**

LADO A / Por Silvia Remaso

LONGA HISTÓRIA **(26)** / NASCE UM MENINO **(28)** / UM PÉ NA ALEMANHA **(30)**

CINEMA GOIO-EN **(32)** / AS PERIPÉCIAS DOS LICKS **(34)** / XEQUE-MATE **(38)**

SONS AO REDOR **(39)** / GUITARRA ELÉTRICA **(44)** / PROFESSOR IRMÃO **(45)**

PRIMEIRA MUDANÇA **(48)** / FRIENDSHIPS **(50)** / JULIÃO **(53)** / GAROPABA **(54)**

WALK TOGETHER, TALK TOGETHER **(55)** / PRIMEIRO IMPROVISO, PRIMEIRA GUITARRA **(57)**

TURMA DE 72 **(60)** / BAHIA E ALÉM **(61)** / PORTO ALEGRE 73 **(64)** / DRIBLE **(67)**

DESCOBERTAS CULTURAIS **(71)** / 11 DE SETEMBRO **(76)** / ARTE ITINERANTE **(78)**

GUITARRISTA DE HAMELIN **(79)** / A SOBREVIVÊNCIA **(82)**

A GENTE SE ENCONTRA NO CHAFARIZ **(83)** / LENTO E MUDO **(85)** / ¡HOLA! **(86)**

A TOCA **(87)** / QUEBRANDO O SILÊNCIO **(88)** / FACULDADE FANTASMA **(89)**

ANTENADO **(90)** / A BOLA ROLA E O SHOW NÃO PARA **(93)** / O MUNDO DA COPA **(95)**

BBC EM PORTO ALEGRE **(97)** / VOCÊ DESPEDAÇOU MEU CORAÇÃO **(98)** / LADO A LADO **(100)**

DEU PRA TI, O GÊNESIS **(102)** / DEU PRA TI, O SHOW **(103)** / DEU PRA TI, O FILME **(109)**

MUSIPUC 80 **(111)** / NO CHANCE IN JAZZ **(114)** / PRIMAVERA DE 82 **(115)**

VEM COMIGO NESTE BARCO AZUL **(116)** / SÓ BLUES **(118)** / CROWDFUNDING ANALÓGICO **(120)**

PICNIC **(123)** / PEÇAS DE TEATRO **(124)** / MÔNICA TRICOMÔNICA **(127)** / CHEIRO DE SOM **(128)**

VOU PRO RIO, TCHAU! **(130)** / ELES, OS **(131)** / DEIXANDO AS RAÍZES **(132)**

CARECAS DA JAMAICA **(133)** / OUTROS INSTRUMENTOS **(134)** / AMIZADE **(135)**

LADO B / Por Fabricio Mazocco

O QUE DIZEM NO BOM FIM **(138)** / REVOLTA NOS ESTÚDIOS **(142)** / CAINDO NA ESTRADA **(154)**

CLARK KENT ÀS AVESSAS **(161)** / MAIS QUE UMA ALTERNATIVA **(167)** / DISTORÇÃO **(171)**

PARELHINHAS **(178)** / UM BRINDE À IMPRENSA **(182)** / AO VIVO **(187)** / NAU IN URSS **(191)**

CONSAGRAÇÃO HOLLYWOODIANA **(201)** / PEDALEIRAS, TECLADOS E GUITARRAS **(211)**

O MELHOR GUITARRISTA DO BRASIL **(221)** / OUTRAS VARIÁVEIS **(231)** / CHECK IN **(237)**

A ÚLTIMA PARCERIA **(242)** / O ÚLTIMO DISCO **(251)** / A ÚLTIMA TOUR **(257)**

O ÚLTIMO SHOW **(262)** / A MARCA **(269)** / MANCHETES DE JORNAIS **(278)**

MOACIR MONTENEGRO **(286)** / DEFESA E ACUSAÇÃO **(290)** / DO QUARTO PARA O MUNDO **(295)**

LICKS NO PALCO **(313)**

MEU PAI É INCRÍVEL / Por Laura Jakubiak Licks **(316)**

AGRADECIMENTOS **(319)**

Augustinho Licks participou de vários momentos da música e da cultura do Rio Grande do Sul, tocando em shows com vários artistas: Bebeto Alves, Kleiton e Kledir, Nei Lisboa ou nos discos de vários compositores. Também operava a mesa de som de shows e atuava no jornalismo. Participou ativamente da vida cultural de Porto Alegre naqueles tempos de "crise". Tempos em que a gente era "um bando e muitos outros", como disse Bebeto Alves. Ou tempos em que sonhávamos "salvar a humanidade ao redor da mesa", como disse Nei Lisboa. Tempo em que éramos felizes e não sabíamos.

A primeira vez que encontrei Augustinho, eu era recém-chegado em Porto Alegre em 1980, talvez 81. Meu conterrâneo Laerte de Franceschi, repórter da Rádio Guaíba, me ajudava a encontrar um lugar para morar. Como Licks trabalhava na rádio nos falamos rapidamente por acaso e estabelecemos contato de novo na Bandeirantes FM, recém-inaugurada, onde recebi das mãos de Nei Lisboa uma fita (de rolo) com a primeira gravação de estúdio de "Pra viajar no cosmos não precisa gasolina", um blues que foi apresentado no MusiPuc em novembro de 1980, parceria de Nei e Licks. Achei a música muito boa, e como era um dos programadores da rádio comecei a tocar imediatamente. Convidei a dupla para uma entrevista no programa "Noite Alta", que fazia às quartas e sábados, às 20h.

Tempos depois daquela entrevista, Augusto e eu nos encontramos na saída do supermercado Zottis, na rua da República. "Como está o programinha lá?", Licks me pergunta, e diz: "Moro aqui perto, na Joaquim Nabuco". Além da música, trabalhava como jornalista, era editor de esportes da Rádio Guaíba. O rádio talvez tenha nos aproximado mais. Estava procurando um lugar para morar e então Augustinho, que estava morando sozinho num apartamento grande, na quadra onde surgiu o Bar Opinião, me ofereceu o apartamento por um tempo. O apartamento (cuidado pela Dona Maria) tinha dois quartos e um anexo, um espaço no terraço coberto e transformado na "toca", a gente precisava abaixar pra entrar nesse buraco na parede. Lá dentro, panos coloridos, pufes e almofadas, toca-discos, livros, discos de vinil e incenso. A entrada da toca dava para o meu quarto. Morava naquele espaço meio hippie, que era um resquício dos anos 70.

O apartamento sempre tinha gente chegando, saindo, papos sobre músicas, guitarras... Licks era famoso pelos instrumentos que tinha: um violão Washburn, uma guitarra Gibson preta e o violão Ovation (reza a lenda que foi o primeiro daquele tipo a chegar em Porto Alegre). Acompanhei de perto a movimentação artística do Licks e do Nei. Nesse apartamento assisti à gravação caseira com dois violões de "Mônica Tricomônica", num gravador Teac K-7 de quatro canais. Essa gravação virou um hit na Ipanema FM, e eu ficava feliz de poder dar uma "força" para os amigos, além de gostar das músicas e do convívio com eles e outras pessoas da cena artística de Porto Alegre.

Licks tinha conexões no exterior. Viajava, trazia equipamentos, já havia morado nos EUA quando havia feito intercâmbio e tinha um apreço pelo blues. Ele me apresentou o som de Sonny Terry e Brownie McGhee, entre outros. Através dele conheci o Boina (da música "Praça XV"), o artista plástico Marquinho Pilar, o jornalista Pedro Haase, o diretor de teatro Nelsinho Magalhães. Por conta da rádio convivia com pessoas do meio artístico e cultural que batalhavam por espaços culturais e se encontravam entre o Bar do Beto e o Pedrini ou, quando a ocasião pedia, no Copacabana, onde Licks sempre pedia o Ravioli gratinado, mas... sem presunto! Os vinhos eram baratos, mas a vontade de fazer as coisas e o sonho eram grandes.

Uma brincadeira que sempre fazíamos era comentar "o problema da música do Rio Grande do Sul". Ocorre que desde sempre ouvimos comentários, debates, programas de rádio e TV, e matérias de jornal falando sobre isso. "Por que a música do Rio Grande do Sul não tem espaço? Por que a música do Rio Grande do Sul não funciona em todo o Brasil? (Com as exceções, claro)". Concordávamos com muitas coisas que eram ditas nessas discussões, mas achávamos engraçado a quantidade de debates e o tom das discussões, como se fosse um problema político. Era comum nos telefonemas o Licks perguntar: "Muitos debates sobre o problema da música do Rio Grande do Sul?"

Outra piada comum: chamarmos o jantar de "crise". Porque o Jornal Nacional estava sempre falando sobre a "crise", então a gente dizia: nos encontramos na hora da crise. Vamos fazer uma "crise". A crise era a janta. Isso era nos anos 80! Pensando bem, não sei se mudou muita coisa...

Nas festas de fim de ano na casa dos Licks em Montenegro, a grande atração era a cerveja escura feita pela dona Irma, mãe do Augustinho. Ela preparava a cerveja durante o ano para aquele momento esperado e curtido por todos os cervejeiros. Dona Irma dizia pra mim: "Tu é mais um irmão do Augustinho" – e sorria largamente, o que era sua marca registrada.

Essa visão divertida do Licks contrastava um pouco com seu jeito quieto de ser. Um certo ar insondável (às vezes passava dias fechado tocando) e um jeito calmo de tocar. Coisas de artista. Outra bem-humorada visão do guitarrista sobre a vida de músico: quando tinha que ensaiar ou viajar pra shows costumava comentar: "saudade de ser uma pessoa normal".[1]

Foi na minha casa, mais adiante e já em outro endereço, na Casemiro de Abreu, que mostrei uma fita dos Engenheiros do Hawaii para Nei, que resolveu tocar "Segurança" (você precisa de alguém...) num show no Círculo Social Israelita. A banda ficou feliz com a homenagem porque eles queriam uma aproximação com o Nei. A demo estava fazendo sucesso na rádio Ipanema. Humberto Gessinger costumava dizer que estava mais para Nei Lisboa do que para o rock inglês, que era uma tendência forte do pop.

---

1 Frase que Augusto ouviu do tecladista Glauco Sagebin.

Quando os Engenheiros convidaram Licks para entrar na banda eu fiquei surpreso. Todo mundo ficou surpreso. Não combinava o estilo, o jeito de tocar... várias coisas. Humberto, com seus trocadilhos e frases de efeito, disparou: "Licks não precisa nem tocar, só aquela luzinha do *fender twin* acesa, já basta". Claro que não era bem assim! Já nos ensaios Licks comentava que era tudo muito estranho, diferente. Eu achava que não ia dar certo. E a partir daí nossas conversas foram diminuindo, na mesma proporção que a banda subia nas paradas.

Num determinado momento viajei de férias para o Rio de Janeiro. Combinamos que ficaria no apartamento do Licks na Urca e aproveitaríamos para colocar os assuntos em dia. A banda já era um sucesso nacional e fazia muitos shows. Quando cheguei, Augusto estava saindo para uma gravação em São Paulo. Me alcançou a chave, disse para ficar à vontade e entrou num táxi.

Eu continuava achando que algo não ia bem na relação deles, mas as coisas para a banda estavam funcionando, e afinal, qual banda não tem problema de relacionamento, não é mesmo? Acredito que o fato de eu ser um "cara da imprensa" colaborava para que alguns assuntos não fossem comentados. Na verdade, também fui me desinteressando pelos assuntos da banda. Então tudo foi ficando mais distante, inclusive a briga final, que acompanhei pela imprensa mesmo. Licks, na época, e durante muito tempo depois da separação da banda, não atendia o telefone. Tinha que deixar recado e ele retornava uma semana depois e ficava horas no telefone falando da vida. Quando se deu a separação, eu via tudo aquilo acontecendo e, apenas uma vez, quando tive oportunidade, disse para ele: "Cara, fala alguma coisa, os caras estão te detonando e toda a imprensa querendo saber o que tu tem a falar. Aproveita e fala". Ele preferiu silenciar.

Garopaba, a moto vermelha, Bob Dylan, Cidade Baixa, Eric Clapton, jornalismo, política, blues, café, guitarra, Montenegro, Nova York, rádio Guaíba, a família americana, os irmãos e sobrinhos. São imagens e lembranças do cara com quem a cidade de Porto Alegre, o rádio e a música me fizeram conviver naqueles nem tão Verdes Anos.

Foto acervo pessoal de Augusto Licks.

COMO ESTE LIVRO FOI CONSTRUÍDO

Em 2012 o jornalista Fabricio Mazocco viajou ao Rio de Janeiro
para tentar um encontro com Augusto Licks, queria escrever sua
biografia. Ficou surpreso, pois esperava um não como resposta.
Depois de algumas xícaras de "Verinha" no Café Latte, Augusto
aceitou, alertando que poderia enfrentar dificuldades. Sugeriu
que contatasse uma jornalista que desde 2009 escrevia um blog
sobre sua carreira. Silvia Remaso aceitou, e aos dois Augusto
sugeriu que contassem sua história ouvindo o que outras
pessoas teriam a dizer. Algumas pessoas se recusaram a falar,
outras sequer responderam. Mesmo assim foram mais de 50
entrevistados, quantidade de depoimentos e informações que
dobrariam as páginas deste livro.

Após um ano e meio de trabalho, surgiu a oportunidade de um
encontro em São Paulo. Augusto preparava sua palestra interativa
sobre música e conversou com a dupla de jornalistas por seis horas seguidas. Esclareceu dúvidas, explicou o porquê de seu longo
silêncio e comentou questões que permaneciam envoltas num "ne-
voeiro". As conversas continuaram por e-mail e algumas vezes por
telefone. Uma história puxa a outra, que leva à próxima.

Os autores encontraram na terceira pessoa a voz para narrar a
história desse caçula de uma família de oito filhos. Um sujeito do
interior do Rio Grande do Sul, tímido, voz pequena e preocupado em
não falar com sotaque alemão, que disputou um campeonato de xadrez aos 5 anos e afinava violão sem nunca ter aprendido. Sua infância e adolescência têm como fundo um período da história em que
o país tinha sua liberdade e cultura destruídas pelo regime militar.

Na linguagem musical, contraponto é uma voz melódica simul-
tânea a outra(s), expressando na mesma situação uma afirmação
diferente/divergente. É comum incluírem-se instrumentais numa
canção, e a maneira mais simples é tocar num instrumento a mesma melodia cantada. Outra maneira é divergir, tocar outra melodia,

e essa foi a escolha de Augusto. O termo musical também empresta simbolismo: tirar a prova, enxergar a realidade por outros ângulos, desafiar certezas estabelecidas.

Desde dezembro de 1993, quando saiu dos Engenheiros do Hawaii, Augusto se recusou a dar entrevistas sobre o assunto. Por muitos anos manteve-se totalmente fora da mídia e por pouco não virou a lenda do guitarrista sem cabeça. Milhares de fãs intrigados com o silêncio usavam as redes sociais tentando descobrir "Por onde anda Augusto Licks?". Ele voltaria à cena, a seu próprio modo, com o existencial *Do Quarto Para o Mundo*.

De temperamento tranquilo, porém falante, parecia autoexcluir--se, numa espécie de mecanismo de defesa. Superando-se nas carreiras simultâneas de músico e jornalista, Augusto Licks era discreto demais. Outsider, quase não falava nas entrevistas nem fazia gestos e coreografias como a maioria dos guitarristas. Nos Engenheiros do Hawaii, usava sempre camisa social branca, calça jeans escura, tênis preto com aparência de sapato e óculos do tipo Clark Kent. Um guitarrista *nerd* que numerava e assinava suas palhetas antes de jogar para o público no final dos shows. Com seu cigarrinho no canto da boca, levava o ato de tocar muito a sério.

O livro foi dividido em duas partes: Silvia Remaso escreveu a primeira, o Lado A, sobre a infância, o intercâmbio nos EUA, trabalho na rádio e as primeiras vivências musicais. Fabricio Mazocco, no Lado B, conta desde a sua entrada nos Engenheiros do Hawaii até detalhes das gravações dos discos, equipamentos usados, as turnês, o sucesso, a briga judicial, o workshop e muito mais. Aos amantes de guitarra e tecnologia musical sugerimos fazer a leitura ouvindo as canções correspondentes.

Este livro é uma rara oportunidade de conhecer as histórias de vários Augustos: radialista, parceiro de Nei Lisboa, integrante dos Engenheiros do Hawaii, colunista do Estadão e assim por diante. Quer saber por onde andou Augusto Licks? É só virar a próxima página!

TO BE OR NOT TO BE ENGENHEIROS DO HAWAII

Por Fabricio Mazocco

Um banho rápido, uma roupa razoável. Para Augustinho é apenas mais um show de rock, depois de tantos outros. A atração desta noite de 11 de maio de 1987 é a banda inglesa pós-punk Echo & the Bunnymen. O palco é o Canecão. Não é sua banda preferida, mas é uma boa opção em pleno outono carioca.

O cansaço chega lentamente, afinal foi mais um dia de gravações para o disco *Carecas da Jamaica*, de Nei Lisboa. Nunca uma gravação de estúdio é tranquila. E hoje foi dia de Nei receber Humberto Gessinger, Carlos Maltz e Marcelo Pitz, os Engenheiros do Hawaii, para uma participação na faixa-título.

"Carecas da Jamaica" foi escrita por Nei e tem a música de Augusto. Como Nei cantou junto em "Toda Forma de Poder", no primeiro disco dos Engenheiros, era hora de retribuir o convite. Além de ele próprio regravar a mesma música numa versão intimista, voz e violão, Nei também havia incluído nos shows a canção "Segurança", de Humberto, arranjada por Augusto, o que deixou os Engenheiros felizes, afinal era Nei Lisboa tocando música de um grupo que estava começando.

Humberto já tinha declarado que se sentia próximo da MPG de Nei Lisboa, contrariando tendências do rock gaúcho da década de 80. Os Engenheiros do Hawaii,[2] desde seu início, investiram numa estratégia de se diferenciar de todas as formas, por exemplo, rejei-

---

[2] O nome da banda sempre rendeu assunto em entrevistas, gerava curiosidade semelhante a "Paralamas do Sucesso". "Hawaii" era um termo muito associado com a prática de surf, que alguns gaúchos rejeitavam como "coisa de carioca Zona Sul" (Os Replicantes tocavam "Surfista Calhorda") e que alguns estudantes de arquitetura atribuíam a estudantes de engenharia, taxados de "menos criativos".

tando qualquer ligação com o bairro Bom Fim, de onde era gerada a maioria das bandas daquela geração, diferente de legados mais antigos como o bairro IAPI, associado a Liverpool/Bixo da Seda, Bandaliera, e mesmo Garotos da Rua. Na verdade, o foco da rejeição era mais o bar Ocidente do que o próprio bairro. Afinal, os apreciados Saracura e Nei Lisboa eram produtos do Bom Fim, e o próprio baterista Carlos Maltz morava lá com sua mulher. Buscando se diferenciar, anunciavam-se como uma banda da Zona Norte, mesmo que os ensaios fossem no bairro de Petrópolis. Enquanto o Ocidente era palco de várias bandas novas, os Engenheiros do Hawaii se apresentaram pela primeira vez no auditório da Faculdade de Arquitetura da UFRGS, no dia 11 de janeiro de 1985, mesmo dia do Rock in Rio. Além de Humberto, Carlos e Marcelo, também integrava a banda Carlos Stein, mais tarde guitarrista do Nenhum de Nós, todos eles estudantes de Arquitetura.

De show em show, como se fosse o último, e com demos apresentadas a Mário Borba e tocadas na Rádio Ipanema, os Engenheiros foram convidados a tocar no Gigantinho no Festival Rock Unificado, junto com mais nove bandas gaúchas, evento que reuniu mais de 10 mil pessoas. Seria apenas mais um festival se não fosse a presença de um olheiro da gravadora RCA.

Nessa época, o rock estourava em todo o país. Bandas cariocas e paulistanas ocupavam parte da programação das rádios e das TVs. As gravadoras procuravam um novo sucesso em seu cast. Com a cena roqueira crescendo em Porto Alegre, um festival como o Rock Unificado era um prato cheio. E não foi por acaso que logo depois a RCA lançaria a coletânea Rock Grande do Sul, que trazia duas músicas de cinco bandas selecionadas: Os Replicantes, TNT, DeFalla, Garotos da Rua e Engenheiros do Hawaii. Daí para a gravação de um disco próprio foi um pulo.

Em 1986, os Engenheiros do Hawaii lançaram o disco Longe Demais das Capitais, produzido por Reinaldo Barriga Brito. Com "Toda

Forma de Poder" incluída na novela Hipertensão, da Globo, e músicas tocando nas rádios e TVs, a banda ultrapassa a fronteira do Rio Grande do Sul e começa a viajar pelo país.

Humberto, Carlos e Marcelo vinham de Belém, onde tocaram na noite de 9 de maio de 1987. Pararam no Rio e na tarde de segunda foram recebidos por Nei e Augusto no estúdio da EMI-Odeon, na rua Mena Barreto. Cumprimentos. Os momentos que antecedem a gravação são preenchidos com falas técnicas, quem faz o quê e algumas brincadeiras que não agradam a todos. Ensaios e... valendo! Carlos puxa a levada reggae, a guitarra de Humberto faz base, e a de Augusto faz contraponto com a linha de baixo de Marcelo. Nei e Humberto novamente dividem o vocal.

Fim da gravação. Alguém lembra que Echo & the Bunnymen faz um show em palcos cariocas naquela noite. "Quem vai?". No grupo alguns já declinam do convite.

– Vamos, Carlos? – pergunta Augustinho.

– Por que não?!!

O convite para o show era bom motivo para sair na noite carioca.

Se para Augusto o baterista dos Engenheiros ainda era um quase desconhecido, a recíproca não era verdadeira. Por muitas vezes Carlos vira Augusto em shows em Porto Alegre. Aliás, antes de se conhecerem, Carlos e Humberto sempre estavam no público que via e ouvia Nei, com Augusto na guitarra. Augusto por sua vez só os tinha visto quando operou o som da banda num show no Taj Mahal. Agora estão se revendo na gravação do disco do Nei.

Augustinho encarou a pé a distância da casa do irmão onde estava hospedado, na Urca, até o Canecão, na avenida Venceslau Braz, ao lado da Universidade Federal do Rio de Janeiro. Augusto entra e pouco tempo depois vê Maltz turistando nos fundos do salão. Além dos fãs anônimos, também estavam no Canecão João Barone, d'Os Paralamas do Sucesso, Charles Gavin, dos Titãs e Roberto Frejat, do Barão Vermelho. Era uma noite de estrelas.

As luzes do Canecão se apagam. Augusto e Carlos pouca atenção dão ao palco. Conversam como se fosse a primeira vez. E de certa forma, era. Carlos fala da banda, do rock gaúcho, bateria e assim por diante. Augusto conta um pouco de sua história, de parceiro a guitarrista contratado pelo Nei, de guitarra e de como naquele novo disco de Nei existia a intenção de soar mais como banda, sem abrir para arranjadores contratados como acontecera no *Noves Fora*. Fala da importância das bandas usarem poucos recursos que os estúdios oferecem, e fazerem no show um som mais próximo possível do que está no disco. E assim vão quase duas horas de show e de conversa. Luzes acesas. Antes de ir embora, trocam telefone e se despedem. Pés no chão para a caminhada de volta à Urca.

Carlos chega ao hotel. Humberto ainda está acordado. Pergunta como foi o show. O baterista conta que pouco viu, que passou o tempo todo batendo papo com Augusto Licks, e resume um pouco da conversa.

– Cara, vamos chamar o Augusto para entrar na banda? – pergunta Humberto.

– Demorou! – responde animado Carlos.

Um mês antes já havia sinais de que Marcelo Pitz não continuaria na banda, iria ficar só até o fim da tour.[3] Havia um desgaste na relação com Humberto e Carlos, e Marcelo nunca quis dar entrevistas para falar disso. A gravação do próximo disco já estava marcada para julho e agosto em São Paulo, nos estúdios da RCA, e Humberto e Carlos passaram a ensaiar, apenas os dois. Todas as músicas já estavam compostas e uma demo foi gravada na EGER, em Porto Alegre, com o técnico Alexandre Alves, que na banda era chamado por "Hilário". Humberto tinha comprado uma guitarra Ibanez George Benson e um amplificador Roland Jazz Chorus.

---

3 O último show com Pitz foi no dia 20 de junho, em Garibaldi (RS).

Humberto já nutria admiração por Augustinho muito antes de sonhar em montar uma banda. Augusto tocava guitarra limpa, diferente das "guitarras sujas"[4] típicas de bandas da época. Além disso, era um conhecedor e apaixonado por tecnologia e técnicas de som, produtor, e sabia lidar com outros instrumentos. Tudo isso passou pelos pensamentos de Humberto quando Carlos falou de Augusto. Além de contar com um guitarrista habilidoso, os Engenheiros do Hawaii poderiam ampliar a tríade guitarra-baixo-bateria que praticavam com Marcelo Pitz. Augusto também tocava teclado, piano, gaita, órgão, violão. Quase uma banda dentro de uma banda. E tudo parecia indicar que era para ser. Marcelo Pitz saindo da banda, agenda fechada para entrar no estúdio, encontro com Augusto Licks. Será? Carlos não imaginava usar tão cedo o número de telefone que acabara de receber do guitarrista.

Distante do hotel, Augusto procura algo para comer na geladeira do irmão. Toca o telefone, atende ainda um pouco ofegante da caminhada desde o Canecão.

– Augusto, aqui é o Carlos Maltz. É o seguinte, quer entrar para a banda?

Silêncio. Licks é pego de surpresa ao ser convidado para entrar nos Engenheiros do Hawaii.

Augusto ficou sem palavras, não esperava por aquela proposta. No estúdio até tinha rolado um boato, mas era de que os Engenheiros talvez convidassem o baixista Renato Mujeiko, que tinha tocado com Pepeu Gomes. Respondeu que ia pensar e daria a resposta mais tarde. Desligou o telefone e sentou-se no sofá, olhando a avenida Pasteur pela janela. O que faria? Nem mesmo havia se recuperado da caminhada e, mais uma vez na mesma noite, deixou o apartamento. Antes de mais nada precisava conversar com alguém com quem mantinha uma história, mesmo que naquele momento não se sentisse como protagonista dela.

---

4 Quando o som é distorcido, por saturação de válvulas ou pedais de efeito.

Augusto não conhecia tão bem a banda, nem mesmo o som que fazia era propriamente do seu estilo musical. Gostava de rock, claro, mas de rock mais antigo, o que tinha ouvido de bandas oitentistas lhe soava muito primário. Ainda assim, fazer parte de uma banda era um sonho antigo, tinha muito mais a ver com ele do que aspirações fusion-jazzísticas que impregnavam músicos de sua geração. Mas tinha uma preocupação. Aceitar o convite talvez significasse deixar de estar com o Nei, com quem compartilhava uma história musical desde fins da década de 70. Por outro lado, também poderia deixar de ser "o guitarrista contratado do Nei" e voltar a deixar sua marca num trabalho autoral, como nos tempos da antiga dupla. Desde 85, quando decidiu sair da Rádio Guaíba e se dedicar à música, participou de vários projetos, mas sempre como músico contratado. Não queria mais tocar por cachê, e sim estar no protagonismo. Esta seria a oportunidade de ser o que sempre quis: coautor e integrante de uma banda. Sua geração tinha muitas carreiras solo, como Bebeto Alves, Júlio Reny, Nelson Coelho de Castro, entre outros. Havia pouco espaço para bandas, a não ser como apoio. A nova geração, ao contrário, se caracterizava justamente por formações em banda. Além disso, poderia pôr em prática vários experimentos musicais. Tudo isso ocupava seus pensamentos enquanto caminhava em direção a Copacabana.

Nei Lisboa ficou surpreso quando a recepção do hotel avisou da visita de Augustinho, naquela hora da noite. Ele chegou sem rodeios, logo relatando o convite que acabara de receber e que estava avaliando. Foram até o restaurante vazio do hotel. Ali não estavam o vocalista e o seu guitarrista, e sim dois amigos. A notícia inesperada gerou longos minutos de silêncio, era uma ficha difícil de cair. Em determinado momento Nei comentou que era interessante que coisas assim acontecessem, como no ano anterior, quando Augusto fora chamado por Kleiton e Kledir. Mais silêncio. Pouco depois acrescentou que aquilo o faria assinar um projeto, passaria a inte-

grar a figura de artista. Talvez pela cabeça de Nei passassem veloz-
mente num mesmo instante as vivências que tiveram juntos, desde
as apresentações no circuito universitário, os muros pichados do
Deu pra ti, anos 70, os aipins pendurados nos violões, o *Só Blues*
e as plantações de arroz na China. Ou apenas blues, ou nem isso.
Estavam os dois sem ter o que dizer. Para Augusto, aquela visita não
era um adeus, muito menos uma despedida, acreditava poder levar a
banda e o trabalho com Nei de forma paralela, como vinha fazendo
com outros projetos, mas sempre ao lado do Nei. Mal sabia ele o
quanto os Engenheiros do Hawaii tomariam conta da sua vida. Não
só pararia de tocar com Nei como também parariam todos os outros
projetos, como música para cinema e teatro. Era tarde, despediu-se
com algum habitual "vô nessa... até..." e ao sair pareceu ouvir o som
de bebida enchendo um copo.

No outro dia, antes de voltar ao estúdio para continuar o trabalho no disco do Nei, ligou para o hotel. Humberto atendeu. Augusto
disse que estava aceitando o convite. O vocalista se empolgou:

– Cara, tu nem precisa tocar. Se estiver lá em cima do palco com
tua guitarra está ótimo!

Mais uma frase de efeito de Humberto que tinha um significado claro: sua admiração pelo trabalho musical de Augusto Licks, o
"melhor guitarrista do Rio Grande do Sul", como ele o apresentou no
show do Taj Mahal. Augusto riu da frase e continuaram a conversa.
Entre outros assuntos, o guitarrista disse que precisaria se desfazer
de alguns equipamentos para comprar outros para sua entrada na
banda. Listou alguns e Humberto se interessou pelo gravador Tascam 144 Portastudio fita K-7 de quatro pistas. Já no apartamento do
Roque, Augusto mostrou o gravador, explicando seu funcionamento.
Horas depois o Tascam com novo dono embarcava num voo com
destino a Porto Alegre. Nele seriam gravadas grande parte das demos de músicas dos discos seguintes dos Engenheiros do Hawaii,
com Augusto Licks na guitarra.

LONGA HISTÓRIA

Jacob Otto Licks e Irma Maria Gewehr[5] inauguraram o Armazém Licks com apenas um barril de banha e uma tripa de linguiça. Era véspera de Natal de 1949. Sem qualquer experiência no comércio e falando português com sotaque alemão, Otto assumia uma nova profissão após ser acometido por uma doença pulmonar. Trabalhar como ferreiro estava acima de suas possibilidades físicas e o balcão do comércio nem de longe tinha a mesma poesia que forjar o ferro quente com as próprias mãos.

O romance começou quando eram muito jovens num baile de Kerb[6] em Harmonia, RS. Ela tinha 14 e ele 18 anos. Casaram-se após três anos de namoro e foram para Linha Comprida, interior de Salvador do Sul, RS. Quando a saúde ficou debilitada, Otto foi tentar a sorte com a esposa em Montenegro. Em 1946 comprou a casa de Augusto Schütz, genro de Theobaldo Becker, dono da Pharmácia São João.

A casa da família ficava atrás do Armazém Licks, na rua Ramiro Barcelos, 1518, no centro. A família crescia e se multiplicava. Otto construiu uma casa de madeira no quintal que servia de dormitório para os filhos. Eram oito: Roque Dirceo, Erna Marilaine (Mari), João Timóteo – falecido aos dois anos –, Terezinha Matilde (Teri), José Rogério (Géio), Maria Elisabete (Beti), Afonso Roberto (Beto), e o caçula Augustinho Moacir (Gusto).

A venda de secos e molhados era um universo de especiarias, temperos, tulhas de farinha e grãos. Vendiam lúpulo e xarope de caramelo para o preparo de cerveja caseira e envelopes de tinta alemã para tingir ovos de Páscoa. Desde a fundação o armazém parecia

---

5 O nome era Maria Irma Gewehr. Na identidade ficaram invertidos o primeiro e segundo nome, e ela sempre reclamava disso.

6 Tradição das comunidades de colonização alemã, semelhante à quermesse.

um filme daquilo que se passava nas ruas. "Já chegou a bexigui-nha?", perguntavam os garotos, ávidos de fazer guerrinha de água. Bôa noite,[7] fumo em rolo, "Schnapps" (pinga) e coisas que "só tinha no Licks". Uns chegavam para conversar sobre política. Outros vinham da "colônia" e traziam notícias de parentes e amigos de Gauer Eck (Linha Dom Diogo), Harmonia, Linha Comprida, Matiel, Piedade, Bom Princípio, Feliz e Caí.

Seu Otto havia empilhado caixotes vazios para que os filhos alcançassem o telefone fixado no alto de uma coluna de madeira. Antigamente as chamadas eram completadas pela telefonista, e às vezes dona Balbina entrava no meio da conversa verificando se a ligação continuava ativa: "Falaram?". O número do telefone era 10.

O casal trabalhava como louco para que nada faltasse aos filhos. O trabalho incansável adoeceu seu Otto. Ao receber injeções era alertado de que, para sobreviver, teria que mudar de profissão. Quando fechou a ferraria pensou em gerenciar um hotel, mas acabaria convencido a ser comerciante. Dona Irma se dividia entre as tarefas da casa, a alimentação e a educação dos filhos. "Tinha ralado um Pão de Açúcar de coco na vida", costumava dizer. Segurava a barra com as habilidades de sobrevivência que aprendeu com os pais em Harmonia. Plantava verduras, que Roque, o filho mais velho, levava numa cesta para vender. Fazia cocadas, quindins e caramelados que eram vendidos no armazém e depois na feira. Para consumo da família fazia pepinos em conserva, e um falso panetone, que na verdade era um bolo húngaro.[8] Reaproveitava cascas de ovo que pintava e cobria com papel de seda, colocando "Zuckernüsse" (amendoim torrado e açucarado) dentro. Na Páscoa decorava ninhos com ovinhos e coelhos de chocolate e espalhava pela casa para os filhos

---

7 Repelentes em formato de espiral para espantar mosquitos.

8 Em Montenegro viviam algumas famílias que não eram descendentes de imigrantes, tinham vindo diretamente da Europa, entre elas os vizinhos alemães Ruflin, os húngaros Martini (apesar do sobrenome italiano), e os austríacos Baumgarten.

encontrarem. A cerveja caseira que preparava ficava num porão da cozinha para fermentar. Sem geladeira, volta e meia as garrafas estouravam assustando a todos. Aos domingos cozinhava galinhada em panela de ferro. Na horta ao lado do galinheiro plantava de tudo, até um pé de tâmara nasceu.

Em um Natal, dona Irma decidiu celebrar uma missa na venda e qualquer pessoa que passasse podia participar da ceia. Era uma pessoa muito generosa e querida pelos montenegrinos, uma fortaleza com sotaque alemão – ficava uma fera quando a imitavam. Alguns filhos, Augusto inclusive, ainda praticam o sotaque, como forma carinhosa de lembrar os pais.

NASCE UM MENINO

A madrugada estava fria em 28 de maio de 1956, dia em que Augusto nasceu. Quando a bolsa estourou, seu Otto mandou os filhos para a casa dos avós paternos. Apenas Marilaine ficou em casa para ajudar. A parteira, de idade avançada e com problema no joelho, resvalou na valeta do corredor de entrada e quase sofreu um acidente.

O menino nasceu às 7h30. Dona Irma, que corajosamente dera à luz pela oitava vez, descansava enquanto Mari cuidava do recém--nascido, que chorava e se debatia. Abrindo a roupinha, Mari notou que o umbigo estava aberto. Esterilizou um cordão e fez um curativo. Segurou o bebê no colo até parar de chorar. Resolveu fazer uma canja para dona Irma e foi com o pai até o galinheiro. Escolheram a "sortuda" e dividiram as tarefas: Otto agarrou a bichinha e começou a torcer pescoço, rodopiando. A galinha saiu voando. Mari e o pai – com a cabeça nas mãos – não acreditavam no que viam: a galinha pulando sem cabeça.

Dona Irma passara os últimos dias do mês de maio em repouso. Suas filhas liam em voz alta a lenda de Genoveva de Brabant, a

O parto complicou no dia 28 de maio de 1956 e Mari cuidou do pequeno irmão.
Foto acervo pessoal de Augusto Licks.

heroína medieval acusada injustamente de adultério. Condenada à morte, fugiu para uma caverna com o filho recém-nascido, Benoair. Sobreviveram com leite de uma corça, frutas e toda sorte de insetos. A nota de rodapé explicava o significado do nome da criança, "filho da dor", e comparava ao nome Moacir, filho de Martim e Iracema, a "virgem dos lábios de mel" de José de Alencar: "Tu és Moacir, o nascido de meu sofrimento". Encantadas com a história, as irmãs decidiram o segundo nome do irmãozinho. O primeiro nome teria sido inspirado na data religiosa de Santo Agostinho de Cantuária, cuja festa ocorre no dia 27 de maio, um dia antes. Em alemão se diz "Augustin", mas o escrivão Joceli abrasileirou adicionando o "inho". Conforme o guri crescia, perdia o sufixo, virou "Augusto". Em casa era "Gusto". Seu Otto, que misturava alemão e português, falava "Gustie".

UM PÉ NA ALEMANHA

Mesmo sendo da 3ª geração nascida no Brasil, seu Otto era culturalmente mais alemão que brasileiro, como a maioria dos que cresceram na colônia falando praticamente só dialeto "Hunsrückisch" ou "Pommersch". A prática foi proibida e hostilizada durante o Estado Novo de Getúlio Vargas, quando o idioma português tornou-se obrigatório.

No dia 19 de janeiro de 1826, o casal de imigrantes Petrus Franciscus Lix e Anne Marie Wilhelm[9] chegou ao Rio de Janeiro a bordo do transatlântico Kranich ao lado dos filhos Jacob Georg Lix e Doro-

---

9 Petrus nasceu em Strassbourg, França, 1798, e Anne Marie em Lichtenstein, Alemanha, 1800. Documentos disponíveis na Alemanha confirmam a grafia francesa "Lix" antes da partida de Petrus e sua família para o Brasil. Documentação existente no Brasil mostra que o sobrenome foi modificado, com grafia germanizada: Lücks.

thea Appolonia Lix. Onze dias depois nasceria Johan Peter Lucks,[10] o primeiro Lix brasileiro. Infelizmente, pouco depois do parto, Anne e Johan faleceram. O pai de Augusto era filho de Frederico Alfredo Licks e Thereza Knibel Gallas.

O casal Kastor Gewehr e Maria Katharina Lucas chegou em São Leopoldo, RS, em 18 de setembro de 1860, a bordo do vapor Continentalista. Trouxeram quatro filhos nascidos em Kastellaun, cidade da Alemanha localizada no distrito de Rhein-Hunsrück, estado da Renânia-Palatinado. O pai de dona Irma, Alberto Gewehr, era filho de Peter Gewehr e Margaretha Friedrichs. Seu Alberto e Mathilde Jacobi, pais de dona Irma, tiveram 12 filhos, 8 homens (2 falecidos quando bebês) e 4 mulheres, sendo que dois deles tornaram-se religiosos Lassalistas.[11]

A religião era um suporte familiar importante. Em noites sem energia elétrica, o vento minuano ameaçava levar embora o chalé de madeira onde dormiam, como no filme *O Mágico de Oz*. Dona Irma tranquilizava as crianças, rezando "Ave Maria" enquanto iluminava queimando palmas bentas. Rezavam também antes das refeições, fé que quase foi abalada por um pároco local, que teimava em cobrar de Otto o dinheiro de um bilhete premiado do sogro. Certa vez, o genro Ubaldo perguntou humoradamente: "Seu Licks, não se reza mais nessa casa?". Seu Otto respondeu: "Olha, tô, já casei todas as filhas!".[12]

---

10 Sem trema, o que remete aos "Lix" de Alsácia-Lorena, França, que se alistaram nas tropas Napoleônicas e foram para a Alemanha.

11 Mesmo com o estado laico a igreja católica tinha forte influência em regiões de imigrantes. Para muitos, exceto a carreira militar, era a única forma de acesso à escolaridade. Era comum os filhos estudarem nos "seminários".

12 "Tô" era a pronúncia de "doch", palavra "reforço" usada de modo que lembrava o "tchê" gaúcho ao final de uma frase. Vem da expressão alemã *guck mal doch*, que significa "veja bem uma vez".

CINEMA GOIO-EN

Em raras folgas Otto e Irma iam ao cinema Goio-En,[13] que ficava dobrando a esquina, ao lado do Clube Riograndense. Enquanto se arrumavam os filhos os rodeavam, pedindo "posso ir também?". Na volta, dona Irma contava empolgada a história: "Vocês precisavam ver!". A tropa se enchia de revolta.

Curioso com aquilo, Augusto catava gibis dos irmãos sonhando em trocá-los na fila do cinema por uma entrada da matinê. Sem idade para entrar, descobriu o corredor lateral do cinema com várias portas de saída. Ouvia os tiros de filmes de faroeste, e assustou-se com rugidos de "Teseu e o Minotauro". Uma boa alma lhe mostrou um buraco na última porta, por onde se enxergava parte da tela. Um dia, Augusto jogou uma bombinha-palito[14] pelo buraco e correu para a praça. Um funcionário o segurou pelo colarinho, sem saber o que fazer com o pirralho: "Te toca daqui, guri!".

Pelas 18h aparecia no Armazém o Nego Pereira, a quem Seu Otto dava um trago pedindo em troca que tocasse violão para a família. Usando dedeira no polegar, Seu Pereira tocava canções de Lupicínio Rodrigues e uma de Túlio Piva: *"Gente da noite, que não liga preconceito, tem estrelas na alma, e a lua dentro do seu peito."* Na ausência de seu Pereira, os irmãos e irmãs arriscavam posições básicas no violão e entoavam segunda voz em coisas como "Bonnie Come Back" (Bring back...), "Perfidia" e "Ave Maria no Morro". Existiam outros músicos locais: um pipoqueiro que tocava violoncelo e o farmacêutico da frente, seu Gallas, que tocava violino na miniorquestra do coral "Santa Cecília" da igreja.

---

13 Goio-En tem origem tupi, significa "muita água" ou "o que vem do rio fundo". Um segundo cinema abriria na cidade, o Cine Tanópolis (homenagem à "Capital do Tanino"). No hall de entrada, uma parede era coberta com uma pintura de Enio Pinalli. Antes das sessões, tocava baixinho hits orquestrados por Bert Kaempfert, como "Afrikan Beat".

14 A bombinha-palito tem a espessura de um canudo de refrigerante. Uma variedade maior de artigos de pirotecnia era vendida no armazém "Defesa", da família do "Doca", João Antonio Reinheimer, colega de escola.

Filhos de Otto e Irma, da esquerda para a direita: Augustinho, Afonso, Rogério e Roque. Foto acervo pessoal de Augusto Licks.

AS PERIPÉCIAS DOS LICKS

Os Licks moravam na rua principal, mas eram "estranhos no ninho": uma família de comerciantes rodeada de gente rica. Nem chuveiro quente tinham. Após o banho gelado no inverno gaúcho, os pequenos eram socorridos por dona Irma com a toalha e um copinho de cachaça de uva. No verão, insuportável era o calor, e o sonho de consumo era um picolé do tio Anselmo. Não tinham televisão, brincavam nas ruas e frequentavam a biblioteca pública. Augustinho acordava cedo para subir em árvores na praça Rui Barbosa ou no Morro São João. Via de perto ninhos de passarinhos e depois descia correndo as ruas vizinhas.

O caçula de 5 anos já queria participar das aventuras dos irmãos, especialmente de Rogério, que se pendurava em cipós igual ao Tarzan na "Toca da Onça".[15] Certo dia, com Augusto sentado no bagageiro, o irmão disparou a bicicleta por uma das estradas de chão próximas ao rio Caí.[16] Sem ter onde apoiar os pés, o pequeno assustou-se ao ver vacas, e colocou o pé esquerdo na roda, ficando em carne viva.

A loja de eletrodomésticos de José Carlos Coussirat atraía "televizinhos" como Augusto e o mano Beto, fascinados pelo seriado "Vigilante Rodoviário" – Carlos e seu fiel Lobo, mas o que hipnotizava Gusto era um casal de gotinhas andando de motoneta num comercial do "Repórter Esso", ao som de uma musiquinha que perceberia anos depois ser igual a "Ten Little Indians", da filmagem do mistério de Agatha Christie.

---

15 Os cipós levavam a uma base de folhas secas, sob uma formação rochosa. Além da "Toca da Onça", o morro São João tinha também a "Toca do Coqueiro", e a "Cadeira do Gigante", formada por rochas, de onde se avistava toda a parte central de Montenegro.

16 Numa parte rasa do rio existe o "baixio", que vira balneário no verão. Para chegar lá, no início dos anos 60, os montenegrinos tinham que pagar pedágio ao dono da propriedade ribeirinha.

"O pensador" no alto do pé de amoreira no balneário
de Montenegro, o "Baixio".
Foto acervo pessoal de Augusto Licks.

Carnaval em Montenegro com a vizinha Denise: na mão o "chapéu
de Nat King Cole", na perna o curativo do acidente de bicicleta.
Foto acervo pessoal de Augusto Licks.

O gatinho Queridoca.
Foto acervo pessoal de Augusto Licks.

Não tirava da cabeça um chapeuzinho charmoso igual ao de Nat King Cole. Em uma foto ao lado da vizinha Denise, depois do pequeno acidente de bicicleta, aparece com o pé enfaixado segurando o chapéu preto. Quando ficava doente, dona Irma o animava com um Ki-Bamba, doce que não tinha na venda.

Augusto adotou um gatinho recém-nascido, que batizou de "Queridoca", era filho da "Mimi" (pronuncia-se como sílaba tônica o primeiro "Mi"). O "Queridoca" ficava em pé. No telhado, os gatos viviam de olho no Rico, um papagaio que seu Otto ganhara de um vendedor de fumo em rama. Quando a gaiola ficava aberta, Rico se embrenhava pelo armazém ciscando grãos que encontrava pelo chão. Para ele, a vida não era má na Ramiro Barcelos 1518, nunca quis fugir.

Num domingo, Seu Orlando entrou pelos fundos para comprar açúcar e, no escuro, pisou no papagaio. Ficou a lembrança de quando o animalzinho, para se proteger, se empoleirava nas costas de Rex, cachorro que Rogério ganhou de sua professora do primário.

Os Licks eram vizinhos de uma família refugiada da Alemanha na 2ª Guerra. Herbert Ruflin era proprietário do ateliê fotográfico "Foto Rex". Exigiu, meio ofendido, seus direitos autorais:

— Seu Licks, tem que mudar o nome do cachorro! — disse equilibrando o cachimbo no canto da boca.

Para evitar confusão, a contragosto mudaram o nome para "Collie", que era metade da raça. O cão bonito de pelo avermelhado assustava quem passava na rua com seus latidos. Quando alguém voltava tarde da noite para casa, o portão já estava trancado. A saída era pular com jeitinho para não se machucar na ponta das lanças – feitas por seu Otto (casa de ferreiro... lança de ferreiro). Entravam na ponta dos pés e, perto da reta final, quase chegando no quarto, preparando o suspiro de alívio, eis que a voz de dona Irma os paralisava:

— Xá potô as cáxa? (já botou as caixas?), dizia com o sotaque da colônia.

As caixas impediam o animal de chegar até o portão. Este uma vez ficou entreaberto e um lenhador, assustado com os latidos, desceu o machado na cabeça do bichinho. Collie não morreu graças a seu Otto, que despejou pó de café no buraco para estancar a hemorragia. Rex, aliás, Collie, passou o resto de seus dias nesta terra com um olho meio vitrificado.

A vida dos Licks era uma montanha-russa de risos e lágrimas.

XEQUE-MATE

Criança fantasiosa, Augustinho sonhava em conhecer Drácula e ser amigo de Frankenstein. Imaginava mistérios, bolava passagens secretas nos porões do Clube e andava pelas paredes dos prédios feito Homem-Aranha, que não conhecia. Ficava impressionado com as histórias que Géio contava, como a do goleiro Lara do Grêmio, que morreu ao defender um pênalti contra o Inter, chutado pelo próprio irmão... Havia lendas do xadrez, como a do "jogador-máquina" que derrotava reis.

Seu primeiro torneio foi aos 5 anos. Sabia duas ou três aberturas tiradas de um livro do russo Vasily Smyslov (*Ataque e Contra-Ataque no Xadrez*) que rolava pela casa. Não estudava, usava sempre a intuição. Vez por outra arriscava uma jogada difícil, só na garra, e acertava. "Não faz sentido", diziam oponentes ao perder para um pingo de gente.

A carreira promissora não decolou. A mãe apareceu no Clube de Xadrez e saiu puxando o guri, que lia jornal enquanto jogava: "Não é lugar de criança", justificava, possivelmente alertada por Rogério. O jeito então foi jogar botão, até altas horas, imitando o ruído de torcida e o locutor Pedro Carneiro Pereira, o que não deixava dona Irma dormir: "Vamo pará com esse péc-péc, eu vou descer e quebrar tudo". O ultimato restaurava o silêncio, vez por outra quebrado por caminhões reduzindo marcha.

SONS AO REDOR

Ainda aos 5 anos, em seu primeiro dia no Jardim de Infância do Grupo Escolar Delfina Dias Ferraz, Augusto ficou traumatizado. Crianças cantavam: "Pirulito que bate-bate, pirulito que já bateu, a menina do passarinho coitadinha já morreu...". Decidiu não voltar lá.

Matriculado no 1º ano do primário[17] na Escola Particular Evangélica Progresso, que ficava no mesmo quarteirão da igreja evangélica,[18] foi levado pela irmã Beti com pastinha de couro, lápis e borracha. A professora Ilse A. Schoenell[19] impunha respeito batendo na mesa com um sarrafinho, mas a substituta Vera Rübenich era mais amigável. No pós-aula meninos faziam guerrinhas de pedras, meninas brincavam de roda cantando "A Linda Rosa Juvenil".

No segundo ano foi aceito no Grupo Delfina. Tinha dificuldade de prestar atenção nas aulas, a imaginação voava solta. Aprontou alguma e a professora Lurdes Bandeira, puxando-o pela orelha, manteve-o ajoelhado até o final da aula. Foi transferido do 2º A para o 2º BRM, da professora Irene H. Hoffmeister. A partir desse rebaixamento passou a ser o primeiro da turma, até o final do ginásio.

---

17 Ensino Fundamental e Ensino Médio eram chamados de 1º e 2º Ciclos. Primário (1º a 5º ano) era o Fundamental I, Ginásio (1ª a 4ª série) era o Fundamental II, e o Colegial (1º a 3º ano de Científico, Clássico, Técnico ou Normal) equivalia ao Ensino Médio. Para ingressar-se no Ginásio era exigido Exame de Admissão, e no colegial era exigido Exame de Seleção.

18 A igreja evangélica era um dos cartões postais de Montenegro, com sua alta torre branca e um grande relógio. Anos depois, o relógio parou de funcionar. Reza a lenda que, com o fenômeno midiático "Uri Geller", algumas pessoas se aglomeraram em frente e juntas bradavam: "Funciona! Funciona!".

19 Outras professoras no Primário foram Lourdes Nonemacher, Thalia Frank, Rony Borba, e Maria Ligia Lacerda. Foi com esta última que aprendeu que música era uma coisa boa, prazerosa, mesmo se nada soubesse do assunto.

Reproduções do acervo pessoal de Augusto Licks

Gostava de levar o boletim com boas notas para os pais. Já entendia que aquilo os animava diante da vida dura que tinham, além de sua própria necessidade de aprovação. Organizadinho, guardava a pasta escolar no armário da cozinha.

Certa vez a colega Íris Carneiro lhe mostrou o álbum do filme *A Primeira Noite de um Homem*. Foi a primeira vez que viu de perto um vinil, embora o vizinho Coussirat fosse dono de uma loja de discos. Outro vizinho, Picolli, era um gringo [20] que também ligava alto o toca-discos com baladas italianas do tipo: "Roberta, ascoltame...". Ele guardava a Lambretta no corredor dos Licks, sem saber que Beto e Augusto brincavam com aquele veículo fascinante, fingindo pilotar.

Eram contatos de primeiro grau com tecnologias de áudio. Como da vez em que Augusto viu um móvel chamado "eletrola" no consultório do Dr. Teixeira, e da vez que o irmão Roque veio de Porto Alegre trazendo na bagagem um "gravador". Tinha dois rolinhos de uma fita marrom, e nele se ouvia Charles Aznavour cantar "Isabelle" chorando e rindo. Por décadas o curioso caçula confundiu com "Ochi Chyornye".[21]

Passava as tardes ociosas no Clube Riograndense. Na sala ao lado do bolão,[22] aprendeu a jogar pingue-pongue vendo os duelos de Coussirat com Airton Galeno Caminha. Na biblioteca do Clube encontrou um livro grosso intitulado *As Artes*. Admirava uma pintura simples, algo como o sol no horizonte, nascendo ou se pondo, que alimentou o seu desejo de ser pintor. Abaixo da pintura, a legenda: Noturno de Chopin. Olhava e olhava para a pintura tentando entender o que uma coisa tinha a ver com outra.

---

20 Para os gaúchos, "gringo" significa "descendente de italiano", e não "estrangeiro" como no resto do país.

21 "Olhos Negros", associada à cultura russa, é uma canção popular ucraniana com letra do poeta Yevhen Hrebinka. A autoria da melodia original é atribuída ao alemão Florian Hermann, em sua Hommage-Valse - Opus 1.

22 Bolão, precursor do boliche, foi trazido por colonos da Alemanha. Tem nove pinos contra dez do boliche e a bola é muito mais pesada. O boliche surgiria depois como um refinamento, o "bolão dos bundinhas", como se comentava na região referindo-se aos aristocratas.

A família incentivava atividades culturais e suas irmãs participavam de musicais na rádio local, ZYY8. Num caderno, o caçula desenhava quadrinhos de seu super-herói "Capitão Z". Desistiu, depois de tanto ouvir "pintor morre de fome".

Certa vez pediu o violão a Rogério, dizendo que era para afinar. O irmão nem levou a sério, seria impossível para quem mal havia começado a escola e nada sabia de música. O menino devolveu o violão com todas as cordas afinadas, sabe-se lá como.

Quando Teri voltou do intercâmbio nos EUA, mal pôde contar suas experiências e entregar presentes. Augusto a chamou até a escada do chalé, queria mostrar-lhe a letra que tinha feito para um noturno de Chopin: "As flores são bonitas, mas no inverno não são, pois o inverno é muito frio, as flores caem no chão". A irmã se encheu de orgulho, ele tinha só 8 anos.

Sempre foi apegado à Teri, mesmo com 10 anos de diferença. Certa noite estava com dor de dente[23] e ela passou a madrugada lhe contando histórias, até chegar o padeiro Schmidt de carroça e jogar o pão por cima do portão. Passada a dor, tomaram café da manhã e voltaram a dormir quando já era hora de acordar.

No 3º ano a professora Eunice Müller Kautzmann, poetisa, criou o CMTG, Centro Mirim de Tradições Gaúchas, onde Augusto desfilava como "patrão" usando vestimenta de gaúcho e uma cara de brabo para disfarçar a timidez. No dia 20 de setembro, celebração da Revolução Farroupilha, apresentavam danças folclóricas como maçanico, xote e pau-de-fita. Num domingo de manhã aquela turminha do CTG mirim se apresentou na TV Gaúcha, canal 12, no programa "Parque Infantil". Naquele dia Augusto avistou ao longe um grupo de músicos com uns objetos reluzentes e coloridos. Depois descobriu que eram guitarras elétricas...

---

23 Aos 5 anos Augusto havia sido operado de um dente inflamado no hospital de Montenegro.

*Augusto Licks durante a infância em Montenegro.
Foto acervo pessoal de Augusto Licks.*

GUITARRA ELÉTRICA

Luiz Fernando Gallas chamava Augusto de "parente" por conta do sobrenome da avó paterna, que era o mesmo. No Ginásio Industrial A. J. Renner, enquanto outros colegas como Bira, Klein, Róbson e Solon brincavam de trocar marcha de DKW nos tornos, Gallas atiçou a curiosidade de Augusto na aula de Marcenaria: estava construindo uma guitarra elétrica na oficina.[24] Foi a primeira guitarra que Augusto teve nas mãos. Segurou o instrumento maciço, que mesmo inacabado era bem pesado. Sem palavras, admirou por um tempo a brilhante ideia do colega. Em casa tentava imitar o som de "Bonanza" com palito de fósforo no velho Giannini que o pai deixava em casa para quem se interessasse.

Algum tempo depois, também no Industrial, viu de perto uma guitarra profissional. O colega José Roberto Klein trouxe a semiacústica que usava com o grupo coral Sing Out. Apreciava o instrumento e a destreza de Zé mandando ver alguma do Creedence Clearwater Revival, ou talvez a "Venus" do Shocking Blue (*She's got it, Yeah baby, she's got it...*). Augusto pensava: "O que ele está fazendo, são pestanas? Como é que ele consegue?".

Em julho de 1970, pouco depois do tricampeonato mundial de futebol, dona Irma foi ao Rio de Janeiro para conhecer Otto, neto recém-nascido. Na longa viagem de ônibus Augusto enjoava nas curvas, enquanto em algum radinho Nalva Aguiar tocava a versão de "Goodbye", de Paul McCartney. Aos ouvidos de hoje seriam letras simplórias. O menino se ligava mais no som das palavras do que em seus significados. Quando tocava "Era um garoto que como eu amava os Beatles e os Rolling Stones" com Os Incríveis era diferente. A versão emocionava mais que a original de Gianni Morandi. Anos de-

---

24 Na 1ª e 2ª séries do Ginásio Industrial havia rodízio anual de matérias técnicas: mecânica, marcenaria e eletricidade. Na 3ª série, o aluno escolhia uma das três, que adotaria até a 4ª série.

pois, Os Incríveis regravariam, com mais requinte de som, mas não era a mesma coisa. O sotaque paulistano da primeira gravação foi substituído... por sotaque carioca.

Na chegada ao Rio ficou intrigado com o cheiro da cidade: mistura de maresia com escapamento de carros e vazamentos de gás. O menino conheceu pontos turísticos, incluindo o sonhado estádio do Maracanã. Com Juarez, irmão da cunhada Helena, foi ao ensaio de vizinhos. Tocavam músicas dos Byrds, que conhecia de um compacto duplo que rolava no toca-disco de Teri. A Zona Sul não o seduziu e logo o tédio brotava das paredes. Numa visita aos primos de Helena, no Meier, não quis mais sair de lá. Levado como troféu pelos novos "primos" Leandro e Eliana, conheceu uma "rapaziada" de meninos e meninas na Zona Norte. Fizeram-no repartir o cabelo no meio, coisa que não se via na Montenegro de 70. Conheceu a black music da gravadora Motown em compilações de DJs como Ademir da "Le Bateau" e o Baile da Pesada do DJ "Big Boy" da rádio Mundial na Sociedade Mackenzie. O menino foi entendendo que o mundo era mesmo bem maior.

PROFESSOR IRMÃO

No apartamento do edifício Léco-Léco, antes de partir para a mais longa de suas viagens — até seu autoexílio na Alemanha em maio de 74 — Rogério ensinou ao mano os primeiros acordes num violão:

— Géio, ensina pro Gusto a primeira de dó? — pediu Teri.

Para quem nem sabia usar a mão esquerda, limitando-se a um palito de fósforo nas cordas soltas, foram bem mais do que alguns acordes.

Na primeira vez em que se apresentaram juntos, em 2017 em Porto Alegre, Augusto e Rogério demonstraram sonoramente as histórias do palito e do lápis:

Rogério: O guri ficava ali segurando o violão, mas não tocava nada, nem parecia interessado. Acho que mostrei a ele que o instrumento podia soar parecido com uma guitarra elétrica. *Rogério sacode a caixinha de fósforo, segura o palito perto do cavalete, toca "Bonanza" em 3 cordas (ré, sol, si).*

Augusto: (*repete a mesma coisa*). Mas fósforo é perigoso, já teve incêndio lá em casa...[25]

Rogério: Um lápis... é mais seguro. (E tocam um *duo de tapping* com lápis, técnica muito anterior à de Eddie Van Halen).

Rogério ensinou músicas inteiras: "Here, There and Everywhere", "Travessia", "Samba De Uma Nota Só", e a levada de bordões de Jorge Ben. Augusto adorou "Quase fui lhe procurar" – sobretudo pelas "firulinhas" na introdução da música de Getúlio Côrtes. Na gíria musical a palavra "licks" significa uma rápida sequência de notas. Serve para embelezar as canções. Poderia se traduzir como "floreio", "firula", algo assim. A música popular está abarrotada desses "licks".

Intrigado com as cordas de nylon do instrumento que o irmão usava, emprestado pelo cunhado Alcides, retornou a Montenegro decidido a substituir as cordas de aço do velho Giannini com linhas de pescar, transformadas em 1ª, 2ª, e 3ª. Os bordões, porém, precisavam ser encapados, portanto mais prejuízo para a venda: longas horas dando voltas com arame numa linha de pescar. Como não passava mais as tardes no Clube de Xadrez jogando com os velhos aposentados, sobrava mais tempo.

Anos depois, Rogério chamaria Augusto para jogar num torneio em Canoas, terra de Francisco Torres Tróis, grande mestre internacional. Antes de começar a competição, dava para ouvir umas risa-

---

25 O chalé de madeira, onde dormia com os irmãos, pegou fogo no início dos anos 60. A culpa foi de alguma vela derrubada por aquele vento minuano, que se infiltrava pelas frestas trazendo os mosquitos.

das iguais às do Mozart, do filme *Amadeus*, dirigido por Milos Forman. Eram as risadas de Henrique da Costa Mecking, o Mequinho.

Augusto sentou-se para jogar uma partida amistosa e amigos do adversário se aproximaram para dar palpites, os sacanas tentavam atrapalhá-lo, por jogar com uma criança. O holandês Herman Claudius Van Riemsdijk,[26] irmão de Dirk Dagobert, amigos de Roque e Rogério, sentou-se mais perto e conduziu Augustinho até o final de torre. As provocações eram corriqueiras.

O falecido jornalista "gordo" Zanatta, também enxadrista, teria ouvido de Mequinho:

– Tu é de Montenegro? Lá tem um cara que é melhor que eu, mas eu ganho dele.

Rogério era muito influenciado por Bobby Fischer, Raul Capablanca e Mikhail Tahl. Fazia jogadas num estilo inventivo e aventureiro. No Metrópole Xadrez Clube em Porto Alegre, jogava partidas "ping" com um minuto contra cinco e ganhava, juntava o dinheiro pensando em comprar um violão, mas acabava torrando, talvez em trago. Jogava simultâneas – várias partidas ao mesmo tempo, e às cegas – com as jogadas anunciadas em voz alta. Foi campeão citadino e universitário brasileiro, mas a música e ares mais livres levariam Rogério para longe do xadrez, da Engenharia, de Porto Alegre e do Brasil.

---

26 Claudius se tornaria Mestre Internacional de Xadrez pela Federação Internacional de Xadrez (FIDE) e colunista de xadrez de O Estado de S. Paulo.

PRIMEIRA MUDANÇA

A rua Gonçalo de Carvalho,[27] o cheiro da cervejaria Brahma, a lomba da Ramiro Barcelos, o vento Minuano gelando pelas colunas do edifício Esplanada e a parada do ônibus Auxiliadora logo após o demolido palacete Chaves Barcelos. Eram essas as primeiras referências em Porto Alegre do interiorano Augustinho quando chegou de Montenegro com a irmã Teri. A irmã era professora de inglês e levava o caçula de "contrabando" para assistir às aulas no Yázigi, na Galeria Malcon.

No 4º andar do Léco-Léco descobria sensações novas, como um tipo diferente de silêncio. Gostava de sentar-se sobre o muro da área externa, de onde ouvia o que chamava de "barulho da cidade", uma massa indistinta de sons urbanos ouvida à distância. Era fascinado por uma colher metálica, amarrada por um barbante junto ao interfone. Colocando o cordão junto aos ouvidos, cada vez que a colher batia na parede era como ouvir os sinos de uma catedral. Ao sair, descobria mais um som, irritante: raspar a chave nos azulejos enquanto caminhava até o elevador.

Na Porto Alegre de 1971, eram tempos de dureza e ao mesmo tempo de oportunidades. Seu Otto foi a Porto Alegre carregando tábuas em sua caminhonete Ford F-1 1951 verde-escura. Com elas, fez duas camas e prateleiras. Cada um teria seu "andar" para acomodar roupas. Os colchões eram de palha, com capa costurada por dona Irma. No único quarto, separadas por um piano alugado, ficaram uma cama para Beto (Afonso) e a outra para Augusto, enquanto a irmã ficava na sala.

Para alguém que ao longo da infância gostava de escrever cartas para os irmãos e tios, era fascinante o móvel de madeira, em

---

27 A rua Gonçalo de Carvalho é conhecida como "a rua mais bonita do mundo". Em 2006 foi decretada Patrimônio Histórico, Cultural, Ecológico e Ambiental.

frente ao elevador, no térreo, onde cada apartamento tinha sua caixa postal. A sensação ao acionar a chavinha da pequena portinhola lembrava as aventuras do seu gibi favorito, Fantasma.[28] Sentia-se o próprio Coronel Weeks abrindo a sala de comando para receber as ordens deixadas por escrito de seu misterioso comandante:

– Nem conta de luz... – comentava Teri, em solidariedade.

Na infância em Montenegro, Augusto escreveu uma carta para João XXIII, e recebeu resposta timbrada do seu sucessor Paulo VI, em letras douradas num papel branco: "O Santo Padre acolhe sua súplica e lhe confere a bênção divina".

Porto Alegre o distanciava momentaneamente de um elo familiar crescente: os sobrinhos.[29] Primeiro Ubaldo Alexandre, dez anos mais moço, depois Maurício, de quem cuidaria como irmãozinho mais novo no final dos 60, e depois Paulo Antônio, Otto, Fabrício, Márcia, Alonso, Camilo, Gustavo, Carlos Eduardo, o afilhado André Sebastian, Frederico e ainda Ana Gabriela e Francesca, que faleceram em seus primeiros anos de vida. No Natal, o contingente se reunia em Montenegro, junto aos assíduos Rossi, Michels e o "Mister" Nena.[30]

Augusto iniciou o curso científico no Julinho,[31] cujo prédio visto de cima tem formato de H. De calça Topeka marrom e blusa amarela, estudava no período da manhã.

Almoço era coisa de dia sim, dia não. Quando era o dia "sim" alternava-se entre um "semicompleto" numa lancheria ou o prato

---

28 Do original norte-americano "Phantom". O herói mascarado era o comandante secreto da Patrulha da Selva. Atravessava um túnel para deixar ordens na sala de comando e acendia uma lâmpada para avisar o coronel.

29 Ubaldo Alexandre, Paulo Antônio, Carlos Eduardo e Ana Gabriela, filhos de Mari e Ubaldo; Maurício, filho de Beti e Carlos Renato, Fabrício, Frederico e Francesca, filhos de Beti e Flávio; Otto e Gustavo, filhos de Roque e Helena; Márcia e Camilo, filhos de Teri e Alcides; Alonso, filho de Beto e Helena; André Sebastian, filho de Rogério e Delia.

30 Rossi era casado com a prima de Augusto, Loreni Weyh, filha da tia Irma que, assim como Erna, outra irmã de seu Otto, também morava em Montenegro. Michels e Mister Nena eram amigos de Beto, presenças folclóricas nos Natais.

31 Augusto Licks é o primeiro na lista de alunos famosos do colégio.

do dia com arroz em forma de xícara na Cantina Juliana. Fazia tudo isso para economizar, mas em segredo, para não levar uma bronca da irmã. Guardava o dinheiro que recebia por fazer faxina no apartamento numa prateleira. O forte senso de economia era uma herança dos pais. No dia "não" comia "Eierbrot"[32] ou cantos de mil-folhas (para não dizer restos) de uma confeitaria na rua Laurindo, uma descoberta de César Dib Moinho e Marcelo Rodrigues. Os dois eram companheiros na longa caminhada até o Julinho, à qual juntavam-se Renato Henkin e o bem-humorado "professor Pardal"[33] Gilberto Schwartzman.

FRIENDSHIPS

Augusto fez amizade nas aulas de inglês da irmã. Antes, durante as férias, conheceu Mário Xavier, com quem conviveria mais ao longo dos anos 70. Sua família numerosa recém perdera o pai, um médico. Marília, Mário, Teri, Cléber e Marta eram irmãos do "Gordo", o caçula, que virou músico e atende por Frank Jorge.

Na rua Thomaz Flores ou na Santo Antônio e Garibaldi jogavam "botão" com Carlos Gadia e Tovar Dallegrave, todos moradores do Bom Fim. Carlos tinha hábito de comprar compactos[34] de hits que soavam pós-Jovem Guarda.

Inspirado no colega Juliano Fábio, que carregava um gravador Phillips com músicas das "Supremes", o montenegrino foi até a loja Cambial, na rua Dr. Flores, e comprou sua primeira fita K-7 TDK. Gra-

---

32 Em alemão antigo, "Eierbrot", pronuncia-se "óia prôt". Pão velho frito com farinha, leite e ovos, ou na falta destes, só água mesmo. Do alemão, Eier=ovos, Brot=pão.

33 A expressão "professor Pardal", personagem das revistas em quadrinhos da Disney, era usada para se referir aos muito inteligentes. Em Porto Alegre, "pardal" apenas era um apelido carinhoso com o qual os judeus se identificavam: "Existe em tudo que é lugar", brincavam.

34 Discos de vinil com apenas uma ou duas faixas de cada lado.

vou algumas faixas de discos no gravador National, onde a irmã gravava os exercícios de inglês para os alunos repetirem.

Outro que ficou amigo do "irmão da professora" foi Mendel Sclovsky. Sortudo, tinha ganho uma guitarra numa tampinha de Pepsi-Cola. Emprestava, sem problemas, discos para Augusto, entre eles o *Abbey Road*, que rodava junto ao *Revolver* no Léco-Léco. Quando era menor, Augusto pensava que a tradução de "Beatles" era "Cabeludos" de tanto ouvir dona Irma dizer: "Aqueles cabeludos".

Certo dia Mendel bradou: "Augusto, vamos montar uma banda!". O colega não entendeu se ele queria tocar no desfile da Independência ou da Revolução Farroupilha. Banda era coisa de colégio que tocava nos desfiles de 7 e 20 de setembro, como a banda Juliana, a do Colégio das Dores, a do Rosário ou da Brigada Militar. Nos anos 60 chamavam de "conjuntos" os grupos que tocavam em bailes. "Banda" é uma nomenclatura que no Brasil passou a vigorar a partir de 69, pós-Woodstock.

No ginásio do Julinho, atrás do "esqueleto" (parte inacabada do prédio), aconteceu um "Festival Pop". Sentado no chão em meio a embalagens de xarope, o público ouvia conjuntos de baile e os primeiros protótipos de "banda de rock" do Sul, apresentados por Carlos Eduardo Caramez, da revista Pop. Outro pioneiro, Carlinhos Hartlieb, já se apresentava no Teatro de Câmara, com violão *folk* e gaitinha de boca.

Nos finais de semana, Augusto e Beto retornavam a dedo (carona) para Montenegro, parando às vezes em Esteio, São Leopoldo, Vila Scharlau ou Rincão do Cascalho. Na volta traziam para Porto Alegre pão de aipim do forno de tijolo da dona Irma. Num desses fins de semana, um dos irmãos Carpes topou com Augustinho pela rua e o convidou para assistir ao ensaio no antigo prédio da Cervejaria Jahn, que depois virou a fábrica da Tanino Montenegro de seu

Domingos De Lucca, avô do guitarrista Gerson Green.[35] O vocalista era o "alemão" Nino, que morava nos fundos do campo do Montenegro F.C. Um visitante de "fora", de Estrela ou Lajeado, tocou a introdução de "Take a Step on my Direction",[36] originalmente um hit do grupo The Vibrations, a música de abertura do programa Ritmo 20 da rádio Continental. Sem entender o que fazia no ensaio, Augusto quebrava a cabeça tentando imaginar uma maneira de transformar em guitarra elétrica o violão Giannini. "E como fazer a alavanca solo?", se martirizava. A única transformação no violão – fora o encordoamento inovador de linha de pesca coberto por arame – foi estética: dona Irma tinha pintado com tinta de assoalho e depois de preto, e Augusto colado uma figurinha de passar[37] com o distintivo do Grêmio.

Mendel tinha a guitarra da tampinha, mas queria tocar bateria e comprou uma Pinguim do novo conjunto montenegrino, Enigma. Nos ensaios, Augusto fazia o possível na tentativa de acompanhar o novo baterista, o primeiro com quem tocou, cujo nome completo era Mendel Maltz Sclovsky. De vez em quando apareciam Binho e sua guitarra Sonelli, com chaves de captadores do tipo interruptores de luz fosforescentes, e até Pedrinho Sirotsky, da família dona da TV Gaúcha, com uma guitarra e amplificador combo da marca Alex, e captadores oitavados, quase iguais à Super Sonic original. Entre improvisos, às vezes tocavam uma instrumental, "Flash", e "Liberdade", canção vencedora de um festival estudantil do Quarteto Em Fá, um grupo de meninas: *"Homem vai à guerra..."*.

---

35 O pai de Gerson, Hilton Green, cantava ao lado de seu De Lucca, que tocava violão, fazendo uma dupla de serestas. Às vezes frequentavam os ensaios da orquestra do Abilio Marca na casa em frente, na rua Capitão Cruz.

36 A versão usada no Ritmo 20 é uma gravação de "Lou Bourgio".

37 Adesivos ou decalques que vinham de brinde dentro de algum doce. Molhava-se com água e grudava-se no local desejado.

A banda não andou, faltava um baixista, e outros interesses foram surgindo para cada um daqueles adolescentes em seus 14 ou 15 anos. Era um começo.

JULIÃO

Estudar no Julinho, em meio aos quase 7 mil alunos, era um alívio pelo anonimato. Apesar de ser uma chatice, o uniforme preservava da humilhação os mais pobres. O Julinho ("Colégio Padrão" era seu slogan) ainda tinha tradição e até algum resto de movimento estudantil, apesar da repressão da ditadura.

Na parte da manhã os ex-alunos de escolas particulares desfilavam seus hábitos caros. Os menos populares buscavam refúgio no pátio interno do andar, separado das salas de aula pelo longo corredor. Ali colocavam papel dentro de um saquinho plástico de leite e transformavam numa bola. Jogavam futebol de ruins e pobres, o "canelobol".

Um dos raros a dialogar era o magrinho Dalvan Padilha, que tinha uma estratégia de socialização: fumava. Era tão assediado pelos "filadores" que começou a esconder a carteira de Minister na meia. A demanda dos pedintes era tamanha que Dalvan passou a levar para a escola dois ou três cigarros para consumo próprio. A cantina do colégio vendia cigarros avulsos, coisa inimaginável hoje em dia. Para Augusto o convívio com fumantes não gerou vício, mas um hábito de filador. Não teria coragem de assumir-se fumante na casa dos pais, depois de todo o sofrimento de dona Irma para que seu Otto largasse o vício e a mania de jogar tocos de Eldorado ou Continental no chão. Por isso não se permitia comprar uma carteira de cigarros, mas no final dos anos 70 alternava temporadas de fumante e não fumante: "É fácil parar de fumar", dizia.

Havia um jukebox onde os mais populares pagavam para ouvir hits preferidos. As mais tocadas eram "The Lion Sleeps Tonight (Wimoweh)" – versão pop da canção sul-africana – e "Why Can't We Live Together", com Timmy Thomas.

Ainda em 71, um outro tipo de silêncio começava a ser percebido: o silêncio de um país diante de uma realidade muito obscura, que passava quase despercebida na pacatez de uma Montenegro, ou mesmo entre os que frequentavam o turno da manhã de um colégio de Porto Alegre. Vez por outra ouvia-se algum "não-sei-quê" sobre ditadura. O que seria aquilo? Não ensinaram no Ginásio Industrial A. J. Renner, e não ensinavam no Científico. As aulas de Educação Moral e Cívica faziam a lavagem cerebral e a catequização da ditadura. Os alunos totalmente alienados nem saberiam responder qual era o regime político vigente. "Acho que é democracia", arriscariam. Não tinham mesmo como saber, tamanho o bloqueio que existia sobre política, e informação era matéria muito rarefeita. A salvação seria alguém mais velho, alguém da família, que pudesse acender uma luz, dar alguma noção.

GAROPABA

As cenas de Woodstock e as músicas da peça Hair fluíam no ar da pracinha em frente à escadaria da igreja de Garopaba.

No feriadão de 7 de setembro Augusto e Beto foram para lá a bordo da Volkswagen Variant do casal Debize e Ana, amigos de Teri e Alcides que, antes de iniciar o curso de Direito, alugou uma casa para trabalhar com pescadores do "rancho" do mestre Américo. Na noite fria no chão da pracinha, um par de violões fazia uma pequena multidão se agrupar, silenciosamente ouvindo a performance. Transitavam pessoas que reencontraria vários anos mais tarde, como a conterrânea Neca Jahn, Nirce Levin, colega na rádio Guaíba, e Leopoldo Plentz, fotógrafo que faria a sessão de fotos para o disco

Ouça o que eu digo, 17 anos depois. Alguém próximo acendia algum palheiro, talvez de bosta de cavalo.

Outra jornada ao encantado local se repetiria no feriadão de Finados daquele mesmo ano. Numa dessas ocasiões, um cabeludo e barbudo, Cláudio Levitan, cantava ao violão do alto de uma encosta algo como "as meninas de Garopaba andam soltas pela estrada". O autor de músicas cantadas pelo Saracura e no Tangos e Tragédias morava no edifício Esplanada, na Ramiro Barcelos, a uma quadra do Léco-Léco. Os Licks eram mais próximos do irmão dele, o Léo, que junto com a namorada os convidou para assistir à chegada do homem na Lua.

Era um lugar fascinante aquela Garopaba, de noites em que o mar ficava fosforescente, efeito do protozoário "noctiluca miliaris", o "ardente". A maioria dos pescadores não sabia nadar, e também não casava na igreja, os novos casais "desapareciam". Em número minoritário, pescadores negros andavam em grupo, em torno do mestre Severo e do amigo Bonifácio. Num livro, Nei Lisboa criou um personagem inspirado em Severo.

Certa vez, o viajante montenegrino levou um violão até a praia do Quirino e descobriu que o forte vento "nordestão" fazia tocar o instrumento, produzindo harmônicos. Contou à irmã, e teria ouvido que era o mesmo princípio da harpa eólica, tocada pelo vento e não por pessoas. O mundo não parava de causar surpresas.

WALK TOGETHER, TALK TOGETHER

O ano de 1972 trouxe mais descobertas. Dez anos depois da irmã Teri, era a sua vez de tentar intercâmbio pelo American Field Service (AFS).[38] A prova de inglês e conhecimentos gerais era mero protocolo,

---

38 American Field Service originou-se dos trabalhos da Cruz Vermelha durante a 2ª Guerra Mundial. Depois o nome mudou para AFS International Scholarships.

o que tinha peso era uma entrevista em grupo. Pessoas interessadas em fazer turismo ou se maravilhar com o *american way of life* eram limadas pelo comitê de Porto Alegre. Os selecionados participariam de reuniões e algumas atividades durante um ano até a possível viagem ao exterior. Nem todos receberiam a bolsa, que seria integral ou parcial dependendo das condições econômicas do estudante.

A entrevista aconteceu num sábado, e na cabeça ruminava: *"Well I think it's fine building jumbo planes"*,[39] enquanto embarcava num ônibus rumo à rua Ganzo no Menino Deus. Marcinha – depois soube que era uma *returnee* infiltrada – lançava perguntas provocadoras e recebia respostas curiosas. Talvez o jeito "beat-pós-hippie-retrô" tenha ajudado a ser selecionado, ou um comentário sobre "chá" depois de alguém alertar contra o risco de pessoas se viciarem em estricnina. A mente aberta lhe rendeu o apelido "Barato", seu terceiro *nick*. No Julinho, era chamado de "Montenegro". Quando criança, os irmãos tentaram sem muito sucesso lhe grudar um "Copenhague", devido a seu bom desempenho em um joguinho de geografia.

Até a metade de 72, Augusto tinha mais laços afetivos na cidade natal do que em Porto Alegre. Em julho, uma grande e marcante viagem de carona com o conterrâneo Serginho Diefenthaler o levou de volta ao Rio de Janeiro. Era o "pé na estrada", resquício vivo da geração que lera *On The Road*, de Jack Kerouac, herança do Géio, que viveu aventuras ao lado de Adolfo – irmão mais velho de Serginho –, Didico, Zeca e Marciano.

Após despedida nas redondezas da escola Churchill, na rua República, arrumaram suas mochilas. Junto foi o *sleeping bag* esquecido por um mochileiro canadense, Bill, que cruzou a fronteira do Chile com Rogério, e um boné de veludo verde-escuro, que recebeu altas doses de desodorante spray antes da partida pela manhã rumo à saída para Viamão.

---

39 Trecho da canção "Where Do The Children Play", de Cat Stevens.

A primeira carona, até Santo Antônio da Patrulha, foi dada por – quem diria? – patrulheiros, em uma viatura da polícia rodoviária. Por alguns segundos, vinha à cabeça a imagem do Vigilante Rodoviário "Carlos" e seu fiel cão "Lobo". Seguindo para Osório e BR-101 acima, enquanto esperavam pacientemente por uma próxima carona, o longo silêncio da demora era preenchido na cabeça por *"... I think it's gonna be a long long time ..."*[40]

Em Garopaba, ele e Serginho se meteram num baile no salão ao lado da igreja. Foi a primeira vez que tocou guitarra em público, uma Snake semiacústica, bem levinha, emprestada do conjunto local. Arranhava a progressão Mi menor/Lá para o amigo cantar "Mamy Blue".[41] Um sabia dois acordes, e o outro cantava: *"Oh Mamy Mamy...".*

Seguiram a viagem dormindo em lugares insólitos como a casa paroquial de Florianópolis, bancos de praça ou carrocerias de caminhões. Ao longo da estrada identificavam-se como "estudantes conhecendo o país", o que em restaurantes lhes proporcionava algum prato feito em final de expediente. Descobriram uma das melhores lições da vida: era possível viajar mesmo sem dinheiro.

PRIMEIRO IMPROVISO, PRIMEIRA GUITARRA

De volta às aulas, a chatice era às vezes amenizada nos intervalos pela cantoria de José Wainer Camargo, Eduardo Porto e Marcelo Braga. Certa vez no Léco-Léco, conversando sobre suas dúvidas,

---

40 Trecho de "Rocket Man", canção de Elton John e Bernie Taupin.

41 Composta pelo francês Hubert Giraud, foi sucesso de rádio no Brasil numa versão em inglês do grupo Pop Tops.

Bergher, a primeira guitarra de Augusto.
Foto acervo pessoal de Augusto Licks.

ouviu do cunhado Alcides: "Já pensaste em fazer música? É uma coisa que terias para sempre". Aquilo ficou gravado na memória e talvez tenha mexido no inconsciente. No consciente, porém, nem considerou a possibilidade, achava que músico era o mesmo que pintor, morreria de fome igual.

Ainda na primeira metade de 1972, foi convocado para um festival em São Sebastião do Caí, com os conterrâneos Serginho, Suluca e "Paulinho do Graxa", mais Dargele, da capital. Ensaiaram a música em Montenegro e foram a dedo para Caí. Em dado momento, o apresentador anunciou:

– A banda Macrobs vai atrasar um pouco, alguns integrantes ainda não conseguiram pegar carona!

Finalmente completo, o grupo tocou sua "Energia". Alguns já devolviam os instrumentos emprestados enquanto Augusto mergulhava num solo longo, tentando achar uma saída do improviso em que se metera. Foi a segunda vez que tocou em público, a primeira que solou. César Michels caminhava no palco à la Chacrinha, e logo depois todos, mais o irmão Beto e Pedrinho Spohr, seguiriam a pé longos 30 km de volta à capital do tanino. Como trilha de fundo, a cachorrada latia ferozmente vigiando as plantações de laranja e bergamota.[42]

Ter guitarra começava a ser urgência para Augusto, não tinha interesse em consumir qualquer outra coisa. Em Montenegro o Ratinho, guitarrista do conjunto 2001 ao lado do *rocker* Darney Lampert, queria vender sua Giannini Super Sonic, objeto de desejo na época. Impressionado com o peso daquela preciosidade e sua história, Augusto apenas agradeceu. Algum tempo depois, um amigo do Suluca apareceu com uma Begher, cor vermelho-mogno, muito bonita.

---

42 A globalização disseminou o termo paulista "mexerica", mesmo no Rio de Janeiro onde se dizia "tangerina verdadeira" e no Paraná onde alguns ainda dizem "mimosa". A versão gaúcha deriva de *bergamot*, uma outra fruta, usada na preparação do chá inglês *Earl Grey*.

As economias alcançavam, e Augusto enfim comprou sua primeira guitarra. Na época não sabia que, por coincidência, o primo Giba de Estrela tinha uma idêntica. Comprou ainda um amplificador Phelpa e uma caixa de 4 falantes, ambos usados, e um pedal reforçador de agudos com uma distorção bem ruinzinha. Antes, para ouvir a guitarra, precisava encostá-la no microfone do gravador K-7 da irmã. Agora o som se completava com mais uma descoberta: tocar guitarra significava conviver com um trambolho pesado entulhando espaço ao redor.

TURMA DE 72

Aquele ano marcou profundamente os selecionados pelo comitê local do AFS. Os selecionadores incluíam Marcos, Manoel, Débora, Miriam, Maraschin, Carmen, Luci e César (irmão da atriz Ceres Victora, protagonista do filme *Deu pra ti, anos 70*). Havia, entre os candidatos, a sensação de estarem descobrindo a sua "tribo". As reuniões na casa de Rui Opperman e Marili Cintra produziam conversas intermináveis sobre livros de Herman Hesse, Aldous Huxley e Sartre, e filmes políticos italianos que sobreviveram à censura. Os selecionados seriam pessoas com potencial de aproveitar a experiência para contribuir para a realidade do Brasil.

O ano pré-intercâmbio talvez tenha sido mais significativo que o próprio ano vivido no exterior. A tribo convivia muito, viravam noites pelas ruas de Porto Alegre, entravam 12 pessoas dentro de um fusca e pegavam a estrada. Situações ramificadas surgiam, uma levando à outra, às vezes com algum violão ou um garrafão de vinho. Descobria-se, por exemplo, pessoas afins no próprio colégio, em outras turmas, em outros turnos, como Carmen Silvia, a Peninha, Vera Cinthia, Carminha, Pedro Haase, Sérgio Endler, Fátima, Miriam "Coelha",

Magia, Boina, Alexandre e Beti Cancelli de mãos dadas com Marco Fronchetti e com Helena, sobrinha do poeta Mario Quintana, Jung e os irmãos Zé e Alvinho Varella. Até alguns casais de namorados se formavam. Não se estava só.

BAHIA E ALÉM

No verão de 73, a mesma turma se juntaria formando uma legião de mochileiros viajando de carona a desbravar as BRs 101 e 116, numa memorável aventura de dois meses até o Nordeste do Brasil.

Viajaram pelo litoral de SC (Garopaba, Florianópolis, Blumenau) até São Paulo, de onde Augusto e Alexandre seguiram pela via Dutra até o Rio de Janeiro e voltaram para São Paulo.

Em Florianópolis, debaixo de uma figueira na praça, Augusto dedilhava um violão emprestado. Vera Cinthia tocava flauta doce com Alexandre. Quando perceberam estavam rodeados de pessoas que lhes davam gorjetas.

O grupo seguiu para Belo Horizonte e depois Ouro Preto (MG), de onde continuou até Vitória (ES), subindo pela BR-101, ainda não asfaltada, até Feira de Santana e Salvador (BA), onde com o endereço de uma *returnee* do intercâmbio bateram na cara de pau. Márcia Bosse abriu a porta. Ficou pensando um pouco e disparou:

– Ó, podem dormir, comer tudo da geladeira, e na segunda-feira caiam fora!

E saiu para passar o fim de semana em outro lugar. Na volta, a generosa anfitriã ainda conseguiu pousada aos viajantes na casa do Chocolate da Bahia. Depois seguiram para Aracaju, Maceió, João Pessoa e Recife.

Em 60 dias de viagem, pouco se preocupavam com os riscos. A única precaução era não pegar carona de noite. Viajar de carona com

Janeiro de 73. Na carroceria, contemplando uma das highways brasileiras, a rodovia Fernão Dias rumo a Belo Horizonte.
Foto acervo pessoal de Augusto Licks.

mochila nas costas era malvisto pelos conservadores, e a atmosfera da ditadura insinuava uma associação com guerrilheiros ou drogas. Em Belo Horizonte, um paisano viu os *sleeping bags* entre colunas de uma igreja e chamou a polícia. Foram levados a uma delegacia na Pampulha, onde foram revistados, interrogados e liberados em seguida.

Aventuravam-se com poucos recursos. Pediam comida nos restaurantes e revezavam-se para dormir em praças e outros locais públicos. Em acampamentos, Augusto se virava: buscava água, fazia fogueira e cozinhava com recursos precários, como arroz carreteiro salgado com água do mar. Preparava chá-mate, ou café solúvel com leite condensado.

Em Ouro Preto, cansados da viagem, dormiram profundamente em frente a uma igreja. Acordaram com as pessoas passando por cima para assistir à missa, e depois conseguiram abrigo na "república" do Hospício (que alguns moradores chamavam de "XPTO" – Dez PT e Nada).

A volta foi mais rápida, apenas 6 dias. Quando reapareceu em Montenegro, dona Irma[43] o examinou de cima a baixo com os olhos: "Engordou! Vai de novo!".

Desde muito cedo Augusto já tinha experiência de viajar. Aos 12 anos, passou uma noite fritando batata e de manhã se meteu num ônibus rumo a Tramandaí, o balneário mais populoso do estado. Tomou outro ônibus para Capão da Canoa, onde a irmã Mari e o cunhado Ubaldo veraneavam. Só que não sabia o endereço. Despreocupado, com seu saco de batatinhas, foi reconhecido pela vizinha Raquel Kirjner, de Montenegro, que o levou até um serviço de alto-falante: "Atenção, Sr. Ubaldo, seu cunhado está perdido em Capão...". Mas ficou tudo numa boa, as batatinhas eram anti-stress.

---

43 Augusto trouxe do interior da Bahia sementes de jaca de lembrança para a mãe. Dona Irma fez várias mudas e presenteou, ficando com uma apenas, que virou árvore e depois de sete anos frutificou. Talvez essa tenha sido derrubada na demolição da casa e armazém em 2017, como ocorreu com mangueiras, tamareiras e pés de maracujá.

PORTO ALEGRE 73

Na sobrevivência da viagem pelo Nordeste, 1973 não parava. Nos fundos da casa de Ernesto ficava o "2", uma saleta onde ele mantinha um harmônio[44] e com outros instrumentos tocava-se blues *ad infinitum*. Carlos Bandarra na flauta transversal de madeira, Zé Varella, os irmãos Chicão e Vagal, e outros tocando gaita, escaleta ou violão.

Na rua Santana, atrás do Julinho, morava o Bebeto Alves. Às vezes ele pulava o muro e ia até a cantina com um violão. Numa dessas, Augusto o encontrou e perguntou: "Sabe tocar alguma do Alice Cooper?". Sorridente, Bebeto tocou "Under My Wheels", uma típica levada de blues muito explorada pelos Rolling Stones. Era uma aula, como tinha sido ver guitarristas em Montenegro tocando as pestanas do Creedence.

Na sala de aula tomada por assuntos pré-vestibular, Augusto selaria uma aproximação com Wainer, que havia sido solidário contra uma acusação infundada do professor de Desenho. O colega conhecia Clube da Esquina, Santana e até um tal de Led Zeppelin. Tempos depois, nos EUA, receberia dele uma fita K-7 com preciosidades que cultivava, como Clementina de Jesus e Luiz Melodia.

O disco do Clube da Esquina era uma das descobertas proporcionadas pela turma do AFS. Outras seriam Sá, Rodrix & Guarabyra, e os *back-from-exile* Caetano Veloso e Gilberto Gil. Não escutavam muita música brasileira, em compensação jorravam vinis de setentistas britânicos. Rui e Marili gastavam o "On The Threshold Of a Dream", dos Moody Blues. Peninha e o irmão Fernando tinham o "Who's Next", clássico em versão pop de Waldo de Los Rios, além do

---

44 Instrumento musical de teclas, semelhante a um órgão, porém menor e sem tubos. Seu timbre é parecido com o do acordeon, e o som é gerado pisando-se continuamente em dois pedais, que movem ar por um fole.

Travessia Salvador-Itaparica em 78. Augusto toca o violão emprestado Giannini "Rita Lee". Foto acervo pessoal de Augusto Licks.

Holly, Jane e Augusto. A família americana que o hospedou no intercâmbio em 73/74 e com a qual ainda mantém contato. Foto acervo pessoal de Augusto Licks.

"Killer" de Alice Cooper, e "Alarm Clock" de Richie Havens, com uma versão de "Here Comes the Sun". Vera Cinthia tinha o "Imagine" de Lennon. Porco e Leila gostavam de Deep Purple e Black Sabbath. Zé Varella e o irmão Alvinho tinham o "New Morning", e o fascínio por Dylan gerou muita conversa. Jung sabia tocar Toquinho e Vinícius: *"Um velho calção de banho..."*. Ilton Saffer, o "Mola", tinha um estilo visual meio T. Rex. Em seu sítio em Viamão aconteciam acampamentos que, anos depois, acabariam gerando o festival "Molastock".

No som distorcido de um radinho a pilha achado na rua, pela rádio Continental se ouvia Gilberto Gil cantando: *"Eu só quero um amor, que acabe o meu sofrer..."*. Na casa das irmãs Carminha e Lalú e dos irmãos Ricardo e Biba, a mãe, dona Carmen, recebia aquele mundo de gente com seu hospitaleiro cafezinho, que tomava mesmo antes de dormir. Era possível, sim, ser parte de algum grupo, e melhor, um grupo de idealistas.

Naquela atmosfera, aproximava-se a hora de subir num avião. Era julho de 1973. Tendo concluído metade do 3º ano científico, Augusto partiu para o Rio de Janeiro com seu grupo de AFSers, que em sua maioria se concentraram no apartamento da bolsista Ana Segura, na rua Paissandu, no Flamengo, quase em frente ao prédio onde morava o irmão Roque. O AFS também tinha comitê em Montenegro, pelo qual participaram os conterrâneos Stoffel e Pedro Büller.

Após um encontro nacional no Colégio São Vicente de Paulo, no Cosme Velho, embarcou num avião da Aerolíneas Argentinas para ingressar na Rye Neck High School, em Mamaroneck, New York.

Na recepção, no C.W. Post College de Long Island, machucou o polegar jogando futebol, o que não o impediu de notar a politização dos bolsistas do Chile. Com eles aprendeu uma canção e trocariam cartas ao longo do ano.

Antes do início das aulas, ficou um tempo acampado no Canadá, ambientando-se com a família anfitriã, de sobrenome Taylor, num lago da região de Quebec coincidentemente chamado Lake Taylor.

Os pais eram o casal "Bud" e "Sunny" Taylor, que tinham duas filhas, Jane e Holly, e o filho John. Jane cedeu seu quarto para o *brother* brasileiro, ela própria fazendo intercâmbio em Genebra enquanto Johnny morava numa escola na Pensilvânia. Convivia com Holly, que tinha a mesma idade e era colega na *senior class*.

Ganhou o apelido "Gusto", o mesmo pelo qual suas irmãs o chamavam no Brasil. Os americanos chamavam todo mundo por duas sílabas no máximo. Todo inglês que aprendeu com Teri parecia insuficiente diante da velocidade dos idiomatismos que já ouvia. A música ajudava: numa gaitinha de boca simples tocava "Oh Suzannah" para o irmão americano Johnny, quando este não estava ouvindo hits do momento num enorme rádio portátil. Procurava estar atento para não ficar perdido nos diálogos, como certa vez em que a amável "Mom" já demonstrava sua grande habilidade no trato pessoal, ajudando o filho a entender por que diabos o cantor dizia "baddest man in the whole downtown" e não "worst". Também intrigado com a letra de Jim Croce, o brasileiro tentava ouvir a explicação, mas ainda não conseguia acompanhar. Só depois de uns dez dias é que a "poeira" finalmente cairia, e conseguiria entender quase tudo.

DRIBLE

Fora do Brasil, Augusto enxergou melhor a própria realidade brasileira, tendo acesso a experiências que seriam impensáveis em seu país. Participou de discussões sobre desobediência civil e assistiu a palestras de historiadores sobre as questões latino-americanas e os mecanismos de revolução e contrarrevolução — e como uma inevitavelmente gerava a outra. No Brasil nunca tivera aulas de história brasileira contemporânea.

No Hunter College, aconteciam seminários sobre anarquismo. Podiam-se fazer assinaturas do jornal "The Militant", do Socialist

Workers Party – onde Augusto teve um artigo publicado – e ver todos os documentários sobre a América Latina e os filmes ainda proibidos no Brasil, como *Estado de Sítio* e *Z*, do diretor grego Costa-Gavras.

De perto os EUA eram um país diferente da versão que o conservadorismo brasileiro propagandeava. Diferente do Brasil, o assunto "drogas" não era tratado com moralismo. Além disso, ninguém reparava na roupa que usava. Augusto perguntava-se o porquê de as americanas jogarem futebol e as brasileiras não. Isso em 73 nem era um fenômeno como aconteceria um par de décadas depois.[45]

Nas viagens com o soccer team, o capitão e hoje ator Joe Gironda o incentivava: "Mucho Gusto! Gonna score today?". Jogava na ponta, aplicava dribles no estilo de Rivellino,[46] tinha leveza e a vantagem de ser brasileiro. Não jogava nada quando criança. Brincava com um balão (bexiga de ar) para compensar sua ruindade no futebol. A brincadeira funcionou como treinamento. A técnica compensava a falta de força física. Aprendeu a noção de espaço no campo e conquistou a camisa 10 no time de campo na escola. Num fim de semana, Augusto estava na academia militar de West Point. Como os *panthers* tinham um jogo importante, o mal-humorado treinador Al Zimmerman se viu obrigado a buscar e levar de carro o camisa 10 do time.

Também fazia parte do time de tênis. Usava na cabeça uma fita de pedrinhas minúsculas feita por índios Cherokee que ganhara da

---

45 Nos anos 90, Deborah Slaner Larkin, funcionária do governo americano da área de educação, convidou Augusto para um workshop com meninas do soccer de uma escola, após dicas que dera à treinadora das *nieces* Katie e Lauren. Os EUA descobriram no futebol um instrumento de autoestima para as estudantes. Augusto até recebeu propostas para ser treinador.

46 Em sua coluna on-line n'O Estado de S. Paulo, no final dos 90, Augusto analisou a significância do drible e como é entendido de forma diferente no exterior e no Brasil, onde o neologismo não equivale exatamente ao original inglês, pois deveria ser derivado de "beat". Carlos Guimarães, da rádio Guaíba, compartilhou uma teoria recentemente de que teria se originado de um recurso dos jogadores não nobres na Inglaterra para escapar das faltas, que só o time de nobres era autorizado a cometer.

fotografia

GET THE *ON THE STATS STUFF

SEE LAST PAGE

School November, 1973

entrevista feita 1 mês atrás

Our Resident Brazilian...

Our A.F.S. exchange student is from Brazil this year. His name is Augusto Licks. He was a senior in Porto Alegre in Brazil where he was living with his sister in order to attend one of the better schools in the area.

We asked him a few questions about his impressions of our country and how it compares with Brazil.

Augusto's main problem right now is language. People sometimes talk too fast and use slang incessantly. Slang is a problem because he can't find definitions in his pocket dictionary and it can therefore throw a whole sentence off. He is improving greatly, and feels he has come a long way in the two months he has been in America.

There are many aspects of American society that are new and perplexing to Augusto. One thing he has been shocked by is our society's way of revolving totally around money. If one doesn't have any money, he or she doesn't do anything until they do. That can amaze some of us too, and we have been living here all our lives.

Our school system seems to interest him in that our lives seem to rotate around it. When we aren't doing homework, we are out with friends from school. At home, the majority of the people he sees are from unrelated schools. It is hard for Augusto to get used to our cut and late policies. The homework load is also hard to adapt to.

Augusto told us that people's attitudes about dress and hair are more liberal in Brazil. Restaurants and theatres here may require jackets and ties. People never seem to stop talking about long hair. In Brazil, hair and dress are the individual's business, no one else's. Family pressure is another thing. It is the same in both countries, depending on the family's way of dress and looks.

The biggest difference as far as families go is that the topic of drugs comes easier to Americans than to Brazilians. Brazilians would be shocked if the topic of drugs came up at the dinner table, while Americans would calmly discuss it and leave it after awhile.

Augusto followed this statement by saying that Americans are free to do as they please concerning social maters. Brazilians however, do not speak or learn about such things as much.

This immediately led into a discussion of politics—mainly about Brazil. Brazil is like America in one respect—Capitalism. That seems to be where the likeness ends. No Communist or Socialist parties are allowed. The president and the congress are elected by the government. Since the government is a military one, it is run like an army. No one may speak out against the government—many people have had serious troubles and have even "disappeared" because of out-spokenness. All movies and plays are screened to see whether they can be shown in Brazil. No political, anti-Brazilian movies and very few skin flicks can get by the Federal Censorship Board.

Augusto continued excitedly on the subject. He called the government autocratic, full of violence and a user of propaganda. We asked him to give an example of the kind of propaganda used. He complied,

Reprodução do acervo pessoal de Augusto Licks.

mãe americana, descendente em parte daquela linhagem. Nos jogos contra outras escolas, Augusto formava a segunda dupla, geralmente com Matt Oristano, sendo que o número 2 de simples, Andy Durham, também era seu companheiro no time de futebol. Aprendera a jogar em Montenegro, batendo bolinha na parede da quadra do Clube. Continuou em Porto Alegre jogando nas quadras públicas do Parque José Montaury, em frente à Hidráulica do Moinhos de Vento, sempre com a raquete Sulina emprestada pela irmã.[47] Seus tenistas preferidos eram o australiano Rod Laver e o brasileiro Thomaz Koch,[48] sua grande inspiração. Augusto experimentou a Head de alumínio da irmã Jane, mas fixou-se numa Wilson Jack Kramer de madeira, muito popular, a exemplo da Dunlop Maxply. Desenvolveu bastante o jogo de rede, tinha bom reflexo, mas, como acontecia no futebol, não tinha porte atlético para levar o esporte a sério. Nas pausas, quando não ficava fazendo embaixadas com a bolinha no pé, costumava segurar a raquete invertida simulando tocar guitarra. Saía até um sonzinho do encordoamento.

O ritual das manhãs era acordar despertado por um rádio sintonizado na WPLJ – "Rock Stereo", muitas vezes com a mesma música, como no filme *Feitiço do Tempo*, em que Bill Murray fica preso no Dia da Marmota. Não mudava de estação para não correr o risco de ser vítima da "Sister Mary Elephant" da dupla comediante Cheech and Chong, única gravação não musical da história a entrar para o top-40 da Billboard, em que uma professora freira controlava uma turma de alunos nada comportados gritando histericamente: "Shuuuuuuuut uuuuuuuuup!", e depois agradecia baixinho: "Thank you". Às 7 da manhã, era de pular de susto...

---

47 Na época predominavam raquetes de madeira, mas já existia a Wilson de aço. Alguns modelos de fibra ganhavam mercado, mas tinham uma leveza que com o tempo começou a ser vista como insustentável, suspeita de causar dor crônica no braço, o "tennis elbow".

48 Herói de uma vitória brasileira contra os EUA na Copa Davis, ao lado de Edison Mandarino. O gaúcho Koch usava uma fita para prender o cabelo e foi um dos primeiros a usar raquete de metal.

Descia correndo a escada, abria a porta e saía no frio para recolher o New York Times. Comia apressadamente um prato de cereais para não se atrasar e cruzava um atalho até a Boston Post Road, para chegar às 7:30 na High School. Usava uma bicicleta de três marchas emprestada.[49] Nela, subia e descia ladeiras, chegou a pedalar até numa *highway* próxima acompanhado de um intercambista inglês. Nem a neve era obstáculo, mas o gelo sim – nada consegue frear no gelo.

DESCOBERTAS CULTURAIS

Do grupo que partiu para o intercâmbio, Augusto, Pedro, Carmen e Vivian foram para a Costa Leste dos Estados Unidos. A maioria dos outros amigos partiu para a Costa Oeste e assim formaram-se dois núcleos: Nova York e Califórnia.

A família que hospedou Augusto morava em Mamaroneck, no "Westchester County", terceira parada suburbana do trem que saía da Grand Central Station. "Mamaroneck next, watch your step!", dizia o cobrador. Anos depois comprariam um apartamento na Central Park West, perto do edifício Dakota, onde morou John Lennon e depois Madonna.

Algumas vezes os amigos se encontravam em Manhattan, para inesgotáveis descobertas naquela miscelânea étnico-cultural. Augusto conhecia Greenwich Village como se estivesse em Porto Alegre. Sabia todas as lendas dos artistas que frequentavam o local, um funil artístico-cultural para onde convergiam ideias, arte e comportamento. O bairro carregava a mística de Bob Dylan ter começado ali a sua história. Ao longo dos anos tornou-se também um reduto do movimento gay.

---

49 Augusto só aprendeu a andar de bicicleta nos EUA.

Arco da Washington Square, centro da "Village", um funil artístico-cultural.
Foto acervo pessoal de Augusto Licks.

Na New York University (NYU) era possível assistir a palestras de intelectuais. Havia muita música na rua, desde *folk* até *steel-drums* do Caribe, pintura, artesanato, cinemas *off-broadway* (alternativos) e muitos cafés, alguns com música ao vivo, especialmente jazz, como Blue Note, Village Vanguard, etc. Outros nichos à la Village foram se desenvolvendo em Manhattan nos tempos que se seguiram, como o Soho (South of Houston Street) e o East Village, centrado na rua Saint Marks, cenário de punks e afins, perto de onde surgiu o CBGB, miniteatro que abrigou muitas bandas alternativas. Ironicamente, poucas destas ficaram conhecidas, sufocadas pelo excesso de artistas de várias partes do mundo que desembarcavam na cidade.

No New York Times uma propaganda de página inteira anunciava em letras minúsculas: "Bob Dylan & The Band – January", e uma caixa postal. Como muitos, Augusto enviou uma carta, mas não teve sucesso. Conseguiu ingresso com Bud, o pai americano,[50] advogado e colega de escritório do advogado de Dylan. Em janeiro de 74 assistiu ao show com Peninha, poucas fileiras atrás de John Lennon, Yoko Ono, Allen Ginsberg e outras celebridades.

No Capitol Theatre em Port Chester, com o amigo Donny Pinger, assistiu na primeira fila ao show da dupla Sonny Terry e Brownie McGhee, expoentes do subgênero "country blues", que a exemplo do "Chicago Blues" muito inspirou o rock britânico dos anos 60. O cego Sonny Terry usava uma camisa cheia de bolsos onde guardava gaitas de boca (harmônicas) de diferentes tons. A gaitinha solava, chorava e fazia som de trem. Num velho violão Martin, Brownie[51] mantinha a base e pontuava com *riffs*. Os dois cantavam blues clássicos, incluindo composições próprias, e travavam um diálogo durante todo o show:

---

50 O nome completo de Bud era John C. Taylor 3rd, e Augusto atendeu telefonemas da Itália pedindo para falar com o John Taylor da banda Duran Duran.

51 Brownie trabalhou como ator no filme "Coração Satânico", dirigido por Alan Parker.

— Sonny, se a sua mulher resolvesse um dia te deixar, o que você faria?

— Ah, Brownie, não tenho muito o que dizer sobre isso, deixo a minha gaita falar por mim... (e dá-lhe solo de gaita).

Inspirado nos diálogos entre os dois bluesmen, Augusto elaboraria com Nei Lisboa em 82 o roteiro do show *Só Blues* em Porto Alegre.

No final do ano letivo, Augusto voltaria para o Brasil, para se tornar muitos anos depois, acredite ou não, um *rock star*. Donny, que nunca enxergou nele o tipo de cara que gostava de chamar atenção, nunca entendeu como ele lidava com a fama. Um dia Gusto lhe confidenciou que seu visual no palco funcionava como um tipo de *alter ego*. O cabelo penteado para trás com gel sugeria uma personalidade diferente. Depois de um banho ficava quase irreconhecível.

No Central Park assistiu ao concerto da Mahavishnu Orchestra (Jean-Luc Ponty ao violino e John McLaughlin na guitarra de 2 braços com uma parelha de amplificadores Boogie). Para assistir ao Grateful Dead foi necessária uma viagem mais longa até o Nassau Coliseum, pois o Dead se recusava a apresentar-se em NY City em protesto contra a lei antidrogas. O Dead trilhava um caminho diferente do resto das bandas, eram bons músicos, mas nada virtuosísticos, com sonoridade *light-rock*. Incitavam seu público a gravar os concertos, formando legiões de "Deadheads".[52]

Muitos ouviam bandas de country-rock como Poco, New Riders of the Purple Sage e vertentes de *bluegrass* como Nitty Gritty Dirt Band e Seatrain, que faziam releitura daquele gênero tradicional consagrado entre outros por Earl Scruggs, e cujo fascinante virtuosismo de banjo-rabeca-violão acabou gerando técnicas guitarreiras específicas como o *chicken pickin'* que depois seriam muito usadas

---

52 Em 1987 dois "Deadheads" sugeriram o nome "Cherry Garcia" para o sorvete de cereja da Ben&Jerry´s, em homenagem ao guitarrista Jerry Garcia.

até por guitarristas não norte-americanos, como o inglês Albert Lee. Ouvia-se muito Allman Brothers, mesmo após a morte de Duane Allman, e muito blues, desde artistas veteranos até formas progressivas do gênero como The Blues Project. Isso sem falar nos britânicos The Who, Eric Clapton e o "cinematográfico" Pink Floyd. E havia shows de vários outros gêneros, como Beach Boys, John Sebastian, etc. Às sextas-feiras e sábados os programas Midnight Special e In Concert mostravam bandas e atrações latinas como Jose Feliciano.

Para quem vinha de um país de 3º mundo que segregava sua própria cultura, era espantoso se deparar com a riqueza musical americana. Contrastando com a escuridão setentista brasileira, os americanos não eram preconceituosos com os gêneros musicais. Ouviam desde Scott Joplin a Andrews Sisters e 50s rock à la "Grease" até a cena britânica. A biblioteca da escola era rica em discos, fitas magnéticas e livros que contavam a cultura do país através da música. Qualquer um era livre para ouvir Woody Guthrie, Pete Seeger e outros artistas engajados com as questões político-sociais, ou ler autores como Henry David Thoreau ou Karl Marx sem medo de ser preso.

Levados pela despachada "Mom" Sunny, Pedro e Augusto fizeram uma viagem de carro até Washington. No caminho pararam em Wilmington, Delaware, onde embarcaria mais uma passageira, "Aunt" Ruth, casada com o irmão de Bud e mãe da *cousin* "Beje", cujo nome é Elizabeth e o sobrenome era... o mesmo da família americana de Augusto – talvez também tenha recebido telefonemas de fãs da atriz. O passeio pela capital americana incluiu um jantar com um grego conhecido de uma delas, que falava atrocidades reacionárias, o que na hora não incomodava os dois brasileiros, ocupados que estavam em atenuar com cerveja o poder explosivo da pimenta paquistanesa: meia garfada e dois goles, e nem assim resolvia.

Cabeludo e barbudo, Pedro não passou despercebido da ascensorista do hotel: "Cool, man". Vestia um casaco de veterano da

Guerra da Coreia, e andava com uma câmera Praktica pendurada no pescoço, cujo obturador soava quase como um tiro. No cinto ficavam amarrados vários tubinhos metálicos de filme fotográfico, parecidos com munição. Com esse *layout* os dois caminhavam no outro dia pelos matos do parque de Georgetown, e ao sair entraram em um prédio da embaixada brasileira. Funcionários ficaram estáticos diante daquela visão, talvez temessem que fosse um guerrilheiro.

11 DE SETEMBRO

Na manhã de 11 de setembro de 1973, a manchete do Times dizia: "Allende Shot Dead. Military Junta Rules Chile". Foi um choque e o fim de um sonho. Augusto enviou no mesmo dia uma carta para a bolsista chilena Cecilia Perez e ativou uma intensa troca de informações sobre a situação em Santiago.

Havia uma motivação urgente na busca de notícias porque o irmão Rogério fixara residência em Santiago desde 72 – como outros brasileiros contrariados com a ditadura – após longa viagem por toda a América Latina. Logo após o golpe militar, refugiou-se na embaixada da Argentina, onde conviveu por dois meses em meio a cerca de 700 pessoas. A embaixada brasileira entregava os brasileiros para os golpistas chilenos.

Correspondências de brasileiros eram extraviadas, provavelmente confiscadas no Brasil, porém chegavam aos Estados Unidos. Augusto recebeu uma carta do irmão relatando que estava bem, notícia que repassou para Montenegro, para alívio da preocupada família. Rogério contava que fora obrigado a abandonar seu Di Giorgio[53]

---

53 Rogério comprou o violão Di Giorgio quando estava no Exército. Esse violão conheceu mais lugares que muita gente. Tocou para Malina e Julian Beck, do Living Theater em Ouro Preto; para hippies nas praias de Salvador; na casa de Câmara Cascudo em Natal; para pescadores, sob a luz das estrelas, nas proximidades do Cabo São Roque; para maçons em São Luís do Maranhão;

porque seus companheiros temiam que os guardas confundissem o instrumento com alguma arma. Um dia alguém entrou na embaixada com um violão e ele teve pena: "Bah! Por que não trouxe o meu?".

O cenário foi descrito por Fernando Gabeira no livro *O Crepúsculo do Macho*, cujo personagem "Gaúcho" era Rogério. Tempos depois o próprio Rogério relatou outras histórias, como a do uruguaio que, temendo uma perseguição, não se permitia dormir. Amarrava um pote com água em sua cabeça para que quando cochilasse a água caísse em seu rosto e o acordasse. Esses acontecimentos inspiraram as músicas que Rogério gravou em CDs na Alemanha, onde se exilou, e os concertos que fez pela Europa em favor da Anistia no Brasil.

O golpe do general Pinochet, a nova ditadura, na cada vez mais militarizada América Latina, aumentou a preocupação de que a democracia poderia estar em risco até na rica nação norte-americana. A ameaça à liberdade nos EUA tinha nome: Watergate. Muitos se perguntavam qual seria o destino político caso não tivessem sido descobertos os grampos telefônicos nas instalações do partido Democrata, e caso o jornalismo não tivesse recebido revelações de um informante.[54] Augusto passou um domingo na casa do escritor Arthur Miller em Connecticut, e aqueles foram os assuntos conversados ao longo do dia. O autor de *A Morte do Caixeiro Viajante* estava

---

foi clandestino na Operação Mauá, no barco Lauro Sodré, pelo rio Amazonas; navegou 12 dias e quase naufragou no rio Madeira; foi detido pelos militares na fronteira com a Bolívia; se juntou aos mendigos e foi recolhido pelo Exército da Salvação em Asunción; desmaiou de fome, viu cometas que não existiam e foi amparado pela xamã Aurora Kantor, no Chaco Boreal; tocou para a banda argentina La Cofradia de la Flor Solar em La Plata; viu um arco-íris subindo a cordilheira, em direção ao Chile, na região de El Azul; seguiu pra lá, por um velho caminho usado pelos contrabandistas... mas Rogério foi obrigado a abandonar o violão em Santiago, quando fugia da perseguição dos militares que derrubaram o governo de Salvador Allende.

54 Em 1972, agentes secretos contratados por assessores do presidente Nixon invadiram a sede do Comitê Nacional Democrata no hotel Watergate, em aparente reação à revelação de documentos secretos da guerra do Vietnã. Um alto funcionário do FBI levou os repórteres Bob Woodward e Carl Bernstein, do The Washington Post, a desvendar o envolvimento do governo. Eles mantiveram em sigilo a fonte, que identificaram como "Deep Throat", título de um filme pornô. Em 2005, 33 anos após o escândalo que levou Nixon a renunciar em 1974, W. Mark Felt, ex nº 2 do FBI, assumiu ser o "Garganta Profunda".

indignado lendo os livros contendo as transcrições das gravações feitas pelo então presidente Richard Nixon.

ARTE ITINERANTE

A primeira apresentação solo de Augusto, talvez a única, foi num *talent show* promovido pelo comitê do AFS na Rye Neck High School. Tocou e cantou "O Tempo Vai Apagar", de Getúlio Cortes, outra que aprendera com o irmão Rogério. Giorgina, uma mexicana fã de Roberto Carlos, cantava "Cu Cu Ru Cu Cu Paloma", de Harry Belafonte. Holly, "irmã americana" de Augusto, estudava na companhia de dança moderna Steffi Nossen. Uma das músicas utilizadas em sua apresentação era "Funeral for a Friend", de Elton John. Formou-se um grupo itinerante de música, dança e teatro que apresentava *talent shows* em instituições como asilos e hospitais.

A convite do colega Michael Taylor, formou uma dupla para três covers: "Your Song" (Elton John, com letra de Bernie Taupin), e duas de Cat Stevens: "Father and Son" e "Wild World". Um cantava a parte "Father" e o outro cantava a parte "Son", Mike cantava o resto e Augusto executava as introduções e solos. Na época, chamava a atenção de Augusto a presença de um segundo violão, solista, nas gravações de artistas como o próprio Cat Stevens e também de Jim Croce. Eram parte essencial da sonoridade daquelas canções, e seus executantes – Alun Davies e Maury Muehleisen – eram praticamente desconhecidos.

Revisitaria aquela experiência em 1994, em Sacramento, Califórnia, acompanhando a cantora Alta, amiga da compositora Mairi Gearey. Em instituições semelhantes, tocaram *oldies* como "Whisper" e raridades da primeira metade do século XX. Pegava o trem de manhã cedo em Berkeley, comia um burrito a bordo e aportava no velho oeste – Sacramento é uma maquete daquelas cidades de filmes de bangue-bangue. Alta tinha um violão Gibson preto igualzinho ao de Robert Johnson. No mesmo ano Augusto acompanhou o amigo Jon Rosch tocando num restaurante em Hoboken, New Jersey. Anteriomente, em noitadas pós-gigs em Manhattan, rolara na parte de trás da van vazia com outros músicos, entre eles Billy Squier e Jeff Golub, que tocava com Rod Stewart. Numa dessas, foram prestigiar o guitarrista Mark Lambert, que tocou na festa de aniversário da atriz Sonia Braga.

Jon, que já tinha sido *sideman* do lendário Bo Diddley, de Donald Fagen e muitos outros, depois assumiu como *co-frontman* dos Blues Brothers, ocupando o lugar de John Belushi. Recebeu a confirmação quando estava na casa de Augusto no Rio, enquanto a filha Rainy Jane brincava com Laura, filha de Augusto, nascida em 2000. "The Rock & Roll Doctor", como é chamado Jonny, ainda toca nas noites de terça-feira na Columbus Ave em Manhattan, acompanhado geralmente de Tony Garnier, baixista de Bob Dylan, Shawn Pelton, baterista do antigo show David Letterman, Dan Cipriano, saxofonista de Sting e outros que vão se revezando. Tocam R&B, com pitadas de humor.

GUITARRISTA DE HAMELIN

Em 1974, Augusto desembarcou de volta ao Brasil, após uma experiência marcante nos Estados Unidos. No dia da despedida, no Nassau Coliseum, onde meses antes havia assistido ao concerto do Grateful Dead, tirou fotos e gravou um comercial para o AFS, junto com Sunny, Bud e a atriz Helen Hayes (a velhinha do filme *Aeroporto*). Nunca viu o comercial, mas um dia em Porto Alegre, ao passar em frente ao Instituto Cultural Norte-Americano, avistou um cartaz do AFS com a foto abraçando a "Mom". O relacionamento familiar com os Taylor se manteria igual ao longo dos anos.

Antes de retornar, trocou sua primeira guitarra, a Begher, por uma Kimberly, cópia de Les Paul, que era o *trend* setentista. O velhinho, dono da pequena loja de instrumentos musicais em Vermont – onde viveu e trabalhou durante um mês na fazenda de uma família de origem tcheca[55] – insistia para que ele escolhesse um instrumento melhor e ofereceu uma Univox semiacústica. Augusto queria mesmo a cópia da Les Paul. Estava fissurado no formato.

A Begher era um instrumento de mais qualidade na construção, nos recursos eletrônicos e com sistema de alavanca. A Kimberly, embora mais simples e limitada, se revelou mais confortável, leve e prática para tocar. Os captadores produziam um timbre claro, provavelmente a fiação dos humbuckers[56] era em paralelo. Na falta de amplificador, quando ligada improvisadamente em algum aparelho toca-discos, o resultado do som não era ruim. Para levar a guitarra deixou a Begher e mais 2 dólares e 9 centavos. A nota da troca ainda existe.

Sua tarefa na fazenda era amarrar enormes blocos de feno no celeiro. À noite, gostava de sair a caminhar por uma estradinha. Numa dessas caminhadas soprava a sua Marine Band[57] quando ouviu um barulho surdo. Sem saber o que era seguiu caminhando. O barulho ficou menos intenso, mas parecia acompanhá-lo. Intrigado e no escuro, deu alguns passos até aproximar-se de uma cerca de arame. Para sua surpresa ali estava, estático, um grupo de vacas. Calmamente, Augusto seguiu caminhando pela estrada. Ao soprar

---

55 Esta era uma opção de trabalho comunitário ao final do período de intercâmbio enquanto a maioria dos bolsistas participava de uma viagem de ônibus.

56 Variedade de captador (microfone magnético adaptado para guitarra e baixo), que permite amplificar o som sem ruído: duas bobinas ligadas com polaridade invertida cancelam (buck) o ruído de 60 Hz (hum).

57 Ganhou a gaita Marine Band de presente de Jimmy D'Abrammo, amigo do futebol e de blues, que lhe ensinou os fundamentos daquele instrumento que vinha substituir a flautinha Hohner amarela.

Valhala é uma das várias cidades onde o soccer team jogava e onde às vezes rolavam jam sessions. Foto acervo pessoal de Augusto Licks.

novamente a gaita, as vacas voltaram a segui-lo e, em determinado momento, saíram em debandada. "Gaitista de Hamelin?",[58] pensou sem entender a situação.

Acontecia a Copa de 74 na Alemanha. O Brasil, tricampeão em 70, tinha a expectativa de ser tetra, apesar de não contar mais com Pelé. Nos Estados Unidos, o soccer internacional era ignorado na imprensa, assim muitos brasileiros ligavam para o consulado para saber resultados. Antes de seguir para a fazenda em Vermont, Augusto conseguiu ingresso para assistir à estreia brasileira no Madison Square Garden. Uma transmissão por TV era projetada numa tela grande, resultando numa imagem bem "borrada". Quase toda a plateia era de latino-americanos, a maioria torcendo contra o Brasil. Porém o que decepcionou mesmo foi a péssima atuação brasileira no 0x0 contra a Iugoslávia. Mesmo assim havia esperança, talvez no jogo seguinte o camisa 10 Rivellino conseguiria enfim aplicar seus dribles mágicos. Augusto voltou ao MSG e, de novo: tela borrada, vaias latino-americanas e 0x0 contra a Escócia.

A SOBREVIVÊNCIA

De volta a Porto Alegre, carregava no bolso a gaitinha que lhe proporcionaria tardes inteiras a tocar com o já conhecido Carlinhos Hartlieb na Cidade Baixa.

Augusto estava determinado a comprar uma Les Paul desde um dia lá por 75, quando encontrou o guitarrista Roberto Marcon,[59] que

---

58 No conto "O Flautista de Hamelin", dos Irmãos Grimm, um homem toca flauta para hipnotizar ratos, acabando com uma infestação. Como não recebe o pagamento prometido, volta a tocar o instrumento atraindo 130 crianças, e as tranca numa caverna.

59 Roberto Marcon, que tocou violão no show do Carlinhos Hartlieb no começo da década, foi apresentado a Augusto pelo baterista Nelsinho, que tocou no show *Em Palpos de Aranha*. Augusto foi apresentado a Hartlieb pelo amigo Boina.

lhe deu alguns catálogos junto com incensos. Viu pela primeira vez em detalhe os violões Ovation e Gibson e as guitarras Les Paul. Os modelos eram dois: Custom e Deluxe. A Custom carregava alguns apelidos como "Black Beauty" e "Fretless Wonder", devido ao baixo relevo dos trastes do instrumento, quase imperceptíveis.

Quando chegou a Les Paul em 79, Augusto a estranhou, acostumado que estava à leveza e praticidade da Kimberly.[60] Além de muito mais pesada, os captadores da Les Paul eram muito potentes. Na primeira tentativa estourou a caixa do toca-discos do irmão Roque.

A GENTE SE ENCONTRA NO CHAFARIZ

Naquele primeiro semestre de 75 surgiam alguns contatos animadores. Paulo Roberto Pacheco, o "Pachequinho", dono de uma fascinante craviola, morava perto do Julinho. Apresentou o amigo Pérsio Maestri e combinaram de se apresentar num festival estudantil. Pérsio faleceria algum tempo depois da apresentação, supostamente por malária contraída em uma viagem do Projeto Rondon.

O baterista Nelsinho lhe apresentaria Lúcio, com sua Giannini Diamond, e juntos ensaiariam no andar de cima de uma casa na República, cortesia de um amigo. Lúcio puxava forte para um blues tipo "Chicago", Muddy Waters. Algumas composições dele reverenciavam a área verde por onde transitavam a caminho dos ensaios: "Quero passear no Parque da Redenção, hoje eu vou parar de pensar sobre a vida". No grupo, era mais a vontade de tocar do que saber o que fazer, não encontravam baixista.

O Parque da Redenção, cujo nome correto é Parque Farroupilha, foi onde um bando de gente se reuniu ao redor do lago do chafariz depois

---

60 Vendeu a Kimberly para Everson Oliveira, excelente guitarrista que atuou com o cantor Belchior e tocou baixo no show *Deu Pra ti, Anos 70*.

da exposição de desenhos do Zé Varella no Instituto Goethe. Varella dominava uma técnica impressionante de bico de pena – Augusto até hoje guarda uma guitarra havaiana emprestada por ele e para a qual criou uma afinação diferente, nunca gravou nenhuma música com ela. Era amigo também do irmão, o criativo Alvinho, o Albus Lupus.

Um violão parou nas mãos do "alemão" Carlos Mosmann, que trabalhava na Folha da Manhã e era correspondente dos jornais Opinião e Movimento. Cantou duas músicas marcantes: "O Justiceiro" e "Eu Vou Cair de Porto Alegre".

Um par de anos depois estariam ensaiando juntos no "castelo", na rua Casemiro de Abreu, uma república de estudantes. O grupo de violões demorou para chegar a um acordo quanto ao nome, pensaram em Feijão com Arroz, mas chegaram ao nome Hora Extra. Augusto não tinha violão, usava emprestado um Di Giorgio que o "alemão" tinha sobrando e no qual usava cordas de aço em vez de nylon. Bolívar Gomes de Almeida, estudante de Ciências Sociais, fazia percussão numa caixinha de madeira. Logo mais um violão se juntaria ao grupo, de Jari Jorge Rosa da Costa, trabalhador de centro comunitário.

O "alemão" escrevia músicas de conteúdo de crítica social, em plenos anos de chumbo. Augusto tinha uma visão menos política e mais artística. Não era alienado em relação aos acontecimentos políticos, apenas rejeitava o que era panfletário. Não era filiado a nenhum dos partidos políticos, fossem os consentidos ou os clandestinos.[61] O Hora Extra ganharia o prêmio revelação da Vindima da Canção de Flores da Cunha em 1978 com a "Mais Um Dia", de Mosmann, com arranjo folk e harmonia de vozes.

---

61 Para passar alguma aparência "democrática", o regime militar permitiu a existência de dois partidos políticos no Brasil entre 1966 e 1979: Aliança Renovadora Nacional (Arena), de apoio ao governo, e o Movimento Democrático Brasileiro (MDB), a oposição autorizada. Na clandestinidade havia o Partido Comunista Brasileiro (PCB). Estes dois últimos formaram as bases da árvore genealógica dos atuais partidos de centro-esquerda, fundados a partir dos inúmeros "rachas".

Augusto continuava um menino tímido, mais jovem que a maioria dos que com ele conviviam. O apartamento do Léco-Léco ficara pequeno, Teri estava casada e grávida de Marcinha. Beto mudou-se para a Casa do Estudante e Augusto conseguiu abrigo com o returnee Régis Cabral, estudante de física, que gentilmente compartilhou o apartamento no edifício Caravelle, na rua Cristóvão Colombo. Por um ano Augusto dormiu no *sleeping bag* que trouxe dos States. Faltava ter o que comer, e para isso seguiu o exemplo da irmã: ensinar. Ela lhe conseguiu um aluno de xadrez e outro de inglês. Com o dinheiro das aulas dava para passar num pequeno mercado da Cristóvão e comprar carne moída de segunda e o ketchup mais barato. Era a contribuição que podia dar: hambúrger e mais hambúrger, às vezes pastel e outras "fritanças".

No comitê do AFS, os returnees gostavam do trabalho voluntário para seleção de novos candidatos. Numa festa na casa de algum AFSer, um candidato em cima da mesa fazia um discurso engraçado. Era chamado de "Neizinho", porque tinha cara de gurizinho. Usava óculos quadrados de aro grosso preto e cabelo bem curtinho. Tinha algo de especial, as pessoas prestavam atenção no que ele dizia.

LENTO E MUDO

Ainda em 75, Augustinho apresentou-se pela primeira vez num espetáculo comercial. Na peça infantil "Era Uma Vez a Corrida do Ouro", o diretor Juarez Porto o convidou para desempenhar um personagem paralelo: um tocador de violão western que ficava feito fantasma em cima do palco. Juarez namorou a cantora Cida Moreira, que gravou "Não Me Pergunte a Hora", parceria de Augusto e Nei Lisboa.

Em algumas tardes de muito calor no apartamento do Régis,[62] apareceu Carlos Eduardo Weyrauch, o Mutuca (ou Muts), primo do Carlinhos Hartlieb, para rolar um som. Tocava num violão italiano Eko avermelhado, estilo folk. Algumas de suas composições foram feitas com poemas de Nei Duclós, como "Outubro" e "Declaração", esta gravada por Nei Lisboa no disco *Carecas da Jamaica*. Faltava um amplificador para a Kimberly, limitação que impediu a concretização do projeto.

¡HOLA!

Salve-se quem puder do verão de Porto Alegre, daquele calor abafado e uma vida meio morta. Desta vez o destino era a América Latina, numa jornada que começou pelo trem "húngaro" até Uruguaiana, seguindo pelo norte argentino, o Chaco, Bolívia e Peru. Por duas vezes Augusto, Peninha e seu irmão Fernando, e o cearense Hermano (apresentado por Noeli Lisboa, colega de faculdade e irmã de Nei) buscaram abrigo em vagões de trem para suportar o frio. Acordavam pelo movimento do trem partindo. Em Oruro, Augusto comprou um charango, fascinante instrumento andino de cordas que usa como caixa sonora o casco de um tatu.

Na passagem pela Argentina, o cenário era de guerra, com barricadas e "atraques"[63] das forças armadas. Era intrigante que tanto a esquerda (Montoneros) como a direita apoiavam Juan Domingos Perón, tamanho o poder carismático do político.

---

62 Sobrinho do escritor Moacyr Scliar, Régis só retomaria contato com Augusto por volta de 1995, com o início da internet, quando trabalhava na desmontagem de um reator nuclear no ártico sueco.

63 Gíria usada no Sul para revista pessoal em cidadãos realizada por policiais. No resto do país é mais usado "baculejo" ou "geral".

Em Córdoba, um susto: 8 soldados invadem o quarto apontando metralhadoras. Procuravam sequestradores que fugiram de Tucumán, três homens e uma mulher. Os viajantes levantaram num pulo pedindo calma para mostrar seus passaportes. Das outras vezes que foram detidos os mochileiros passaram por interrogatórios entediantes. Respondiam não para as mesmas perguntas inúmeras vezes: "Seu pai é comunista? Sua mãe é comunista? Você é comunista?". A piada depois era Augusto imitando os sotaques argentino, boliviano e peruano. O fato de ter bom ouvido musical ajudava na performance. Muitos anos depois, em sessões de estúdio, costumava exercitar a brincadeira com o produtor Sepé Tiaraju de Los Santos,[64] que era mestre: "A mi me gusta rrrôK, metálll pessssádo".

A TOCA

De volta a Porto Alegre, herdou alunos de inglês do cunhado Alcides e alugou dele uma quitinete de um quarto com banheiro. Ficava no 17º andar do edifício Palácio Itália, esquina com a João Pessoa, um prédio do tipo "balança mas não cai", com doze apartamentos por andar. Quando faltava luz, era uma verdadeira procissão de velas pelas escadas do "Treme-Treme". Era uma sensação que se tornara morbidamente inquietante depois que um incêndio destruíra completamente a loja Renner, na Otávio Rocha.

Augusto e Peninha decidiram morar juntos na Cidade Baixa, num apartamento cercado por áreas abertas. Uma destas, de difícil acesso, foi fechada como jardim de inverno, com entrada através de um buraco na parede, o que irritou vizinhos temerosos de desvalo-

---

64 Sepé dublou Stock, personagem hippie dos quadrinhos de Angeli, na animação "Wood & Stock: Sexo, Orégano e Rock and Roll", do diretor Otto Guerra.

rização do prédio. A chamada "toca" acabaria reunindo artistas na ebulição cultural que começava a acontecer em Porto Alegre.

A exemplo de outros AFSers, Augusto procurou trabalho como professor de inglês. Tinha vocação para ensinar e depois acabaria ele mesmo ensinando didática a professores iniciantes do curso VIP. A colega e professora Rita, filha do ex-ministro Paulo Brossard, lhe emprestou uma fita K-7 de Joan Baez cantando músicas de Dylan, uma leitura que lhe escapara na dissecação que tinha feito de Robert Allen Zimmerman nos States.

Uma turma numerosa de estudantes de 6º ano de medicina era particularmente divertida, numa única aula aos sábados, se engalfinhavam no jogo de palavras que o professor aplicava para evitar dispersão durante o intervalo. Vinham "preparados" de casa e no completar do ponteiro cobravam: "Teacher, game time!".

Um colega deles queria vender uma Honda CB125s japonesa. O professor juntou as economias e comprou a moto por 18 mil e 500 cruzeiros, mas só a retirou depois de aprender a dirigir, com a RD50 da cunhada Helena. Anos depois esqueceu de guardar a moto na garagem. Quando acordou de manhã deu de cara com o esqueleto dela. Comprou as peças originais na rua 24 de maio em São Paulo e levou para revisão numa oficina, onde deve estar até hoje.[65]

QUEBRANDO O SILÊNCIO

Sinais de que o país precisava acordar da hibernação política forçada começaram a gritar em 1976. Embora ainda pequeno, o movimento estudantil universitário tomava corpo. "Unidade e Liberdade", "Perspectiva" e "Nova Proposta" se reuniam nos diretórios aca-

---

65 A moto vermelha aparece no filme *Deu Pra Ti, Anos 70* em uma cena depois que os personagens saem de uma sessão de cinema no extinto Vogue.

dêmicos, para discutir a conjuntura. Manifestações estudantis não demorariam a acontecer em frente ao prédio da Casa do Estudante "nova", onde era o Restaurante Universitário (RU) e o Diretório Central de Estudantes (DCE). Por ressonância, começava a rolar alguma música de conteúdo político no meio universitário, embora diferente das canções de protesto.

Nas rodas universitárias, chamadas de "Entradas Francas", não era obrigatório submeter as músicas à Censura Federal, como em shows comerciais. Ensaiavam em meio a rodadas de pôquer ou mau-mau, "café" de cevada e amanteigados Stoffel, que o "alemão" Mosmann trazia de Novo Hamburgo. Vez por outra, numa revisita ao passado intercambista, soltava a voz com "We Shall Overcome", hino libertário popularizado pelo lendário Pete Seeger. João José Caramez (irmão de Carlos Eduardo) era visitante assíduo e acabou sendo homenageado na letra da música "Diz pra ela": *"De nada adianta eu viver só pra ela e ela só pra mim..."* Augusto e Zé Varella compuseram em parceria a satírica "Balada do Boy", e o blues "Esquecimento Fatal".

Certa vez, antes de uma apresentação do Hora Extra, Bolívar olhava para um lado e para outro aflito, até que: "Tu aí, está sentado em cima do meu instrumento!" – disse para alguém da plateia. Meio sem jeito, o cara levantou-se e entregou a caixa de madeira: "Desculpe. Espero não ter desafinado".

FACULDADE FANTASMA

Graças ao forte domínio de língua portuguesa, que recebera do professor Pedro Pinto da Silva, no Ginásio Industrial, e à fluência adquirida no inglês, Augusto passou no vestibular sem fazer cursinho, classificação 728. Fez o exame em janeiro de 1975 no Colégio Rosário. Primeira opção, por falta de convicção: Comunicação Social (Jornalismo). Segunda opção: Filosofia.

O jornalismo acadêmico era uma total decepção. Logo percebeu o marasmo que era o curso, confinado ao prédio do almoxarifado da UFRGS, segregado do restante do campus, aparente logística da ditadura para evitar aglomerados de estudantes.

Muitos colegas já exerciam a profissão na prática: Chico Daniel, Bete Portugal, Mário Marona, Eduardo Meditsch, Marcelo Lopes e outros. As aulas eram chatas e dissociadas da profissão, exceto por raras disciplinas como: Rádio, Cultura Brasileira e Ética da Informação. Numa dessas, em meados de 77, Augusto deve ter dito algo interessante a ponto de um colega temporão lhe chamar para um teste na rádio. Era Antônio Britto Filho, diretor de jornalismo da Guaíba, que como muitos profissionais não tinham diploma e anos depois seria diretor de jornalismo da Globo, Ministro da Previdência Social, Secretário de Imprensa e porta-voz das informações médicas sobre o estado de saúde do presidente Tancredo Neves, e Governador do RS entre 1995 e 1999.

ANTENADO

Desde pequeno Augusto ouvia rádio. Sabia que estava atrasado para a aula quando tocava a segunda parte de "Sidney Stopover", vinheta do programa das 7h30 na Guaíba. A primeira parte da mesma música é até hoje a característica de esportes da rádio Gaúcha. O rádio valvulado demorava para esquentar. Com o tempo, os botões caíram, e para sintonizar era preciso um lápis para girar a roldana, o que às vezes custava levar um choque de 220 Volts.

As irmãs ouviam radionovelas, como "Inspetor Marques", e as paradas musicais da Difusora e Cultura, pela Itaí ("Dona da Noite") e Caiçara ("A música não para"), alternando com futebol e o "noticioso" da hora do almoço pela rádio Guaíba, quando seu Otto mandava todo mundo calar a boca: "E atenção, Saigon: tropas americanas iniciaram novo ataque..." anunciava o locutor Lauro Hagemann para em seguida emendar: "Tudo pronto para o Gre-Nal". Era o Rádio Manchetes Folha da Tarde, "Oferecimento Bamerindus, o sinal verde em sua vida".

Numa noite sucedeu uma barulheira num dos quartos do chalé em que dormiam – o primeiro onde a janela não fechava devido ao galho do abacateiro. Rogério e Beto escutavam a todo volume o locutor Pedro Carneiro Pereira narrar a vitória do Grêmio sobre o Palmeiras pela Taça Brasil por 5x1: "Vai cobrar o pênalti Alcindo". Foi a primeira vez que ouviu futebol pelo rádio, o que logo se tornaria um hábito. Em jogos em lugares distantes, como a Copa da Inglaterra, o áudio chegava imperfeito, com uma onda lenta parecida com o efeito Phaser,[66] que anos depois se usaria em guitarra.

Augusto chegou despreparado na emissora,[67] mal sabia datilografar. Nos primeiros tempos trabalhou como repórter. Se movimentava na Brasília cor de ovo com o logo da rádio em verde. O chefe de reportagem Erídson Lemos lhe entregava papeizinhos minúsculos contendo pautas para entrevistas e algumas fichas telefônicas. Quando ligava para passar a matéria do orelhão, ouvia dele: "Escreve a matéria aqui quando chegar". Talvez aquilo tenha permitido observar que Augusto tinha um bom texto, o que certamente contribuiu para que alcançasse o cargo de redator.

Augusto trabalhava no 2º andar, lado oposto de onde ficava a redação da Folha da Manhã e um bar. O Correio do Povo e a Folha da

---

66 Efeito de modulação que gera uma onda sonora, cuja velocidade pode ser regulada, muito usado em rock dos anos 70 e reggae.

67 A Guaíba era "a" rádio, tanto na cobertura esportiva como no jornalismo. Em seu estilo sóbrio, sem vinhetas gravadas, os locutores liam em dupla comerciais num microfone Neumann U-87. Os equipamentos da emissora, inclusive transmissor, eram de primeiríssima qualidade, incluindo amplificadores de nível (compressores/limitadores) da Urei.

Tarde ficavam no térreo. O departamento de Jornalismo ficava em frente aos estúdios, o de Esportes ficava no final do corredor da Rádio. O elevador tinha que ser aberto manualmente e até hoje mantém a porta de ferro sanfonada.

Seu editor direto era Idalino Vieira, às vezes Edison Moiano, e os redatores incluíam Sérgio Mattos, Edson Chaves Filho, Ana, e Acosta, que escrevia o La Trombeta, um jornalzinho satírico. No estúdio "C", a "falsa baiana", Liana Milanez Pereira, produzia programas de entrevistas apresentados por Adroaldo Streck e Amir Domingues, e recebia a visita do poeta Mario Quintana[68] quase diariamente.

A "música" na redação era totalmente percussiva: máquinas Remington e Olivetti metralhavam meias laudas. Os textos chegavam por telex das agências de notícias (United Press International, Associated Press, France Press, Globo, Jornal do Brasil, Agência Estado), e em seguida eram adaptados para a linguagem de rádio. O acervo de disco era carimbado com a frase "Roubado da discoteca da Rádio Guaíba", antecipando o constrangimento de quem se atrevesse a levar algum LP.

No departamento de esportes, os locutores eram Élio Fagundes, Samuel de Souza Santos, Paulo Cagliari e Milton Ferretti Jung, além de Armindo Antônio Ranzolin, que sucedeu a Pedro Carneiro Pereira, o Pedrinho, falecido numa corrida automobilística no autódromo de Tarumã em 1973.

O iniciante redator datilografava com dois dedos. Tentava dar conta de toda a urgência que o trabalho lhe exigia. Havia a concorrência pela instantaneidade, pelo "furo", contra a rival rádio Gaúcha. Apressado e impaciente, Britto veio certa vez correndo:

– Coloca a lauda! Escreve assim: "E atenção dois pontos Brasília exclamação o deputado federal Alencar Furtado acaba de ter

---

68 Augusto tinha um hábito em comum com o poeta: tomar cafezinho com quindim no bar da Maria.

seu mandato cassado ponto de exclamação continua na outra linha mais informações ao longo de nossa programação ponto final".

Arrancou a meia lauda da máquina e saiu correndo em direção ao estúdio "A". Abriu a pesada porta divisória gritando para o operador: "Solta a vinheta do Renner!!!". Seu locutor titular era Milton Ferretti Jung,[69] pai de Milton Jung. "Tá-ta-ta tá-ta-ta Tá-ta-ta tá-ta-ta Tá-ta-ta ta-ta-ta TÁ-ta-TÁ. Aqui fala o Correspondente Renner[70] em edição extraordinária..."

A BOLA ROLA E O SHOW NÃO PARA

Num dia normal de trabalho, já em 79, o diretor de esportes Ranzolin lhe perguntou: "Você gosta de futebol?". No rádio gaúcho usava-se "você" como forma de tratamento, embora a população fale "tu". Augusto preencheu uma vaga criada com a saída de Luis Carlos Oliveira. Momentaneamente acumulou as funções em ambos os departamentos. No esporte, se ocuparia de editar tudo que não fosse Grêmio e Inter, que ficavam a cargo do editor e locutor Milton Ferreti Jung e do coordenador Flávio Dutra. Passou a ser o "caçula" de uma equipe de estrelas[71] do rádio esportivo gaúcho.

Enquanto o jornalismo era censurado pelo governo militar, o esporte era uma válvula de escape que desfrutava de mais liberdade. O repórter poderia criticar a política do futebol sem medo de represálias e perseguições.

---

69 Além de Milton, fazia parte do grupo de locutores Lauro Hagueman, do histórico "Repórter Esso" de antes do golpe militar de 64, a cantora regionalista Maria Luiza Benitez, Egon Bueno, Bira Valdez, Carlos Alberto Negreiros, Flávio Martins, José Fontella e Rui Strelow.

70 Correspondente Renner era o noticiário principal, seguia os moldes do antigo repórter Esso.

71 Lasier e Lupi Martins, Lauro Quadros, Edegar Schmidt, Antônio Carlos Porto, Laerte de Francheschi, João Carlos Belmonte, Antônio Augusto, Érico Sauer, Paulo Mesquita, Joabel Pereira, Clóvis Resende, Raul Moreau, Milton Júnior, Vitor Bley de Moraes, Jaldemiro Mazuí, Alexandre Pussieldi e outros tantos.

Alguns meses depois Ranzolin lhe ofereceu o cargo de editor do programa "Seleção de Gols" na TV Guaíba, provavelmente por saber que Augustinho era fluente em inglês. O bilíngue repórter e agora editor trabalhava aos domingos e assistia aos vídeos de vários esportes que chegavam por satélite. Os textos correspondentes aos vídeos chegavam separadamente em inglês, e às vezes em alemão, por teletipo[72] e nem sempre em tempo hábil para editar o programa, apresentado por Rogério Amaral.

Em uma ocasião o chefe Flávio Dutra pediu uma chamada de espera de um jogo do Grêmio e um time boliviano. Augusto foi liberado do trabalho para uma produção que resultaria em cinco minutos. Teve a ideia de usar o charango. A trilha sustentava o texto. Em seu blog "Via Dutra", Flávio lembraria de "uma profecia" sobre o fim das ondas curtas: "Nos Estados Unidos sintonizar ondas curtas é coisa de excêntrico", explicou o Augustinho, que já era músico consagrado e, à época, emprestava seu talento na edição dos programas esportivos.

O sistema de telecomunicações era tão precário que uma ligação para Montevidéu precisava ser solicitada de manhã para dar tempo de acontecer antes do Rádio Esportes, apresentado de noite. Reza a lenda que quando a chamada não se concretizava, alguém da técnica acionava o seguinte plano de emergência: adicionavam chiado a uma conversa telefônica com alguém que dominasse o castelhano. O show não podia parar.

A equipe da rádio Guaíba montou um time de futebol, Expresso da Alegria, que jogava em várias cidades do interior. Augusto era reserva do time. Em Montenegro, o treinador, ignorando que era sua cidade natal, não o colocou para jogar, para frustração montenegrina. O jeito foi jogar futebol de salão no "Panela F.C." no Clube

---

72 Teletipo é uma máquina de escrever eletromecânica usada pela imprensa e pela polícia que envia textos a distância sem código e com letras impressas. Hoje obsoleta com a informatização, a tecnologia foi um grande avanço para as comunicações dos anos 70 e 80.

Gondoleiros – próximo ao acesso à ponte sobre o Guaíba, ao lado do irmão Beto (Afonso Licks), mais o cartunista Ronaldo Westermann, Flávio Dutra e, no gol, Júlio Sortica.

A rádio acumulava um riquíssimo arquivo de entrevistas com cantores da época e momentos políticos históricos. Osmar Meletti apresentava o "Discorama", programa de músicas e entrevistas com artistas como Elis Regina e Lupicínio Rodrigues. A sonoplastia ficava por conta de Fernando Veronese. Após o falecimento de Meletti, o programa foi comandado por Paulo Deniz. Num festival no antigo Teatro Leopoldina, depois Teatro da Orquestra Sinfônica de Porto Alegre (OSPA), Paulo Deniz fez uma festa ao destacar a presença do "colega de rádio". Augustinho, totalmente avesso à publicidade, não sabia onde se enfiar. Pior foi voltar ao palco para tocar guitarra em duas músicas naquele festival, uma de Geraldo Flach e a outra, vencedora, de Felipe Franco.

O MUNDO DA COPA

Augusto conciliava com facilidade os dois horários na rádio, ensaios com o grupo Hora Extra e com Nei Lisboa. O trabalho com Nei ganhava corpo e novas situações na área musical surgiam. Antes de se formar em jornalismo teve aulas de violão erudito com o professor Pedro Duval no Instituto de Artes da UFRGS.

Quando Delmo Moreira e Marcelo Matte ligaram da RBS convidando-o para trabalhar na TV Gaúcha, recusou a proposta por comodismo, afinal os horários na Guaíba eram mais flexíveis. Quando o domingo era de folga acabava indo ao estádio para não ficar desatualizado.

Na rádio, além de editar programas como Rádio Esportes e Repórter Esportivo, Augusto manteve um programa sobre a história das

Copas do Mundo usando o rico material de áudio e texto da emissora. Montou as próprias vinhetas e cortinas. Ainda tem guardada a maioria dos textos originais que produziu para o "Guaíba no Mundo da Copa".

A Copa de 82 gerara muito entusiasmo no meio futebolístico, pois era uma seleção favorita que estava "na boca do povo". Quando aconteceu a derrota e eliminação para a Itália, no estádio de Sarrià, bateu uma depressão generalizada em todos que trabalhavam com esporte, e muitos enveredaram por trabalhos fora da área.

Apesar da ressaca pós-82, Augusto gostava muito da rádio e do ambiente divertido que existia entre os departamentos e a central técnica,[73] que mantinha um verdadeiro arquivo de áudio das gafes que aconteciam nas coberturas. As mentes criativas fabricavam ouvintes fictícios. Edegar às vezes voltava animado de seu comentário no estúdio e atendia o telefone para ouvir pela enésima vez uma voz do outro lado resmungando: "O que tu tem contra o Grêmio?". Lauro, "gato escaldado", usava um truque de mudar a voz quando atendia telefone. Volta e meia tocavam uma fita ao contrário no telefone, para testar a reação das pessoas.

Enquanto trabalhou na Rádio Guaíba, todo mês de julho pegava infecção. Saúde não era forte. Aos 12 anos foi operado de adenoides no hospital Ernesto Dornelles, em Porto Alegre. Algum tempo antes teve pneumonia. Pelo final da década de 60, quando cuidava do sobrinho Maurício, ambos pegaram coqueluche. Seu Otto foi até a volta do Morro São João comprar leite de égua – mais viável que andar de teco-teco, a segunda opção de tratamento.

Qualquer trabalho de músico era um entrave nas apresentações fora de Porto Alegre. Isso pesou na decisão entre ficar na rádio ou tocar guitarra. Durante 8 anos conseguiu conciliar a profissão de

---

73 Formada por: Miguel Giuseppe, José Krebs, Alcides Krebs, o "magrão" José Carlos Reis, Petry e Cláudio Remião.

cronista esportivo durante o dia e tocar de noite. Saiu em 85 com muito pesar e passou a dedicar-se exclusivamente à música.

Não conviveu com o comentarista Ruy Carlos Ostermann, contratado para comandar a concorrente Rádio Gaúcha, a quem admirava desde a infância pelos comentários pós-jogo. Quando a crise financeira do Grupo Caldas Júnior (Correio do Povo, Folha da Manhã, Folha da Tarde, Rádio Guaíba, TV Guaíba) chegou à rádio, Ranzolin e Lauro tomaram o mesmo rumo. Augusto e Ruy conversariam no Rio de Janeiro na sessão de autógrafos do livro *A Alma do Penta* mais de uma década depois. Ao lado do amigo Marcos Breda, conversaram sobre os primeiros tempos de internet, o dilema de conviver com a enxurrada de e-mails enviados para as colunas de jornal, e trocaram várias dicas de vinhos argentinos, que todos ali apreciavam. Também se juntaram à conversa o jogador Mauro Galvão e o árbitro José Roberto Wright.

Certa vez, o time do Montenegro F.C. foi reforçado por meia dúzia de jogadores do Aimoré de São Leopoldo, incluindo o lateral direito Luiz Felipe Scolari. Entre os jogadores locais estava Cilon Orth, cuja família residia em frente aos Licks, e foi professor de educação física de Augusto no Ginásio Industrial. Depois que este mudou-se para Porto Alegre, o Industrial ganhou mais um professor de educação física: Luiz Felipe Scolari. Anos depois, Montenegro tornou-se potência do vôlei com o Riograndense e depois com a Frangosul. Chegou a ser vice-campeã brasileira. Cilon Orth era o técnico.

BBC EM PORTO ALEGRE

Em 1984, um diretor da BBC de Londres veio entrevistar Augusto, informado de sua fluência no inglês. A conversa foi agradável e ficou encaminhada uma vaga na emissora britânica. Como protocolo, só precisava gravar uma locução, que não era problema com as dicas de Milton Ferreti Jung e Miguel Giuseppe. A gravação foi encaminhada na Rádio da Universidade da UFRGS. Meses se passaram, sem nenhuma notícia de Londres. Augusto escreveu uma carta e foi informado de que o material nunca chegara à BBC. O diretor da rádio da UFRGS, Flávio Oliveira, explicou que talvez tivesse sido extraviado durante uma greve. A BBC então organizou outro teste de locução, desta vez no consulado de São Paulo, cobrindo todas as despesas, mas como gesto de cortesia, pois a vaga estava preenchida. Tivesse se concretizado, a mudança para Londres poderia ser o fim da carreira musical que Augusto começava a desenvolver nos anos 80.

VOCÊ DESPEDAÇOU MEU CORAÇÃO

Em 77 prosseguia a repolitização do país, e com a "distensão" do governo Geisel a ditadura começava a ceder. O movimento estudantil enchia diretórios, e também festas – as da "Perspectiva", ao que se dizia, eram as melhores. Aparentemente não tinham relação com a expressão "esquerda festiva".

Integrantes das "Entradas Francas" gravaram para o programa Clube da Esquina, de Fernando Rosa, na rádio da UFRGS. Tocaram também no pátio da faculdade de Medicina numa "Peña Folclórica" de músicos latino-americanos. Augusto ficou intrigado ao ouvir o amigo Luiz Carlos Galli, o Boina, estudante de Agronomia. Foi lhe perguntar que música era aquela: "Do Neizinho do AFS, irmão da Noeli?". Sentiu-se fisgado, não entendia o porquê. A música era "Júlia, Edelweiss[74] e Mariela", que seria tocada à exaustão pela dupla Nei Lisboa e Augusto Licks: *"Júlia, você despedaçou meu coração, me*

---

74 Edelweiss é o nome de uma flor dos Alpes suíço e austríaco. A flor, que nasce na rocha, é muito cultuada na cidade catarinense de Treze Tílias.

fez herói, me fez anão, ah não, e eu não entendo como, e você culpa o mordomo pelo final tão infeliz do nosso eterno e único amor(...)"

Nei Lisboa se inscreveu no AFS para estudar inglês em 75. Pedro Haase foi um dos voluntários para a sua seleção. A conversa foi mais para o lado da política. Pedro era vice-presidente do diretório acadêmico, participava ativamente do movimento estudantil, e o irmão de Nei, Luiz Eurico Tejera Lisboa,[75] o Ico, havia sido preso e estava desaparecido. Quando partiu para o Sul da Califórnia, ficou um pouco solitário, começou a compor e voltou diferente. O intercâmbio fazia isso com as pessoas: voltavam cabeludas, tocando violão e cantando. De volta ao Brasil, Nei estava determinado a viver de música e corria atrás das oportunidades para tocar, desde churrascarias a casas noturnas. Era um cara do tipo "virador" (batalhador).

Augustinho e Nei tocaram juntos nas "Entradas Francas", e às vezes com Boina. Havia dois flautistas, Fernando Scaletsky e Renato Salzano,[76] que faziam um belo dueto na música "Melhor". Anos depois Augusto passaria aquele arranjo do duo para harmônicos de guitarra na gravação do segundo disco de Nei Lisboa, *Noves Fora*.

A dupla Inconsciente Coletivo, de Alexandre Vieira, o Xandi, e Ângela Langaro era assídua nas rodas universitárias. Augusto venderia para Xandi seu amado violão Ovation, usado até o primeiro disco de Nei Lisboa.

A amizade de Nei com Glauco Sagebin cresceu no convívio universitário durante o curso de Composição e Regência. Glauco passou a fazer parte das apresentações nas "Entradas Francas" mais

---

75 Militante do movimento estudantil preso em 1972, "Ico" foi o primeiro desaparecido político a ter o corpo reconhecido, oito anos depois, num cemitério clandestino em São Paulo. No laudo das Forças Armadas constava a falsa versão de suicídio, mas em 2013 a Comissão Nacional da Verdade encontrou evidências de que fora assassinado.

76 Salzano e Augusto jogavam futebol de salão domingo de manhã na quadra do Colégio Aplicação, assim como Zé Wainer, que estudara com Augusto no Julinho, os AFSers Pedro e Beto França (embaixador do Brasil na Palestina e amigo de Kleiton e Kledir), e os irmãos Neneco e Raul, Álvaro e outros.

para frente. Luizinho Santos e Glauco integravam o grupo instrumental Nanahuí, com Walter Shinke (baixo) e outros.

LADO A LADO

O cantor e compositor Gelson Oliveira convivia com Augusto e Nei desde as participações nas "Entradas Francas". No início de junho haviam tocado na "Vigília para Reorganização" da União Nacional dos Estudantes (UNE), no Planetário e Instituto de Artes da UFRGS.

Augusto apresentou Nei a Gelson, sendo assim padrinho de uma parceria que resultaria no primeiro show profissional e com cobrança de ingresso. No dia 15 de junho de 79, estreava o show de Nei e Gelson, *Lado a Lado*, no Clube de Cultura, na rua Ramiro Barcelos, quase esquina da avenida Osvaldo Aranha. Os cantores dividiam o mesmo palco, mas faziam shows solos. Cada um tocava 10 músicas e somente no final cantavam juntos. Algumas músicas da dupla Nei e Augusto faziam parte do repertório, como "Sumir do Cais", "Maio" e "Doody II".

Na crítica que escreveu na Zero Hora, o jornalista Juarez Fonseca comentou as indefinições e inseguranças típicas de estreias, e considerou inconsistentes as letras de Nei Lisboa. *"Ele parece ter coisas para dizer, mas não as consegue transmitir com força e precisão"*, escreveu. Finalizou sugerindo que Nei tocasse adiante seu projeto com Augustinho Licks, *"cujo violão Ovation deu brilho às suas interpretações"*. Ter o aval de Juarez Fonseca era como uma bênção, dado o respeito que os músicos da "Música Popular Gaúcha" (MPG)[77] nutriam por ele.

---

77 A primeira geração da chamada Música Popular Gaúcha (MPG) é formada pelos cantores que tocavam na rádio Continental: Bebeto Alves, Fernando Ribeiro, Kleiton e Kledir, Nelson Coelho de Castro, Carlinhos Hartlieb, Nando D'Ávila, Raul Ellwanger, Claudio Vera Cruz e outros.

A dupla Nei Lisboa e Augusto Licks.
Foto acervo pessoal de Augusto Licks.

DEU PRA TI, O GÊNESIS

Com a Lei da Anistia em agosto de 1979, alguns exilados voltaram para o Brasil. Os anos de chumbo estavam terminando e as composições do show *Deu Pra, Ti Anos 70* simbolizavam uma última olhada pelo retrovisor. As letras poéticas ou irônicas datavam um momento de inconformismo, em que se buscavam alternativas para a cidade oprimida pelo cimento e pelo regime militar.

Porto Alegre amanheceu com paredes pichadas na avenida Osvaldo Aranha e prédios da UFRGS. Não é necessário consultar um perito para identificar a grafia de um "T", bem familiar, mas de autoria nunca confirmada. Na tinta spray: "DEU PRA TI, ANOS 70". A frase misteriosa gerava curiosidade. Algum transeunte do baixo Bom Fim pode ter se perguntado: "Deu o quê? Pra quem? Não entendi nada!". Dias antes, Dona Clélia[78] preparava uma térmica de café quando apareceu Gelson Oliveira, falando uma gíria diferente. Ficava repetindo "deu pra isso", "deu pra ele", "deu pra aquilo", que significava: "chega", "acabou", "venceu a validade". Nei e Augusto encontraram o nome para o show que fariam em dezembro, nem se ligando no erro de concordância da frase: Deu pra ti, anos 70.[79]

---

78 O apartamento de Nei era um ponto de encontro. Ficava no 10º andar, na rua Cauduro, em frente ao auditório Araújo Vianna. Sua mãe, Dona Clélia, era uma mulher muito forte, tinha um filho desaparecido e, no entanto, acolhia e conversava com todos os amigos dos filhos sem que ninguém notasse qualquer abatimento.

79 "Anos 70" é plural, e "ti" refere-se a "tu", 2ª pessoa do singular, mas admite-se "anos 70" como momento histórico, singular. Seria esquisito dizer: "Deu pra vocês, anos 70". Cariocas talvez dissessem: "Deu pra tu, anos 70". Gaúcho não fala "você" (singular), apenas "vocês". Na 2ª pessoa do singular (tu), usa o verbo na 3ª pessoa: "tu foi", "tu fez", etc. O correto (fizeste, foste) gera estranhamento.

DEU PRA TI, O SHOW

Melhor seria procurar uma posição mais legal na cadeira. Explicar todo mundo explica.

(Giba Assis Brasil – programa do show *Deu pra ti, anos 70*)

Em outubro de 79, Nei e Augusto ficaram impressionados com a competência do Musical Saracura. Bem produzido, o show da banda no Círculo Social Israelita incluía um programa impresso com as letras das músicas, uma novidade na época.

A dupla iniciou então uma tempestade músico-cerebral para um primeiro show com banda no final do ano, final da década de 70. Augusto juntou as músicas que tocava com Mosmann às de Nei. Começaram a ensaiar três ou quatro vezes por semana na casa do baterista catarinense Zé Edílio. A banda tinha Nei Lisboa, Augusto Licks, Glauco Sagebin (piano), Everson Oliveira (baixo), Luiz Santos (sax) e Tony Everling (baterista e parceiro musical de Gelson Oliveira). Participariam ainda Boina e Teresa Ferlauto, irmã de Léo.

Amigos se engajaram na produção. Giba Assis Brasil se encarregou do programa, de capa amarela. Eram 20 páginas, com produção amadora e cara de fanzine. Algumas partes foram datilografadas e textos entre as letras escritos à mão pelo próprio Giba. Para preencher espaços incluiu desenhos, palavras cruzadas e fotos.

Em vez de ficha técnica[80] tinha a "Ficha Tática", cheia de humor:

Nei: violão caretão, violão mucho loco, garganta

Augusto: violão normal, violão anormal e violão biônico, guitarra – imitação – de Giannini, tatu recheado, ponte móvel, guitarra que faz bóooimm bléeeimm, goela

---

80 A ficha técnica listava grande quantidade de instrumentos (alguns não chegaram a ser usados): violão de cordas de nylon, Ovation de aço, violão oitavado, violão de 12 cordas, guitarra, baixo, bateria, percussão, piano, flauta, sax alto, além dos vocais.

Glauco: violão dentro dumas, violão maravilha, piano em calda, barulhinhos, boca

Everson: baixo astral (mas não é o do Paulo Mello!)

Luizinho: flauta nos gremistas, sax cheio

Tony: bateria de 12 volts, tchan-tchan-tchan, tu—tu—tu, e bom--bom-bom

Sasha Cavalcante produziu panfletos, desenhou a capa do programa e o cartaz em formato de losango, que assinou como "Alex". Em 20 de dezembro uma matéria da Zero Hora anunciava o show, o motivo das pichações. O texto comentava a presença *low profile* de um certo Augusto Licks: *"(...) este um violonista e compositor que prefere não aparecer muito — tanto que não quis estar nas fotos".*

O ingresso era carimbado numa "seda", aquele papel de enrolar tabaco e afins. Carlos Roberto Wobeto desenhou a arte do carimbo[81] com bico de pena. A jornalista Liana Milanez ainda guarda um exemplar como lembrança dentro de um livro.[82]

O show era um pouco pretensioso e longo demais. Dividia-se em nove partes: "Abertura", "Um Grito Parado na Altura do Esôfago",[83] "Saca o Último Roquezinho de Garopaba?", "Bom Fim",[84] "Ano Que Vem",[85] "Depois", além de três interlúdios. Boina participou cantando "Costão", de Augusto: *"Espalha a onda na pedra ou mar, es-*

---

81 O carimbo foi fabricado numa loja que ficava embaixo do Hotel Everest. O dono da lojinha era Gelson Schneider, baterista da banda Bizarro (que antes chamava-se Prosexo), cujo guitarrista Carlinhos Tascht trabalhava na Marocke, loja de instrumentos musicais na Alberto Bins.

82 "Uma raridade, mesmo entre os mais sistemáticos colecionadores, e a razão está ligada ao material em que foi impresso", comentou Wobeto no Facebook sobre outro exemplar.

83 Frase derivada do nome da peça de teatro "Um grito solto no ar", do ator, autor e diretor Gianfrancesco Guarnieri.

84 Bom Fim era o bairro boêmio de Porto Alegre, perfil que depois migraria para a Cidade Baixa.

85 "Ano que vem" é uma das músicas de Nei Lisboa: *"Vai e volta, a gente vai e volta, a gente sobe e cai".*

puma branca de sal e esperança, gaivota entra na dança do mar (...)
você não bebeu da vertente e agora diz que sente sede e quer voltar".

Nei Lisboa compôs grande parte das canções[86] sozinho, Carlos Mosmann também era um grande colaborador do projeto com as músicas do Hora Extra.[87] Os arranjos eram de autoria de Augusto, que também tocava charango boliviano, violão Ovation de aço e a guitarra Gibson Les Paul Custom preta[88] – a mesma que usaria até os primeiros anos de Engenheiros do Hawaii. Nei tocava um Ovation de caixa fina, idêntico ao que Gilberto Gil usou nos discos *Realce*, 1979; *Luar*, 1981; e *Um Banda Um*, 1982.

No meio do show rolava um *black-out* com uma gravação com vozes de bichos-grilos "melecas" usando gírias típicas da época: "VVVódi grê, carinha... um xiz". A gravação[89] se seguia à "Balada do Boy", parceria de Augusto com Zé Varella que satirizava o comportamento de jovens burgueses:

(...) vestindo uai qui qui, com uma bolsa peruana, dizendo que tá tri li li

(...) ir para a vinte e quatro, paquerá as menininhas,

na saída do Bom Conselho, passando lá no dióis,[90] bili diói, bili diói, diói, dióis.

---

86 "Do Lado do Avesso", "Sumir no Cais", "Ano que vem", "Balada para Margareth", "Delírio 32", "Doody II", "Deus Pra Ti", "Melhor", "Maio", "Trem de Fanfa" e "Júlia, Edelweiss e Mariela". Ao lado de Boina e Zelito Miranda fez "Nessa Cidade".

87 "Numa Cidade de Um Milhão de Habitantes", "A Terra Não Nega Nada", "Só Não Desespera" e "Verinha". "Menino Triste" era parceria dele com Caramez, "Silêncio" com Chinês, e "Acordar" com Carlos Bandarra.

88 Augusto vendeu a número 3 para Guilherme Azevedo, da banda carioca Dorsal Atlântica, no final dos 80.

89 A gravação dos diálogos era do iluminador Samuel Betts, que depois montaria no Rio de Janeiro a Companhia da Luz.

90 A lancheria Joe's ficava no edifício Esplanada, perto do colégio Bom Conselho. Nos 70, era point de "boyzinhos". Billy Joe era uma lancheria do músico Fernando Ribeiro, na Av. Independência.

"Esquecimento Fatal" repetia a parceria Augusto/Varella:
Todo mundo esquece o grande compromisso
que tem com o mundo e esconde no seu canto
um sonho mutilado, uma dor no peito
ninguém tem defeito tá tudo muito bem (...)

"Eu Vou Cair de Porto Alegre", de Carlos Mosmann, era um lamento de desilusão com a cidade:
Eu vou cair de Porto Alegre, vou me mandar para o interior
essa cidade me fez sofrer, mas ainda não me destruiu (...)

Augusto fez poucas letras de música, e algumas parcerias com Nei nunca foram gravadas. Em "Outros Sentidos" Augusto havia escrito uma letra inteira mas não conseguia finalizá-la, Nei o socorreu:
Eu queria te cantar uma canção, onde pudesse dizer
o que não vejo, não escuto nem falo o que você não possa entender
flutuar na névoa fria da manhã, ouvindo risos da floresta
enquanto sol, lançando cores sobre a terra,
me conta histórias de uma estrada espacial...

A música seria gravada apenas numa fita K-7 demo entre 81 e 82, com Wainer fazendo percussão no gato-drum e o resto por conta de Augusto: kalimba, cítara nordestina ligada num pedal Chorus da Ibanez, guitarra ligada num pedal "Little Big Muff" da EHX que Nei comprara por engano, tudo no Tascam 144 de 4 pistas. A gravação rodou algumas vezes na rádio Bandeirantes FM.

No *DPTA70*, a música "???????" (Sete Pontos de Interrogação) de Augusto era instrumental, a dois violões. Depois Nei escreveu a letra, e a canção entrou também no show *Verde* no ano seguinte: *(...) serenata serafins, distraído esqueço o tempo e vou sem respostas sem razão, sete pontos de interrogação (...)*

Aproveitando a vinda do irmão Rogério ao Brasil após a anistia, Augusto encomendou dois pedais da Ibanez: Chorus CS-505 e Analog Delay AD-80. Considerados hoje peças de colecionador, os pedais foram usados desde o show *Verde* até a gravação de *Pra Viajar no Cosmos não Precisa Gasolina*. O Analog Delay produzia um eco muito natural que dava um toque "paisagístico", sendo usado em "Cidreira" (nome de uma praia do RS), parceria de Nei com Glauco Sagebin. A ideia era passar uma sensação de gaivotas voando pela orla. "Osvaldo Aranha", outra parceria com Nei, também ficou fora dos LPs:

Noite qualquer, décimo primeiro andar da capital
vista aparentemente normal (...)
tantas luzes ao longe
ao certo o céu, mais perto, saberá
onde vai essa gente enquanto sonha (...)
eu preciso aprender a não me arrepender
faça ou não faça, não há nada a perder (...)

Sozinho criou também "Maré Alta", "Rondando Pomares Alheios" e "Segunda Classe":

Maré Alta
Alta maré, leva meu ser, eu, um a mais entre tantos e tantos
que querem crescer. Traz essa luz que me seduz, vem,
quero teu barco pronto pra ir de encontro ao amanhecer
me dá vida, eu quero na areia um desenho
já tenho comigo o desejo, veneno pra colorir
de sonhos a sorte, a morte não vai resistir

Rondando Pomares Alheios
Estou zanzando na colina, perdido, cansado e com calor
eu sou malandro de esquina, bandido larápio e trovador (...)

me espera, horizonte da alegria, que eu danço no balanço da
incerteza (...)

mas cuida que tem muita água-viva e cordeirinho disfarçado de
lobão

Segunda Classe
Debaixo da nuvem achatada, o verde dourado de sol
se expande ao longo do trilho que nos leva a caminho de mais
ao lado a poeira levanta, hermano cantou outra vez
ao longe um camponês e algodoeiros vão ficando para trás
e assim nós vamos seguindo depois de quatro estações
o trem já está em movimento e manda vento
para dentro de nossos corações

Foram meses de preparativos, ensaios e pichações para uma temporada de apenas um fim de semana no Teatro Renascença. Considerando a realidade da época, tiveram um bom público pagante. Depois começaram a tomar um pouco de chá de noção, aprendendo o que não se deve fazer num show. Shows seguintes precisariam, por exemplo, da competência de um diretor artístico.

O que nenhum deles podia imaginar é que a frase "Deu pra ti, anos 70" batizaria por tabela o primeiro longa brasileiro em super 8 dos diretores Giba Assis Brasil e Nelson Nadotti, e muito menos que inspiraria a famosa canção "Deu pra ti" de Kleiton e Kledir: *"Deu pra ti, baixo astral, vou pra Porto Alegre, tchau"*,[91] além de um livro de poesias de Pablo Mello e Chico Settineri.

Depois do *DPT*, quase sem nenhuma divulgação, Nei e Augusto fizeram mais shows em clubes, na casa de chopp Barril, no estádio Beira-Rio. Juntariam-se a Glauco Sagebin para tocar no restaurante

---

91 Em 1977 os irmãos já moravam no RJ com a banda Almôndegas. Kleiton fez a música e Kledir escreveu a letra "Deu pra ti". Usou as gírias que escutou dos amigos que moravam no Sul.

Doce Vida na rua República. Os anos 70 finalmente chegariam a seu fim. A despedida foi marcada no final de 79 com o show coletivo *Explode 80*, no auditório Araújo Vianna.

DEU PRA TI, O FILME

Entre setembro e outubro de 79, Nelson Nadotti e Giba Assis Brasil procuraram a origem da frase pichada nos muros da cidade. Ao descobrirem que seria um show de Nei Lisboa e Augusto Licks, reuniram-se no apartamento de Augusto e decidiram usar o mesmo título para um filme sobre a década de 70. Ainda sem roteiro, usariam as músicas da dupla como base da narrativa. Assistiram aos shows dos dias 20 e 21 para planejar a filmagem do dia 22.

Nei e Augusto viraram personagens do filme. Augusto aparece em cinco cenas curtas. A primeira se passa na praia de Garopaba (SC), que por limitações financeiras foi filmada em Tramandaí (RS), onde Marcelo (Pedro Santos) e o "irmão do Jaime" (Wander Wildner) chegam ao acampamento em que Augusto (Augusto Licks), Nei (Nei Lisboa) e Fred (Júlio Reny) estão tocando violão na praia. Quem lembra do visual careta da época dos Engenheiros do Hawaii – roupa social, gel no cabelo e óculos de grau – não reconhece o hippie cabeludo que aparece nas telas. Na segunda cena o protagonista Marcelo discute com Fred a possibilidade de o sol nascer durante a noite, enquanto Nei, Augusto e o "irmão do Jaime" fumam maconha em volta da fogueira. Na terceira cena Marcelo, Nei, Fred e Augusto jogam bola para passar o tempo na beira da praia. Um registro histórico aparece na quarta cena: recortes das reportagens publicadas sobre a divulgação do show *DPTA70* na Folha da Manhã e Zero Hora. No palco os músicos afinam os instrumentos. Augusto chega com uma bolsa de couro a tiracolo. Conversa com Nei e monta seu equipamento. Uma externa mostra o letreiro do show e depois um close no cartaz em forma de losango em cima da bilheteria, onde uma fila se forma. Na quinta cena os protagonistas se beijam em frente ao auditório Araújo Vianna. De volta ao palco, um close no rosto de Augusto tocando sua Les Paul enquanto Nei canta: *"Quantos anos tem meu coração?"*. A música "Maio" era um dos pontos altos do *Lado a Lado*, assim como "Sumir do Cais".

"Tóxicos criam problemas para um longa-metragem gaúcho" era a manchete da Folha da Tarde no dia 12 de fevereiro de 81. O Ministério da Saúde estaria avaliando se o filme fazia apologia às drogas. Desde 1964, filmes eram proibidos ou tinham cenas cortadas pela Censura. Os censores de Porto Alegre nunca tinham lidado com um longa em super 8, enviaram para Brasília. Os cineastas temiam que o trabalho de 2 anos se perdesse nos labirintos da burocracia federal, pois não saberiam de quem cobrar. O jornalista Tuio Becker ajudou, divulgando que o único exemplar estava em Brasília, a censura não teria então como se eximir. Poucos dias depois o filme voltou liberado e sem cortes para maiores de 18 anos.

Deu pra ti, anos 70 estreou no Festival de Gramado dia 24 de março de 1981. Foi apresentado no Clube de Cultura numa temporada de 4 semanas. Para surpresa dos despretensiosos cineastas, foram vinte sessões lotadas.

A versão original tinha 123 minutos, mas Nelson e Giba foram cortando as cenas com tesoura diretamente nos rolos da única cópia. Em 81 o filme ficou com 108 minutos, versão definitiva, restaurada em 2001 e lançada em VHS pela Prefeitura de Porto Alegre. Duas cenas descartadas têm participação de Augusto. Numa delas, Ceres (Ceres Victora) assiste a um ensaio do show e alerta que a divulgação está bastante atrasada, há poucos dias da estreia. Na máquina de escrever, Augusto datilografa um release para Juarez Fonseca. A outra cena mostra Nei e Augusto tocando ao vivo "Ano Que Vem", música que marca a partida de Marcelo, que sai "mochilando" Brasil acima.

Deu pra ti, anos 70 foi premiado nos festivais de Gramado e do Grife em São Paulo, e também pela Secretaria Municipal de Turismo de Porto Alegre. A parceria continuou nos anos seguintes: *Verdes Anos*, de Giba e Carlos Gerbase, teve música de Nei e Augusto na abertura.

MUSIPUC 80

A Esquina Maldita, cruzamento da Sarmento com a Osvaldo Aranha, era ponto de encontro de estudantes e artistas, fosse no Estudantil, no Copa 70, no Marius ou no Alaska, onde o paciente Isaac servia "Robertão", "Vietcong" e "Sanduíche Aberto". Por ali certa noite, Nei, Augusto, Boina e amigos decidiram se inscrever na 7ª edição do Festival MusiPuc.

Na noite de 21 de novembro de 1980, causou furor a apresentação de "Vertente", de Carlinhos Patrício, cantada por Antônio Carlos Brunet "Dunga", enquanto Nei e Boina sopravam apitos e sacudiam grãos de milho numa bacia, produzindo um "xique-xique-xique". Em outra música, Augusto e Nei penduraram aipins nos violões:

– Boa noite, nós vamos tocar o som das raízes – disse Nei, ironizando o *boom* da música nativista gaúcha.

Na apresentação de "Pra Viajar no Cosmos Não Precisa Gasolina" Nei jogava pedaços de pão para a plateia: "*o povo passa fome, o povo quer comer...*"

Augusto recebeu o prêmio de "melhor instrumentista" do Festival. Em sua coluna na ZH, Juarez Fonseca creditou a música somente a Augusto: "*(...) como a ótima 'Pra Viajar no Cosmos', de Augustinho Licks, que não levou prêmio nenhum, a não ser a consolação de melhor instrumentista para Licks, exprimem apenas uma espécie de complexo de culpa do júri.*"

Muitos anos depois, no Facebook, Bebeto Alves questionou: "Por que a matéria fala música do Augusto Licks e não de Nei Lisboa ou quando credita ao Nei esquecem o Augusto? O Augusto foi fundamental na formatura do som do Nei, desde as parcerias até a textura sonora."

O jornalista Emílio Pacheco explicou: "Havia um limite de músicas inscritas por compositor e o Nei entrou com várias. Quando saiu o disco, aí sim, apareceu o crédito correto: Nei e Augustinho."

E Bebeto: "Sim, mas é que já vi isso acontecer, aliás, acontece o tempo todo, em relação a esse trabalho inicial do Nei."

Esclarecendo: Nei Lisboa e Augusto Licks, no início de suas carreiras, formavam uma dupla. Assim era nas apresentações universitárias e assim foi no *DPTA70* e no *Só Blues*, ambos cantavam e compunham. Nei cantava e compunha mais, Augusto priorizava a sonoridade com introduções e solos. A partir de 1980 viraram trio, ora com Glauco Sagebin, ora com Boina. Com ambos, mais Kubi e Wainer, formariam um sexteto. Nei Lisboa iniciou sua carreira solo em 1982, no show *Vem Comigo Neste Barco Azul*, quando passou a conduzir o repertório, ainda com parcerias. Exceto em "Outros Sentidos" e "Osvaldo Aranha", Augusto compunha uma música e Nei escreveria letra sobre ela. Augusto e Glauco tocavam e arranjavam as músicas escolhidas por Nei, sem qualquer problema de relacionamento.

Animado com a apresentação no festival, Nei resolveu bancar sua primeira gravação em estúdio. "Pra Viajar no Cosmos Não Precisa Gasolina" foi gravada no estúdio da ISAEC, na rua Senhor dos Passos. A cópia em fita rolo foi levada na rádio Bandeirantes FM que, a exemplo da Fluminense "maldita" de Niterói (RJ), executava fitas demo de artistas locais. Recebida com entusiasmo pelo locutor e programador Mauro Borba, entrou na programação da emissora. Tocava sempre após "Betty Davis Eyes", com Kim Carnes. Nei levava a fita rolo em todas as emissoras, e ela acabou se perdendo. Por sorte, a Bandeirantes FM tinha gravado uma cópia. Nessa gravação original de "Pra Viajar no Cosmos",[92] a banda arregimentada por Nei tinha Glauco no piano, Homero Feijó, baixista da banda Semente, e o baterista Ivo Eduardo. O resultado gerou ânimo e confiança para empreitadas seguintes.

Na véspera de uma viagem para buscar equipamentos em Buenos Aires, Augusto havia sido assaltado enquanto jantava com os colegas da Guaíba, Valério Campos e Flora Maestri, no restaurante Panorama. O que sobrou do dinheiro das férias permitiu comprar numa loja da avenida Callao um Tascam Portastudio 144 (gravador K-7 de 4 pistas) e uma câmara de eco/chorus Boss DM-300. O primo argentino do amigo e músico Chico de Uruguaiana ofereceu passar o equipamento, o viajante temia não ter dinheiro caso fosse barrado. O Tascam 144 foi uma verdadeira escola naqueles tempos, com ele Augusto gravou músicas com Nei, com um amigo de Wainer, com Bebeto Alves, e Totonho Villeroy (as fitas BASF!).

O prêmio de Augusto no MusiPuc foi uma bolsa de estudos no Liceu Musical Palestrina. Parecia irônico: "melhor instrumentista, então vai aprender a tocar". Acabou gostando das aulas do argentino Nestor Ausqui, que apesar de toda sua excelência era uma pessoa simples e agradável.

Sua primeira experiência em estúdio profissional foi com o cantor Sabino Loguércio, na ISAEC. Não o conhecia, soube que tinha sido o *crooner* do Renato e seu Conjunto, que animava bailes na reitoria da UFRGS nos anos 60. Com a Les Paul, Augusto gravou seu primeiro solo de guitarra na faixa "O Nosso Olhar", de Sérgio Ricardo. O escritor Luis Fernando Veríssimo tocou sax no álbum. Na ficha técnica o cantor comenta: *Augustinho sublinhou com garra, técnica*

---

92 Augusto gravou com a Gibson Les Paul ligada direto na mesa Audio Designs usando a duplinha de pedais Ibanez, Analog Delay e Stereo Chorus. O operador foi Marquinhos Martins, irmão do locutor Flávio da rádio Guaíba. Na mixagem, Geraldo Schuler aplicou um microatraso entre os canais esquerdo e direito com o Harmonizer da Eventide, criando uma sensação diferente de espaço. O efeito de nave espacial foi feito por Augusto no pedal Analog Delay, e o barulho do povo era da torcida do Grêmio numa decisão contra o São Paulo.

e toque moderno o que se exigia em *"Poem For The People"* e *"O Nosso Olhar"*. *O dueto que fez comigo numa passagem de "O Nosso Olhar", ficou.*

NO CHANCE IN JAZZ

No segundo semestre de 1980, a dupla Nei e Augusto virou um trio com a participação de Luiz Carlos Galli, o Boina. Apresentaram o show *Verde* no Círculo Social Israelita, com direção de Dunga. O título ironizava críticas de que os três ainda eram muito... verdes. Eram mesmo, e assumiram.

Ao longo de 81, receberam o reforço de Glauco Sagebin no piano, do alemão Kubilay Thomas Ünner num baixo acústico (baixolão), e do percussionista José Wainer Camargo. Apresentaram-se em Caxias do Sul e em Canoas, mantendo o lado humor de *Verde* e acrescentando sonoridade. Ainda em 81, Boina gravou o clipe da música "Praça XV". O arranjo era de Augusto, que gravou os violões, mas não apareceu nas filmagens do clipe.

Naquele mesmo ano, Augusto viajou de férias a Nova York. Passou um mês pesquisando instrumentos e fazendo uma maratona em casas noturnas como Fat Tuesday's, Blue Note, etc. Queria "tirar a limpo" algo que imaginava ao folhear revistas especializadas em banca de jornal e ouvir os grandes guitarristas de jazz: Joe Pass, Jim Hall, Tal Farlow, Kenny Burrel, Herb Ellis e Barney Kessel. Por este foi recebido simpaticamente e conversaram sobre música brasileira. Kessel era admirador de bossa nova. Mediu as unhas da mão direita de Augusto, comentando algo como "You've got somethin' here...". No show de Pass ficou impressionado com o virtuosismo do não muito sorridente guitarrista. Constatou a distância que existia entre aquela riqueza técnica e a capacidade de assimilação dos ouvintes, uma sensação próxima à solidão. Percebeu que jazz não era seu caminho, embora admirasse as composições e as improvisações. Sentiu-se mais em casa na simplicidade do lendário Big Joe Turner, reforçando a vertente blues que acalentava desde os 17 anos. Apesar de cantar sentado numa cadeira, Big Joe passava vigor com sua banda: *"Corrina Corrina, where you been so long..."*

Numa pequena loja no Village encontrou a dualidade rítmico-melódica que o impressionara ao assistir ao balé do Senegal: uma kalimba,[93] adaptação do inglês Hugh Tracey de instrumentos africanos sem caixa de ressonância.[94] Trouxe também um "Gato Drum",[95] que deu para o amigo Wainer.

PRIMAVERA DE 82

Nos dias 29, 30 e 31 de outubro, cerca de 15 mil jovens acamparam em Caxias do Sul (RS), era o "Cio da Terra – A Propícia Estação Da Juventude". Em clima de paz e amor assistiram a teatro, dança, música e palestras, sendo "Anistia para Maria" a mais concorrida. O historiador Eduardo "Peninha" Bueno e o vereador José Carlos Oliveira foram interrompidos por um guri oferecendo um baseado: "Vamos deixar de teoria e partir para a prática". Nei, Augusto e banda subiram no palco mas conseguiram tocar apenas três músicas antes de um temporal interromper a apresentação. Alguns precisavam voltar para Porto Alegre para trabalhar, por isso Nei fez um show solo no dia seguinte.

---

93 Augusto tocou kalimba na primeira faixa do primeiro disco de Nei, "A Tribo Toda em Dia de Festa". Voltou a usar o instrumento no disco de Nelson Coelho de Castro, "Vim Vadiá".

94 Rogério criou um instrumento chamado Morgumel, inspirado na mBira, porém indo mais a fundo na caixa de ressonância. Seria algo como três mBiras com afinações diferentes. A diferença marcante do Morgumel é o vibrato grave que produz, soando como águas subterrâneas.

95 Uma caixinha de madeira recortada em dentes produzindo notas diferentes.

VEM COMIGO NESTE BARCO AZUL

Animado com a gravação da fita demo e pela evolução nas apresentações do *Verde* reforçado, Nei Lisboa chegou à metade de 1982 decidido a fazer um show solo. Estava no maior pique, seguro para cantar e com muito a dizer. Glauco estava com um piano elétrico, Bolita[96] tocava baixo e tinha uma garagem para ensaiar. Faltava um baterista e alguém recomendou o jovem Fernando Paiva. A presença da bateria tornou insuficiente o amplificador Gibson Skylark de 15 watts que Augusto comprara do irmão de João Barone, baterista dos Paralamas do Sucesso. Surgiu uma oportunidade: uma família que voltara de "muda" dos States estava se desfazendo de instrumentos. Marcelinho Truda, da banda Taranatiriça, comprou uma guitarra Fender Stratocaster, e Augusto o amplificador Fender Twin Reverb.

Veio então o show *Vem Comigo Neste Barco Azul*, no Teatro Renascença, com direção musical de Léo Ferlauto, músico com experiência em teatro. A música "Rios da Babilônia", cantada pela paraguaia Perla, abria o show: "*Ah ah ah ah...Vem comigo no meu barco azul, vou te levar, pra navegar nos rios da Babilônia*". Foi apontado como o melhor do ano na cidade, mas teve temporada curta, após meses de ensaio. Era a realidade de fazer música local no início dos 80. Embora fosse um show "solo", soava como uma verdadeira banda em que Nei, cheio de expressividade, era o vocalista, revelando amadurecimento musical.

---

96 Lúcio Vargas, o "Bolita", também é artista plástico. Na casa onde fica seu ateliê está a garagem onde ensaiavam em 1982. Ao longo dos anos ele e Glauco Sagebin continuaram se encontrando. Esteve em Nova York com Glauco quando piorou a saúde do tecladista, que faleceria um mês depois. Augusto perdera contato com Glauco depois de sua mudança para os EUA. Conversaram algumas vezes por telefone quando morava no Japão. O CD de Glauco *When Baden Meets Trane* foi bem recebido pelos críticos de jazz.

*Nei Lisboa, Fernando Paiva, Lúcio Vargas "Bolita" e Augusto Licks. Não aparece na imagem Glauco Sagebin, que formava com o guitarrista um eixo de suporte musical a Nei, com parcerias e arranjos.
Foto acervo pessoal de Augusto Licks.*

SÓ BLUES

Nei e Augusto voltaram a ser uma dupla num show incidental no Bar do Instituto dos Arquitetos do Brasil (IAB), em que tocariam apenas blues, cantando em inglês. Não poderiam simplesmente repetir o que os *bluesmen* americanos faziam, não seria autêntico. Mesclaram então uma seleção de variantes do gênero com diálogos e brincadeiras. Interpretavam dois chineses, Ching Lee e Ching Levi's. Depois tampavam o nariz e simulavam uma conversa telefônica com a voz anasalada. O diálogo dos "Ching" era para insinuar que o blues não nasceu nas plantações de algodão do Mississippi, mas nas de arroz na China. Um tocava notas de escala pentatônica (como as teclas pretas do piano) cantando: "*Mao mandou plantar arroz*". O outro tentava reproduzir, mas não saía igual e tocava uma nota vizinha. Assim teria surgido a *blue note.*

A história do blues contada de forma bem-humorada fez sucesso. A casa lotou várias vezes. Celso Loureiro Chaves e Ayres Potthoff eram assíduos. Ayres até deu canja em "Just Blew it!", instrumental de Augusto. Incluíam músicas que tecnicamente nem são blues, mas que carregam a densidade do gênero, como a versão de Louis Armstrong para "Just a Gigolo" – cantada por Augusto.

Usavam dois microfones Shure sm-58 trazidos do exterior pela mãe de Nei. Ligavam tanto microfones como violões no amplificador Fender Twin Reverb.[97] Antes do show o ritual era assim: no frio do décimo andar Nei e Augusto afinavam os violões à espera de que a porta do elevador abrisse trazendo o gerente Dirceu com duas taças de conhaque, para aquecer as gargantas. Quando o frio era mais rigoroso, Augusto mantinha o braço do violão dentro da manga de um moleton do AFS, para aquecê-lo. Fazia a mesma coisa com a raquete de tênis antes de jogar uma partida no inverno.

---

97 O *reverb* de mola do amplificador adicionava um toque de ambiência às vozes e violões.

Augusto e sua Les Paul no show Vem Comigo Neste Barco Azul, *muitos anos antes de ser endorsee com a Gibson. Foto acervo pessoal de Augusto Licks.*

CROWDFUNDING ANALÓGICO

No inverno de 83, após duas músicas tocando no rádio, o primeiro disco de Nei Lisboa começou a ser planejado. Seria independente, e copiando a ideia de Nelson Coelho de Castro, venderiam bônus para a compra antecipada da bolacha, uma espécie de "crowdfunding analógico".

Aconteceu então o show *Nei Lisbônus*, no Teatro Renascença – onde todas as coisas pareciam acontecer. Nei solo, voz e violão, dominando a plateia. Dedé operava a iluminação e Augusto a mesa de som. Também no embalo de arrecadar bônus, Nei e Augusto apresentaram no Renascença uma versão compacta do *Deu pra ti, anos 70*, sem banda. Com a "cancha" obtida nos anos recentes, foi um show melhor, e bem diferente do original.

O que as pessoas não sabiam é que Augusto, além de tocar, operava a mesa de som. O malabarismo funcionava assim: cruzava os dedos olhando para os controles da mesa, "mentalizava" um piloto automático, saía correndo pela entrada de serviço, subia no palco e pegava seu violão para retomar a dupla. Ao final de uma das músicas, uma voz feminina irrompe da plateia em alto tom: "Apresenta!", provocando risadas. "É um rosto novo", acrescentou entusiasmada.

Em 1985 Nei Lisboa retomaria o formato "voz e violão". O show *Lights* era uma referência às músicas leves de seu repertório e de outros autores, mas com "uma pitada a mais de alcatrão e nicotina". Os ingressos se esgotaram e a estreia teve sessão extra no Teatro Renascença. Animado, Nei convidou Augusto para uma reprise na semana seguinte no Kafka Bar.

A Lance Livre Produções de Dedé Ribeiro desenvolveu a estrutura para gravarem o primeiro disco em São Paulo. Augusto tirou férias, graças à camaradagem de seu chefe Flávio Dutra. A viagem de ônibus foi muito divertida, com direito a "frango com farofa" trazido pelo baterista Fernando Paiva.

Foram recebidos no Vice Versa como reis pelo ex-marido de Dedé, o músico Fernando Ribeiro,[98] que fez questão de hospedá-los em sua casa, no Brooklyn. Levava diariamente os músicos de carro até a rua Alves Guimarães em Pinheiros. A sala principal do estúdio tinha o tamanho e pé-direito das antigas casas de cinema. A técnica, além de bem projetada fisicamente, possuía recursos eletrônicos modernos como um *reverb* digital Ursa Major, e procurava seguir um padrão de áudio próximo ao de Donald Fagen.[99] Havia empolgaçãc entre técnicos e músicos que ali transitavam: entre eles Paulinho Farat,[100] Cacá, Ulisses Rocha,[101] Ruriá Duprat, filho do maestro Rogério Duprat, e Nico Martins.[102]

Na gravação de "Síndrome de Abstinência" Augusto tocou o charango que trouxera da Bolívia, instrumento adorado por Bolívar. Para aproveitar o excelente timbre acústico do modelo (Legend), gravou o violão Ovation com microfone. Não gostava do som plugado. O disco resultou em quatro composições com Nei. Nem tudo rendeu o que se esperava, algo normal no meio musical. A faixa-título, parceria de Nei e Augusto, tinha sido batizada no apartamento na rua Cauduro durante o famoso café de Dona Clélia. Nei mandou: "Pra viajar no Cosmos" e Augusto emendou: "Não precisa gasolina". Um começou a frase, e o outro completou.

Quando fez a música "Não me pergunte a hora", Augusto deve ter dobrado alguma esquina e encontrado Janis Joplin. Navegando naquelas águas densas e profundas, e no mesmo esquema de

---

98 Gerente do estúdio Vice Versa. O estúdio era uma sociedade do maestro tropicalista Rogério Duprat, Fernando e Sá, da dupla Sá & Guarabyra.

99 Cantor e compositor da banda Steely Dan.

100 Baterista, que anos depois operou a mesa de som em um show dos Engenheiros do Hawaii no Ibirapuera.

101 Ulisses Rocha, do Grupo D'Alma, fez um solo e arranjou os violões da música "Exaltação".

102 Antes de iniciar a carreira de cantor romântico, Nico Rezende usava artisticamente o sobrenome Martins.

"Pra viajar no Cosmos", entregou a harmonia para Nei, que devolveu com letra:

Não sei nada sobre esse assunto que trazes à tona
Desci lá atrás, já fui
E não vou enfrentar um só minuto desse papo de salão
Desci lá atrás, já fui
E não volto pra dizer que tudo foi um ledo engano
Não volto pra colar os pratos que atirei ao chão
Não me pergunte a hora

Puxando para um lado quase experimental, ensaiando *jazz fusion*, fizeram "Água Benta", que fecha o disco. O primeiro disco foi uma aventura em parte ingênua, vivida intensamente e com entusiasmo pelo guitarrista, mesmo tendo ficado doente e se intoxicado com antibióticos.

Aproveitando a estada em São Paulo, Nei e Augusto apresentaram o *Só Blues* no restaurante paulistano Café Maravilha. Com a banda completa tocaram no Teatro Lira Paulistana, na rua Teodoro Sampaio, antro da geração alternativa da "Vanguarda Paulista", que incluía Arrigo Barnabé, Itamar Assumpção, Língua de Trapo e outros. Localizado em frente à Praça Benedito Calixto, ficava no subsolo e era uma coisa emblemática. Em 85, Nei e Augusto apresentariam *Só Blues* no Mistura Fina de Ipanema, no Rio de Janeiro.

Apesar de toda a atenção e empolgação que aqueles "caipiras do Sul" recebiam, a gravação do *Pra Viajar no Cosmos não Precisa Gasolina* não foi sem problemas. Nei estava com hepatite. Fernando buscava no fundo da casa folhas de boldo, amassava e misturava com um pouco de água – como quem prepara uma caipirinha – e dava para Nei tomar. O tempo de estúdio era apertado e a pressão era um tormento para os iniciantes.

Nei abreviou sua permanência em São Paulo, gravou as vozes definitivas praticamente numa única sessão. Queria voltar o quanto antes para Porto Alegre e respirar fora daquele ambiente. Havia uma expectativa em relação ao primeiro disco por parte do público que havia financiado o disco. Chateado com a experiência, Nei comentava que o disco tinha ficado "uma merda" – um deboche, considerando que se tornaria um clássico daquela geração.

Uma característica da capa é que ela descolava. A imperfeição acabou virando selo de garantia: a capa descolando era prova de que a cópia era original. Augusto, que aprendera algumas manhas sozinho em seu Portastudio, ficou em São Paulo por mais alguns dias para ajudar Paulinho Farat na mixagem.

PICNIC

De volta a Porto Alegre, o segundo semestre de 83 reservava atividade fora do comum para Augusto. Recém-chegado de São Paulo, foi "tomado de assalto" por vários convites para shows e gravações. Um mereceu atenção especial: Celso Loureiro Chaves[103] e Ayres Potthoff, amigos do bar do IAB, estavam montando outra suíte de Claude Bolling,[104] a "PicNic": "E ainhí, vamu rolá um som?". Não dava para recusar. Era um desafio fascinante, e ao lado de gente simpática, que incluía o baterista Bebeto Mohr e o baixista Clóvis "Boca" Freire.

Augusto precisou fazer correções nas 23 páginas de partitura (havia erros de impressão, acordes de 7 notas) e começou a estudar no Washburn com cordas de metal. A parte do violão lhe soava dura e tensa, talvez por ter sido escrita no piano. Os ensaios fluíam

---

103 Celso Loureiro Chaves apresentou um programa sobre música na RBS TV.

104 Compositor francês que criara uma mistura de erudito com jazz, o "crossover".

bem, até chegar o sétimo movimento, quando o andamento acelerava, impossível de acompanhar com cordas metálicas. Era preciso nylon, habitat correto: "Nei, empresta teu Ovation?". Ligando numa caixinha amplificada, tudo resolvido. Ou quase. A peça seria executada por um não erudito, a subida era mais íngreme. Como alento, lembrava que o guitarrista Johnny Smith chegou a executar peças eruditas, mas nem jazzista Augusto era. Na maioria dos movimentos era possível tocar a contento, mas nas partes aceleradas mal dava para acompanhar. A montagem brasileira foi apresentada no Teatro Renascença e no projeto Doze e Trinta na UFRGS. Como Augusto editava esportes na rádio também aos finais de semana, não pôde excursionar e contrataram um instrumentista da praia erudita. Talvez a saída do guitarrista/jornalista tenha beneficiado a PicNic Suite.

Ainda em 83, Augusto tocou violão no show *Tem Uma Mulher Atrás de Mim*, de Antônio Carlos Brunet, com participação de Léo Ferlauto no piano, na Sala Álvaro Moreyra. Também participou do show *Bom Dia 83*, com Geraldo Flach e grupo no auditório Araújo Vianna. Tocou no show *Vim Vadiá*, de Nelson Coelho de Castro no Teatro Presidente, e no show instrumental de Glauco Sagebin no IAB. Em estúdio tocou guitarra em gravações para vários nomes da MPG, entre eles Claudio Levitan.

PEÇAS DE TEATRO

Em 82 Augusto compôs a música tema da peça *Trenaflor*, encenada, dirigida e escrita pelo grupo teatral Vende-se Sonhos. Tratava de assuntos relacionados à juventude da época e o convívio em comunidade. Augusto compôs um improviso *bluesy*, gravado com o violão Washburn.

Numa cena, Marcos Breda entrava tocando e cantando uma música de Odair José. Os dois ficaram amigos depois desse trabalho.

Sempre que se encontravam, Augusto imitava um poeta argentino que transitava bêbado pela rua Osvaldo Aranha. Marcos interpretaria esse personagem um ano depois na peça *Das Duas, Uma*, do Vende-se Sonhos. O poeta era inspirado em Pablo Mello, coautor do livro de poesias *Deu pra ti, anos 70*, de Chico Settineri, que ficou consagrado na música "Pablo, Adonde Estás?", de Wander Wildner:

Yo pergunto se tú te lembras, se tú te lembras de Pablo
Poeta punk chumbado, por los bares de la Oswaldo

O texto era de Giba Assis Brasil e a direção coletiva. Augusto assumiu a direção musical. A peça era sobre a produção de um filme. No palco usavam-se técnicas de cinema. Os atores cantavam orientados por ele, que respeitava os limites individuais ao mesmo tempo que estimulava a criação em grupo. Alguém com tendência despótica não compreenderia aquele processo.

O trabalho exigiu arranjos e composições. Augusto parecia bem-informado sobre as diretrizes da música pop internacional. Sugeria que as harmonias fossem feitas sem terças, especialmente com quintas e nonas, o que não era usual. Lembrava The Police, embora Augusto nunca tivesse escutado a banda inglesa. Os atores formavam uma banda de rock, Os Vendidos, apenas um dos integrantes não era ator. Augusto convidou o baixista Homero Feijó, da banda Semente, cujo guitarrista era o ator Marcel Dumont. Uma das músicas da peça foi gravada no estúdio da ISAEC e chegou a rodar na rádio Ipanema FM. A peça fez grande sucesso no Teatro do IPE, na rua Borges de Medeiros. Lotou todas as sessões durante um ano. Na terceira temporada, em 85, o ator Werner Schünemann substituiu Marcos Breda, que estava no elenco da peça *Bailei na Curva*.

Em 1984, Marcos foi operador de som da peça infantil *O Mistério das Baipotas*. Com texto de Angel Palomero e Dedé Ribeiro, direção de Palomero e trilha sonora de Augusto, que gravou tudo no Tascam 144, dentro de um guarda-roupa.

Assistindo à apresentação da peça ao lado de Fernando Ribeiro, este se virou e perguntou:

– Tu gravou isso numa fita K-7?

Augusto respondeu minimizando a importância:

– É, mas é de 4 pistas...

Não deixava de ser impressionante. Bruce Springsteen gravou um disco naquele tipo de gravador. Na trilha musical da peça, Augusto usou muito a Roland GR-300, um sintetizador que era limitado no número de sons, mas que podia ser tocado pela guitarra Roland G-505. Havia músicas com letras de Dedé e Angel, além de instrumentais climáticos e uma "Dança das Baipotas" para uma coreografia executada pela atriz Suzi da Silva.

Sendo Augusto fluente em inglês, o ator e guitarrista Marcel lhe apresentou a namorada Kim Parker, recém-chegada de Nova York, que não falava nada de português. Certa vez, Augusto a levou para mostrar Porto Alegre de moto, e começou a chover. Kim, toda encharcada, com medo porque era a primeira vez que andava de moto: "Gusto, como você consegue enxergar?". Ele respondeu com um riso nervoso: "Eu não consigo!". Kim tem formação clássica, estudou no Oberlin Conservatory of Music, nos EUA. Apesar dos gostos diferentes, os dois ficaram muito amigos. Assim como o irmão violoncelista Dennys, Kim tem *perfect pitch* (ouvido absoluto), que a impede de desafinar. O problema é não poder "desligar" o recurso, que não a poupa de a toda hora identificar o *pitch* (a nota) de qualquer ruído ambiente.

Em 2007 Palomero reencontrou Augusto quando preparava um grupo de atores recém-formados na Uni-Rio. Perguntou se estava a fim de "entrar numa roubada", ou seja, fazer uma trabalhosa direção musical sem grande perspectiva de remuneração. Augusto compôs uma trilha magnífica para a peça do autor Walter Daguerre. Arranjou, gravou todos os instrumentos, editou e mixou. A trilha de *Todas as noites de todos os dias* era minimalista, transportava o espectador para o surreal. Para uma coreografia, que já estava pronta, Augusto compôs a música original guiando-se por imagens do grupo em movimento.

MÔNICA TRICOMÔNICA

No livro *Prezados Ouvintes*, Mauro Borba conta que num domingo encontrou Nei Lisboa num bar e de lá foram à casa de Augusto, onde a dupla tocou algumas músicas, uma delas sobre tricomoníase.[105] Sem dinheiro para estúdio, Augusto sacou da "toca" o gravador Tascam de 4 Canais[106] e um microfone Shure, e assim gravaram "Mônica Tricomônica" com dois violões. Mauro saiu com a fita no bolso e a incluiu na programação da rádio no dia seguinte. Em 4 horas houve 10 pedidos para reprisar, algo incomum. A música chegou a ser censurada, mas acabou sendo utilizada em uma campanha educativa da Secretaria da Saúde e Meio Ambiente do RS.

O segundo disco do Nei, *Noves Fora*, também foi gravado no estúdio Vice Versa, mas tinha orçamento da gravadora ACIT, com distribuição da Polygram. O produtor Carlão de Souza contratou músicos profissionais, além de Augusto e de Glauco – que já morava em São Paulo. Foi um disco menos intenso que o primeiro, que normalmente é o da vida inteira.

Mesmo tendo produzido a demo, o guitarrista não participou da gravação de "Mônica Tricomômica". Em "Abolerado Blues II" juntou-

---

105 Doença sexualmente transmissível (DST) que provoca sintomas como corrimento genital e coceira.

106 Com o Tascam 144, a bateria TR-909 e o synth GR-300 acoplado à G-505, Augusto arranjava gravações que aconteceriam nos estúdios locais. Também gravou demos que tocaram em rádio, como uma versão de "Quando Eu Chegar", em que tirou som de órgão da GR-300, com Bebeto na guitarra.

se a Cida Moreira e ao baixista Silvio Mazzuca Jr., que também era ligado em tênis. Nei e Augusto assistiram ao show da cantora no SESC Pompéia e depois saíram para jantar. Na mesa estava Zé Rodrix, o criativo articulador de grupos setentistas (Som Imaginário e Sá, Rodrix & Guarabyra), o criador do "rock rural", que decidira seguir carreira publicitária em São Paulo.

O menor envolvimento no disco permitiu a Augusto ir à Mostra Internacional de Cinema. Entre uma sessão e outra ganhou a companhia de jornalistas gaúchos, os cinéfilos Tuio Becker e Maria Lúcia Fróes. Assistiram a *O Quarto Homem*, de Paul Verhoeven, *Era Uma Vez na América* de Sergio Leone, e *Merry Christmas Mr. Lawrence* de Nagisa Oshima. Caminhando pela rua, com as trilhas de Ennio Morricone e Ryuichi Sakamoto na cabeça, a conversa desviou para música. "Eu gosto de rock", comentou Maria Lúcia. Ficou pensando de qual rock ela gostava sendo tão mais jovem. Augusto, por sua vez, gostava de cinema. Para ele rock era visceral, mas encontrava pouca vazão nos contextos pós-70. Era 1984.

CHEIRO DE SOM

O estúdio da Eger produziu gravações históricas como "Verdes Anos", música de abertura do filme homônimo. Seria a única composição da parceria Nei-Augusto no disco *Noves Fora*. Também ali o guitarrista e luthier Carlos Martau convidou Augusto para gravar um solo com o violão Washburn na faixa "Hieronymus Bosch", do primeiro disco do grupo instrumental Cheiro de Vida. Martau e Ivo Eduardo fizeram importantes modificações na guitarra Roland G-505.

Também na Eger, Augusto gravou a trilha "Limpem o sangue" para o curta *O Dia em que Dorival encarou a Guarda*, de Jorge Furtado e José Pedro Goulart, sobre um preso inconformado por não poder tomar banho.

No mesmo local, em 85, gravou o tema de *Aqueles Dois*, um raro longa-metragem a abordar homossexualidade na época. O diretor Sérgio Amon e Augusto assistiram juntos ao filme *O Expresso da Meia-Noite* para trocar ideias. Amon estava fissurado na instrumental "Dança das Baipotas", queria incluir no longa. "Amon, não dá, eu faço uma especial pro teu filme". Como brinde, Augusto finalizou o "Tema de Saul" para sax e piano com uma rápida citação da música do filme de Alan Parker. Gravaram Rafael Vernet no piano e Letieres Leite, da Orkestra Rumpilezz, no sax tenor. Em casa, Augusto gravou uma versão de "Tu Me Acostumbraste", associada ao personagem Raul. Nei Lisboa faz uma pequena participação no filme, no papel de barman. O filme ganhou o prêmio de melhor trilha original no Festival de Cinema de Fortaleza. Sérgio Bazi, do Correio Braziliense, escreveu: *"(...) E não custa destacar por fim a trilha sonora, tanto pelo adequado comentário musical de Augusto Licks quanto pela presença dos boleros na voz de Dalva de Oliveira."*

Era época de intensa atividade para Augusto. Programou bateria para o disco do emblemático conjunto de baile Impacto, emprestando a G-505 para o guitarrista Edison em uma das faixas. Com o baixista André Gomes e o tecladista New, produziu para Gelson Oliveira uma regravação de "Salve-se Quem Souber", tema do longa *O Sonho não Acabou*, de Sérgio Resende, incluída na coletânea Música Popular Gaúcha. Gravou em "Ser Ocidental" e "Precisa-se", do disco de Sá Brito. Produziu o disco da cantora Suzana Maris, que incluiu "Como a Chuva Cai", rara parceria Nei-Augusto: *"Até que esse tempo não foi mau sinal..."*. No disco *Terceiro Sinal*, de Jerônimo Jardim, tocou guitarra em "Mini Menina" e violão em "Comichão". Ainda tinha fôlego para produzir uma gravação conjunta de Gelson Oliveira e Totonho Villeroy com a banda CEP90000, e produzir a gravação do disco *Nosso Lado Animal*, da Bandaliera, ao lado de Fughetti Luz. Com bateria eletrônica, gravou a primeira versão de "Carecas da Jamaica", numa levada acelerada usada em shows.

VOU PRO RIO, TCHAU!

Em 85 Nei Lisboa e Bebeto Alves fizeram shows no Circo Voador e algumas casas na Barra da Tijuca, no Rio de Janeiro. No retrovisor do Fiat 147 vermelho, havia uma foto das filhas de Bebeto, Luna e Mel (a atriz Mel Lisboa) com a frase: "Não corra papai". No palco Bebeto tocava a Les Paul preta de Augusto, que solava com a Roland, e também lhe emprestava algumas roupas. A música continuava impregnada de afetividade.

Augusto hospedou-se em Santa Teresa com os amigos jornalistas Mair Pena Neto e Ana Baum, e descia a pé a poética rua Almirante Alexandrino seguindo os trilhos do bondinho até o local do show, onde Nei se apresentou antes de Caetano Veloso. Após o show, conterrâneos foram prestigiar no camarim. Kadu, que produzira em Santa Maria o show de Nei com o ator Antonio Carlos Falcão, trouxe a sobrinha Karina. Observadora, nunca tinha visto um guitarrista que não fizesse trejeitos performáticos no palco.

Havia aprendido muito de tecnologia nos anos 80. Ao longo da década, passou a aplicar seus conhecimentos fora do Rio Grande do Sul. Foi convidado para a tour 86 dos gaúchos Kleiton & Kledir, ao lado do tecladista Luciano Alves,[107] o baixista Tavinho Fialho,[108] que tocava com Arrigo Barnabé e Caetano Veloso, eventualmente substituído por André Gomes, e o baterista Élcio Cáfaro. Levando um pesado case de equipamentos, foi de ônibus ao Rio. Recebido por Branca Ramil, irmã da dupla, aportou no apartamento do irmão Roque. A experiência nacional com os Ramil reforçou para Augusto a importância da "estrada": sair das origens, até para entender melhor

---

107 Luciano Alves chegou a integrar uma formação dos Mutantes, sem Rita Lee, e trabalhar com Pepeu Gomes.

108 Tavinho Fialho tocou com a cantora Cássia Eller anos depois. Juntos tiveram um filho, Francisco. O baixista morreu uma semana antes do nascimento do filho em um acidente de carro.

as origens. Para ele, viajar era sempre preciso. No ônibus levava um xadrez portátil que jogava com Kledir, que apesar de ter aprendido com o amigo de infância Mequinho, não se saía tão bem. O cantor desconfiava que Augusto o deixava ganhar de vez em quando. Os músicos também jogavam futebol, um pré-requisito no grupo, quase tão importante quanto tocar bem. Outro Ramil, Vitor, precisava da letra de "Joey" de Bob Dylan, mas era difícil numa época sem internet. Augusto conseguiu com uma amiga, e traduziu a extensa letra para a versão que Vitor faria: "Joquim".

ELES, OS

Léo Henkin, que tocara no Saracura e na DzahGury (com Mendel Sclovski), convidou Augusto para produzir o disco de sua nova banda, Os Eles. Silvio Marques (ex-Saracura) fez direção vocal. Mixaram em São Paulo, no estúdio Vice Versa, e Augusto hospedou-se na casa de Glauco Sagebin. A pedido de Léo gravou um pequeno solo com guitarra-synth na versão bossa-nova de "Só Imagem".

Algum tempo antes, o guitarrista levara Augusto para operar a mesa de som num show em Cachoeirinha, Zona Metropolitana de Porto Alegre. Augusto já tinha saído da rádio e não recusou o trabalho. Em determinado momento, ouviu comentários sobre um show que acontecia no Gigantinho, Rock Unificado (Unificado era um curso pré-vestibular), falavam de uma banda com sobrenomes esquisitos: Getz, Pitz, Maltz. Semanas depois, adivinhem quem bate na porta convidando para operar som? Maltz e "Getz" – como Julio Reny chamava Humberto Gessinger. Os Engenheiros do Hawaii tocariam na casa noturna Taj Mahal, na avenida Farrapos.

Outros convites semelhantes aconteceram, entre eles o show de Itamar Assumpção no Salão de Atos da Reitoria da UFRGS. O cantor e compositor Nelson Coelho de Castro ficou fascinado com a kalimba de Augusto, que usou em "Vim Vadiá", gravação e ao vivo.

Também produziria no estúdio EGER a gravação de "Beba Blues", de Felipe Franco, distorcendo a Les Paul no velho amp Gibson Skylark, e a música tocou bastante na rádio Ipanema. New gravou o piano, Ricardo Cordeiro o sax. O baterista Késso e o baixista Renato Mujeiko eram remanescentes da banda instrumental Álibi. Também de Felipe, Augusto produziu "Bicho", com Rafael Vernet no piano, incluída no disco do Projeto Unimúsica da UFRGS, junto com "No No Chance" de Boina.

DEIXANDO AS RAÍZES

Na segunda metade dos anos 80 a banda progressiva Raiz de Pedra mudou-se para a Alemanha. Dizia-se: "a melhor saída para a música instrumental é... o aeroporto". Também teriam destino semelhante o baterista Fernando Paiva e o tecladista Dudu Trentin, que foram juntos para a Áustria. Antes da partida, o baixista Ciro Trindade tocou com Nei Lisboa em vários shows, e Márcio Tubino gravou o sax na faixa "Maracujás", de Nei e Augusto, no disco *Carecas da Jamaica*.

Numa apresentação no Círculo Social Israelita, Augusto observou que o excelente guitarrista Pedro Tagliani aplicava um efeito interessante nos solos batendo a palheta contra a escala. Ficou admirando a técnica, intrigado. *Tapping* não era novidade para Augusto, desde a infância usava lápis, como Rogério lhe ensinara, mas o Pedrão usava a palheta. Anos depois iria lembrar daquela ideia e ampliá-la.

CARECAS DA JAMAICA

Nei e Augusto buscavam uma sonoridade menos técnica e mais orgânica no novo disco, sem delegar arranjos para gente de fora. Participações seriam limitadas a Serginho Trombone em "Dirá, Dirás", Hique Gomes (violino) em "Berlim-Bom Fim" e Engenheiros do Hawaii na faixa-título. O meio musical tem formas de política. Nei era arredio à ideia de "MPG", e os Engenheiros não conviviam com bandas do Bom Fim. Criou-se uma pequena aliança.

O disco adquiria um sotaque mais rock do que pop, com guitarras menos leves que nos anteriores. Nas distorções, Augusto utilizou um pedal RAT, emprestado pelo guitarrista Torcuato Mariano,[109] que conhecera pela amiga Sheila Lyrio, irmã de Marco Aurélio, guitarrista da banda Inimigos do Rei. As parcerias de Nei e Augusto são três: "Carecas da Jamaica", "Refrão" e "Maracujás". Em "Refrão", Nei saiu com gravador na rua colhendo depoimentos: "Você sabe o que é refrão?". Augusto estava no Rio quando compôs "Maracujás" no armário da casa do irmão Roque. Usou seu companheiro Tascam e um teclado Ensoniq Mirage do sobrinho Otto. "Maracujás" não tinha guitarra e Nei tocou violão. Augusto arranjou. O piano foi tocado por Dudu Trentin, Márcio Tubino no sax e Paiva na bateria, que acabou trigada numa SP12 eletrônica. Sem baixo, Augusto reforçou notas graves com um timbre de Fender Rhodes. Em "Deixa o Bicho", com arranjo do baixista Renato Mujeiko, Augusto gravou o solo usando a G-505 no synth GR-300. Alguns acharam que era teclado.

---

109 Nascido na Argentina, Torcuato Mariano tornou-se renomado na cena musical carioca e foi o guitarrista de Lobão na fase "O Rock Errou".

OUTROS INSTRUMENTOS

Ao longo de sua juventude, Augusto chegou a flertar com outros instrumentos. Nos EUA tentara a flauta transversal da "sister" Holly, mas não tinha pulmão. Conformou-se com uma flauta doce da Hohner e com um livreto "Enjoy Your Recorder" da família Trapp. Descortinou músicas belíssimas, das medievais a Leopold Mozart, pai de Wolfgang. Era fascinado por efeitos sonoros, coisas que partituras não contavam: soprar o bico de garrafas de vidro e esfregar cálices de cristal como no filme *E la nave va* de Fellini; percutir lentes de pisca-pisca de motocicleta; raspar as cordas de piano ou o excedente das cordas do violão acima da pestana; ou murmurar uma nota contínua sob um abrigo com cobertura feita de pedra na Redenção para produzir ressonância.

Soprava a introdução de "The Good, The Bad and The Ugly" de Ennio Morricone apertando as duas mãos. Reproduziu os assobios-código das turmas infantis em Montenegro numa trilha de rádio. A frustração era não conseguir estalar dedos soltos, só conseguia prendendo polegar e médio – *snaps*, como na gravação de "No No Chance", no primeiro disco do Nei. Admirava quando alguém usava um pente e papel como instrumento musical, e o serrote, ou o afiador de facas que passava pela rua. Tudo era como uma grande sinfonia imaginária, de sons isolados, até mesmo o de goteiras ou das rodas de um carro sobre chão de cascalhos. Na Guaíba, prestava atenção no som das fitas-rolo sendo rebobinadas, quase esquecendo de editar o Repórter Esportivo das 18h30. No estúdio ISAEC, Aguinaldo teve que aturá-lo ligando um *reverb* de mola na mesa Audio Designs, contra todas as probabilidades de fracasso, as impedâncias não casavam.

AMIZADE

Numa matéria sobre o assassinato de John Lennon, Nei Lisboa lembrou que tinha 21 anos e ao chegar em casa encontrou Augusto no elevador. Do amigo ouviu uma frase que ficou gravada na memória: "Is reality over?" ("A realidade acabou?").

Saltando para maio de 2016, Nei comentou durante um show em Porto Alegre que Augustinho foi seu "professor informal de violão", com quem aprendeu muito sobre blues. Em novembro de 2010, Nei tocou no Teatro Rival, no Rio de Janeiro. Casa cheia, plateia animada e Nei em ótimo astral conversa com o público. Dedica a música seguinte "a um amigo que mora no Rio de Janeiro há muitos anos, o grande Augusto Licks". As luzes do teatro se acendem. Nei pergunta se Augusto estava presente e todos procuram entre as mesas. Sem resposta positiva, Nei continua o show:

– Vou cantar uma parceria minha com Augusto Licks chamada "Verdes Anos".

O mais incrível é que Augusto estava assistindo ao show. Só que no momento exato em que seu nome veio à tona o "grande Augusto Licks" estava tirando seu carro do estacionamento do Teatro Municipal, que iria fechar. Rodou para achar uma vaga na rua Álvaro Alvim e quando finalmente retornou ao teatro, sentando à mesa, comentou com o fã Emerson Gimenes baixinho: "Conheço essa música que está tocando..."

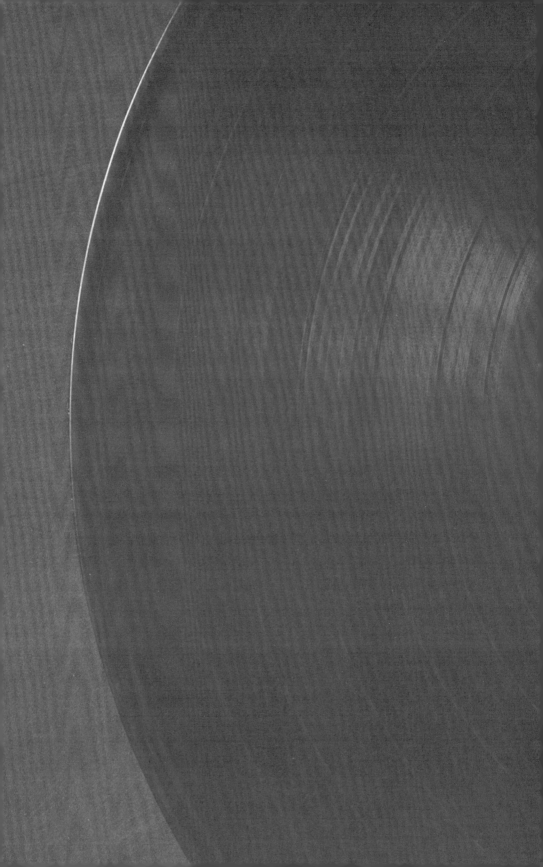

O QUE DIZEM NO BOM FIM

Voltar para Porto Alegre já estava nos planos de Augusto Licks, e o convite para entrar nos Engenheiros do Hawaii veio carimbar aquela vontade. Permaneceu ainda alguns dias apenas para concluir as guitarras do *Carecas da Jamaica*. Arrumou mala, encaixotou equipamentos, incluindo guitarras, amplificador, mesa de som, pedais e despediu-se do irmão e da família. Ainda ouviu do sobrinho Gustavo, em tom de brincadeira: "Que isso, meu tio, derrotado pelo Rio de Janeiro?". Na porta do prédio, Pedro Haase, que morava no Rio nessa época, esperava-o com sua Brasília branca para levá-lo até o aeroporto do Galeão. Bagagem despachada. Do alto, uma última olhada às belezas do Rio, enquanto lhe passava pela cabeça uma dupla de guitarras Les Paul, The Allman Brothers Band.

O alto-falante do Aeroporto Internacional Salgado Filho anunciou a chegada do voo proveniente do Rio de Janeiro. Na área de desembarque, Humberto espera Augusto. Ele aparece com aquele monte de equipamentos, vestido com sandálias de couro, uma blusa de frio pendurada na cintura e uma camisa xadrez US Top, que renderia a velha piada: "Bela camisa, 'Augustinho'!"

– Cara, só queria dizer o seguinte: eu gosto de equipamento e não vou gastar um tostão com roupa – definiu Augusto.

– Cara, é isso que eu quero – responde Humberto.

Os dois encaixam toda a bagagem no Chevette de Humberto e vão direto para o primeiro ensaio, na sala da casa da família Maltz, na rua Soledade, uma das muitas ruas do bairro Petrópolis com nome de cidade do interior do Rio Grande do Sul.

Saindo do aeroporto, passando pela estátua do Laçador de Antônio Caringi, Augusto falava pouco, talvez ainda tivesse dúvidas em relação ao convite que aceitara, mesmo tendo certeza de todos os argumentos a favor da decisão.

O Chevette estacionou em frente à garagem. Ali transitavam Eurico Salis, empresário e fotógrafo da banda, o *roadie* Nilton, irmão de Maltz, e o técnico Alexandre Alves, que Augusto conhecia de gravações no estúdio EGER. Tímido, Augusto parecia meio perdido, sentimento normal levando-se em conta que ali não tinha amigos e não era gente de sua geração.

Montou o equipamento, olhou para os lados, achou estranho Humberto estar afinando o baixo Rickenbacker e perguntou onde estava Marcelo Pitz. Olharam um para o outro e disseram que ele não viria. Licks não sabia que Marcelo Pitz havia saído da banda e que estava no "seu lugar". Quando convidado, achou que seriam duas guitarras, ele e Humberto, com Marcelo no baixo e Carlos na bateria. Também era estranho um guitarrista mudar de instrumento às vésperas de um disco. Fosse como fosse, o que tinha de fazer naquele momento era tocar, afinal faltava menos de um mês para a gravação em São Paulo. Afinou então a Roland azul, que combinava com seu moletom da Penalty. Era tudo muito novo para todo mundo. Um, dois, três...

A mudança já não era mais segredo, ao menos em Porto Alegre. Antes de chegar, Augusto não sabia de detalhes já publicados pelo surpreso Juarez Fonseca em seu "furo" na Zero Hora de 6 de junho: *"Engenheiros mudam: sai Pitz, entra Licks"*. Segundo informante não revelado, Pitz estava saindo da banda para se dedicar ao primeiro filho. *"Em seu lugar deverá entrar o guitarrista Augustinho Licks, um grande instrumentista, que todos conhecem principalmente por causa do trabalho com Nei Lisboa"*, assinala o jornalista, afirmando que a formação trio continuaria, com Humberto no baixo. *"E Augustinho entra com experiência e refinamento, num grupo que há quatro anos nem imaginava que entraria nessa história de música"*, finaliza.

A reação de grande parte dos músicos gaúchos foi de muita surpresa. Licks, o guitarrista do Nei, com todo seu refinamento musical, numa banda de... rock, e justamente uma banda que não era vista com simpatia no próprio meio roqueiro. Em mesas de bares, muitos não se conformavam, havia até indignação. Na própria equipe da banda havia resistência ao nome de Augusto. Em resumo: havia mais quem desacreditasse do que os que botavam fé na nova formação.

Na pressão do primeiro ensaio, as músicas vão se construindo. Augusto, que tinha carta branca para fazer o que quisesse com a guitarra, liga o Fender Twin e começa emendando quintas de rock nas levadas de Humberto e Carlos. Assim vai construindo base, *riffs* e solos.

Com os equipamentos na casa dos pais de Carlos, Augusto e o baterista caminharam juntos rumo ao Bom Fim. A conversa continuou e o assunto foi entrevistas. Com o primeiro disco chegando às 100 mil cópias vendidas, jornais e revistas passaram a procurar o grupo. "Não vale a pena dar entrevistas espalhafatosas para a revista Bizz. O que vai ficar é a música", disse Augusto aos ouvidos atentos de Carlos enquanto desciam a avenida Protásio Alves. O baterista, seis anos mais jovem, comentou ao recém-chegado que não ligasse, que ele e Humberto eram "tri guris", e emendou uma dica em relação ao líder da banda: "Não presta atenção no que ele diz, presta atenção no que ele faz". Augusto pensou um pouco naquilo, sem entender.

Embora fosse o mais velho, Augusto era o mais ingênuo ali. Durante todo o mês de ensaios em Porto Alegre, nunca lhe passou pela cabeça que sua presença pudesse gerar alguma inquietação. Para ele, tudo era trabalho para o disco. Ele se empenhava para se integrar e sabia ouvir quando lhe falavam alguma coisa. De bom grado, ouviu discos emprestados por Carlos, The Smiths entre eles. Era aberto para assimilar sonoridades oitentistas, que não tinham feito parte de sua juventude. Mas uma coisa o incomodava: achava que devia alguma consideração a Marcelo Pitz, e um dia finalmente ligou para ele. Marcelo relatou que rolava um clima ruim e que aconteciam algumas coisas desagradáveis, mas não entrou em detalhes. De novo, Augusto ficou pensando naquilo sem entender.

NACIONAL

1. **AUGUSTO LICKS** (Engenheiros Do Hawaii) **32,5%**
2. **FREJAT** (Barão Vermelho) **22,9%**
3. **WANDER TAFFO** (Taffo) **13,6%**
4. **André Christóvam** **9,1%**
5. **Serginho Serra** (Ultraje A Rigor) **6,4%**
6. **Hélcio Aguirra** (Golpe De Estado) **5,0%**
7. **Greg Wilson** (Blues Etílicos) **4,3%**
8. **André Abujamra** (Os Mulheres Negras) .. **3,3%**
9. **Cley** (Não Religião) **1,9%**
10. **Tuba** (Skowa & Máfia) **1,1%**

INTERNACIONAL

1. **SLASH** (Guns N' Roses) **51,3%**
2. **ERIC CLAPTON** **18,5%**
3. **STEVE VAI** **8,4%**
4. **Vernon Reid** (Living Colour) **4,9%**
5. **Mark Knopfler** (Notting Hillbillies) **4,1%**
6. **Gary Moore** **4,0%**
7. **Jannick Gers** (Iron Maiden) **3,2%**
8. **Yngwie Malmsteen** **2,7%**
9. **Black Francis** (Pixies) **2,1%**
10. **Neil Young** **0,8%**

A lista dos melhores guitarristas do Brasil,
divulgada pela Bizz em 1991.
Reprodução do acervo pessoal de Augusto Licks.

Seguem-se os ensaios, sempre à tarde, e num deles Augusto oferece a quem quiser uma caixa com todas as suas revistas Guitar Player. Ficou para Humberto a rara coleção.

Ia a pé até a Soledade, caminhando lomba acima pela Casemiro de Abreu, passando pelo colégio IPA e depois contornando um barranco antes de cruzar a Nilo Peçanha. Na caminhada, andava no compasso de uma das músicas que iriam entrar no disco e ia criando frases musicais. Os passos permitiam que cada nota entrasse no seu tempo correto, em simetria com a próxima nota a ser tocada, uma dependia da outra, assim como os passos. O desafio maior estava em fazer num trio um som que não precisasse de *overdubs*.[110] Fim dos ensaios. Agora é pra valer. Em São Paulo um estúdio esperava os integrantes dos Engenheiros do Hawaii, não necessariamente os três que embarcaram no avião em Porto Alegre.

REVOLTA NOS ESTÚDIOS

Chegando na maior cidade do Brasil, passando pelas ruas movimentadas, com prédios por todos os lados, Augusto lembrou de um outro julho, o de 1983, quando gravou o primeiro disco de Nei Lisboa. Desta vez chegava à Terra da Garoa como integrante de uma banda de rock, com direito a nome nos encartes no mesmo tamanho dos demais integrantes. Um novo desafio para aquele guitarrista. Sinal verde. O carro avança. Olhos para frente.

Humberto, Carlos e Augusto chegam no estúdio da RCA, na rua Dona Veridiana, no Bairro Santa Cecília. À espera do grupo estão os técnicos de som Pedro Fontanari Filho, Walter Lima e Stelio Carlini, e o produtor Reinaldo Barriga, o mesmo que produziu o primeiro disco

---

110 Técnica que consiste em adicionar novos sons a uma gravação já feita, por exemplo: gravar uma guitarra "base" e depois gravar outra guitarra, "solo".

da banda. Reinaldo cumprimenta um a um e estranha o último a entrar. Era Augusto Licks. "E Marcelo Pitz?". Aí sim Reinaldo foi avisado da troca de integrantes e da mudança de Humberto da guitarra para o baixo.

Para Humberto e Carlos, a saída de Marcelo e a entrada de Augusto era algo normal, que pode acontecer com qualquer banda. Mas para uma gravadora poderia não ser tão simples como imaginavam, afinal os dois e Marcelo Pitz tinham assinado um contrato.

– Deixem que eu resolvo isso com a gravadora – tranquilizou o produtor.

Reinaldo comprou a briga da banda. Aliás, não havia outra alternativa. O que o produtor sabia é que não podia fragilizá-los diante da gravadora. Assim, a notícia da troca de integrantes às vésperas do segundo disco foi sendo passada aos poucos, primeiro para as pessoas mais integradas ao projeto, chegando depois à gravadora. Assunto resolvido.

A banda gaúcha era uma aposta da RCA em meio ao sucesso do rock nacional da época. O ano de 1986 havia sido o melhor do rock brasileiro. RPM estourava nas rádios e nas vendagens de discos. Titãs ganhavam o devido respeito com o *Cabeça Dinossauro*. A Legião Urbana lançava o clássico *Dois*, e os Paralamas do Sucesso cativavam pela nova sonoridade do *Selvagem*, para citar algumas bandas. O *Longe Demais das Capitais*, dos Engenheiros do Hawaii, também de 86, havia ganho disco de ouro. Manter o que já vinha sendo feito significava, ou poderia significar, repetir o sucesso do primeiro disco. Mas a mudança não estava só na troca de integrantes e de instrumentos de Humberto. A proposta de sonoridade e de letras era outra, diferente do que vinha sendo feito. Era uma outra banda que iria gravar o disco. Ficou claro para o produtor que aqueles Engenheiros do Hawaii à la The Police, ou "Paralamas do Sul", como alguns apelidavam, e com espírito de ska, estavam sepultados. Nascia um Engenheiros do Hawaii folk americano, bebendo na fonte de Bob

Dylan, com uma pitada country, com uma sonoridade meio "garagem", rústica, crua, e com letras que traziam referências, implícitas e explícitas, ao existencialismo de Albert Camus e Jean-Paul Sartre. Aliás, foi Augusto quem "apresentou" Bob Dylan a Humberto, com alguns discos antigos que tinha.

Augusto opinou pouco. Não se sentia confortável para exigir alguma coisa ou participar de decisões. Naquele momento se sentia como o guitarrista de Nei Lisboa tocando com os Engenheiros do Hawaii. Apenas avisou que não usaria *overdubs* na gravação. Essa decisão acarretava, principalmente, criar linhas melódicas que não exigissem uma outra guitarra e ao mesmo tempo fizesse com que o som não soasse vazio. A ideia de excluir *overdubs* era ser o mais fiel possível ao disco nas apresentações ao vivo, para que a banda sempre soasse como ela era. Este tinha sido um dos assuntos que conversara com Carlos no Canecão. No primeiro disco, Barriga tinha recorrido a *overdubs* com sons sampleados, e contratara participações como a do instrumentista Manito, dos Incríveis. Outra decisão de Augusto: nada de pedais. Distorção apenas dos amplificadores e só em músicas que exigissem. De resto, que seria a maioria, guitarras limpas, trabalhadas nota a nota.

Todos de acordo com a nova concepção, hora de colocar em prática. Reinaldo Barriga só não imaginava o desafio que iria ter trabalhando com o guitarrista. Augusto saía do hotel da rua das Palmeiras a caminhar, com o ritmo das músicas ensaiadas na cabeça. Às vezes se dava conta de estar caminhando muito rápido. Passava por bancas de revistas usadas, dando uma rápida espiada à cata de algum Fantasma antigo. Seguia pela avenida São João, passando pelo Cine Comodoro, onde assistiu *Ruas de Fogo – uma fábula de rock'n'roll*. O som de banda magnética exclusivo da casa impressionava naquele filme. Continuava em direção à Ipiranga à procura de algum restaurante que servisse feijão preto e encontrou o "Um, Dois, Feijão com Arroz", na rua Aurora. Na Praça da República os termômetros mostravam quatro graus. No estúdio o clima era menos frio, porém mais tenso que o das ruas.

Uma das principais características de Augusto na música é a busca pela perfeição, o que alguns podem entender como uma qualidade, pelo resultado alcançado, e outros como defeito, na insistência em se buscar mais. Quando se achava que um solo estava concluído, Augusto ainda insistia em inserir mais uma nota ou até mesmo redesenhar a linha melódica. Para quem ouvia ou não estava acostumado, era um "saco", expressão que se ouvia nos estúdios, com o que o produtor precisou saber lidar.

Desde as primeiras sessões da gravação de *A Revolta dos Dândis*, Reinaldo enxergou o grande potencial de Augusto, o que foi determinante para exigir o melhor, e também significava fazer uma forte pressão junto ao guitarrista. A lógica era simples: pressionar quem poderia responder à pressão. Augusto tinha bastante conhecimento e experiência em estúdio, e mesmo assim procurou não impor opiniões ao produtor: sabia ouvir quando alguma solução era satisfatória. Ao mesmo tempo, sabia bem o que queria fazer e o que podia fazer. Em outras palavras, no mesmo campo de batalha, produtor e guitarrista, às vezes lutando um contra o outro, procuraram o melhor timbre, o melhor som, o melhor resultado. E encontraram.

Reinaldo nem ouviu direito a demo gravada em Porto Alegre, mas sabia o que tinha que fazer. Bateria e baixo eram gravados ao mesmo tempo, separadamente da guitarra. Enquanto Humberto e Carlos gravavam, Augusto observava. Concluída a base, acomodava-se no estúdio com a Les Paul e a Roland, e aí eram horas de gravação que testavam a paciência dos técnicos. Estes às vezes saíam, deixando que Reinaldo e Augusto se entendessem. Em alguns momentos o produtor sentava-se em frente ao guitarrista fazendo regência.

Reinaldo percebeu ao longo das sessões que Augusto tinha técnica, estilo, pegada e era caprichoso, diferente de tantos outros guitarristas com quem já havia trabalhado. Por isso o pressionava.

Numa das sessões, botando muita pressão num solo que era quebrado por erros, Reinaldo saiu da técnica e sentou-se na sua frente, dizendo:

– Eu não tenho culpa de estar aqui e nem você. Ninguém tem culpa de nada, mas você vai fazer essa guitarra funcionar. A gente inventou essa história e vamos até o final.

Augusto ajeitou os óculos sem armação, limpou o suor das mãos e tocou sem erros até o final. Reinaldo, do outro lado do estúdio, acenou positivamente.

A primeira gravação foi de "A Revolta dos Dândis I", no dia 10 de julho, uma das quatro músicas em que Augusto não tocou guitarra. Assim que chegou a São Paulo, ligou para o amigo André Geraissati, do grupo D'Alma, pedindo emprestado algum violão. André não só emprestou como fez questão de levar seu Martin *cutaway* até o estúdio. Quando Augusto foi devolver, no Aeroporto de Congonhas, André comentou que o produtor deveria ter lhe dado aquele violão.

Na introdução, Augusto incluiu gaita de boca, tinha a ver com aquela nova atmosfera *folk*, deixando claro já na primeira faixa do lado A a proposta diferente do novo disco. Entrou no estúdio com um copo de água, e mergulhou nele a Marine Band em Mi Maior. Ninguém entendeu nada. Tinha aprendido a técnica nos EUA com o *sophomore* Jimmy D'Abrammo. A água deixava o som da gaita mais "poderoso", destacando os vibratos e deixando as notas mais nítidas. Claro que diminuía a vida útil do instrumento. Usou gaita e violão nas faixas "A Revolta dos Dândis I" e "A Revolta dos Dândis II". Outra sugestão de Augusto foi modificar um pequeno trecho de "A Revolta dos Dândis I", na primeira volta do refrão *"Eu me sinto um estrangeiro"*, guardando para mais adiante a melodia original.

O estúdio da RCA era referência e um dos motivos era a mesa Rupert Neve de 16 canais, que segundo a lenda teria sido usada pelos Beatles. Para Reinaldo, esse equipamento *vintage* contribuiu para dar identidade ao trabalho dos Engenheiros. Além disso, o local era espaçoso, com pé-direito duplo, o que deixava os músicos bem à vontade. Num canto, como parte da mobília, havia um órgão Hammond B3. Grande e pesado, era pouco utilizado, a exemplo da caixa Leslie ao lado. Augusto viu naquela dupla uma possibilidade que teria tudo a ver com o que estavam fazendo, e trocou a guitarra pelo Hammond na música "Vozes".

A combinação Hammond-Leslie era clássica do rock setentista. Ao girar, os alto-falantes da caixa cancelam frequências, adicionando ao som um sutil efeito de onda. Acionando-se um pedal, os falantes giram mais rápido produzindo vibrato. Este efeito pode ser notado no trecho da música antes da fala *"As vozes oficiais dizem 'quem sabe', as vozes oficiais dizem 'talvez'"*, em que Humberto usou o efeito *vocoder*, dando uma timbragem robótica na voz. Essa música não tem baixo: Humberto gravou com a guitarra Fender de 12 cordas e as notas de baixo são feitas por Augusto no órgão Hammond.

Em "Vozes", os Engenheiros começaram a usar autorreferência: o dedilhado da introdução dessa música é o mesmo de "Terra de Gigantes". Essa prática seria novamente empregada nos discos seguintes, e por ela alguns críticos taxariam a banda de "repetitiva".

Em "Quem Tem Pressa Não se Interessa", Augusto não tocou guitarra, nem qualquer outro instrumento. Primeira composição antes de sua chegada na banda, foi gravada num take só, baixo e bateria. Para recriar um clima de garagem, o solo de bateria foi gravado no banheiro do estúdio. Augusto ainda não se sentia à vontade para questionar, mas achou um desperdício não incluir guitarra. Numa demo que circula pela internet o solo é de guitarra, em vez de bateria.

"Infinita Highway" foi uma das músicas tocadas já no primeiro ensaio com Augusto, dia 8 de junho. Humberto levou anos escrevendo a letra. Ia anotando frases, e em certo momento percebeu que elas falavam da mesma coisa. As letras pesaram muito na decisão de Augusto de entrar para a banda. "Infinita" foi a letra com que mais se identificou, falava de coisas que tinha vivido em suas viagens de carona pelo Brasil e pela América Latina.

Augusto entendeu que essa música não pedia peso, portanto não cabia distorção, apenas uma guitarra limpa e bem trabalhada. Para isso utilizou a guitarra Roland G-505 com os captadores grave e médio fora de fase,[111] o mesmo timbre que tinha usado meses antes em "Verão em Calcutá", no disco de Nei, só que agora usando dois amplificadores Fender Twin Reverb, para uma sensação maior de espaço no som *clean*. Assim como em grande parte das músicas deste disco, Augusto gravou sem palheta, utilizando dedos e unhas, ao melhor estilo Mark Knopfler, do Dire Straits. Essa técnica pode ser percebida principalmente no solo, quando mais de uma corda são tocadas ao mesmo tempo, porém algumas sofrem uma pressão mais forte, destacando-se das demais. Mantendo a premissa de não gravar uma segunda guitarra como base, Augusto se esmerou no solo, para preencher da melhor forma possível o espaço sem voz.

"Infinita" é um exemplo do desafio que Augusto enfrentou ao longo do disco. Humberto tocava com palheta, estava começando no instrumento, e o som do Rickenbacker se aproximava mais de guitarra do que de baixo. Isso resultou em um baixo muito presente, assumindo protagonismo em diversos momentos. A guitarra de Augusto foi se encaixando nos espaços que precisavam ser preenchidos, fazendo contraponto à voz e ao baixo. Logo após o *"silenciosa highway"*, Augusto cria uma divisão diferente na guitarra, produzindo uma textura especial em contraponto à voz. Isso eventualmente foi ficando mais nítido ao vivo, com baixo sem palheta e com outra amplificação de guitarra.

---

111 As guitarras Stratocaster não combinavam o som de seus captadores. Para conseguir isso, guitarristas deixavam a chave seletora a meio caminho entre duas posições. A Fender então aumentou a chave de 3 para 5 posições, para combinações, e inverteu fiações para minimizar o ruído dos captadores single-coil, resultando num som anasalado que passou a distinguir o instrumento de outros modelos. Na sua "Super Sonic", a Giannini juntou a forma da Jazzmaster com a eletrônica da Stratocaster, combinando captadores numa chave liga-desliga.

Outro destaque de "Infinita" é a introdução. Vários sites e revistas a elegeram como um dos 10 melhores *riffs*[112] do rock nacional. Era ponto alto nos shows, nos primeiros acordes a plateia já a identificava. Para sua criação, Augusto partiu da linha do baixo e foi desenvolvendo com o tempo. Na introdução foi adicionado o som de um veículo passando em alta velocidade, de um disco de efeitos sonoros.

Guitarras limpas também foram usadas em "Terra de Gigantes", "Desde Aquele Dia" e "Guardas da Fronteira". Em "Desde Aquele Dia", Augusto passou a Roland pela caixa Leslie, técnica consagrada por George Harrison. Para "Guardas da Fronteira" Augusto convidou Júlio Reny, o "Lou Reed dos pampas", que embora transitasse na turma do Bom Fim, era uma espécie de "padrinho" dos Engenheiros do Hawaii. Júlio aceitou, entendendo como uma retribuição à ajuda que tinha dado no início da banda. Sem nunca ter saído do Rio Grande do Sul, pegou um avião e desembarcou em Congonhas. Augusto estava no hotel quando tocou o telefone. Era Júlio, ainda no aeroporto, sem saber o que fazer, não tinha ninguém o esperando. Augusto foi no mesmo instante até Congonhas e o trouxe até o estúdio. Quando avisou Humberto e Carlos no hotel, houve um momento de silêncio. Humberto levantou-se dizendo "deixa que eu resolvo isso". Humberto e Júlio dividiram o vocal em "Guardas da Fronteira". Augusto fez o *riff* do final da música puxando juntas as cordas 1ª e 2ª da guitarra Roland, tocadas como se fossem uma só. Era uma variação de um truque que soava parecido com berimbau invertendo-se cordas.

Em duas músicas Augusto usou duas guitarras e dois amplificadores diferentes: "Além dos Outdoors" e "Refrão de Bolero", em cujos

---

112 Progressões repetidas numa música, com acordes ou notas, técnica muito comum em guitarra. Curiosamente, um dos *riffs* mais famosos da história do rock foi tocado sorrateiramente num órgão Hammond por Al Kooper em "Like a Rolling Stone", de Bob Dylan.

solos usou a Les Paul num Marshall alugado.[113] Apenas nesses solos ele usou palheta.

Em "Filmes de Guerra, Canções de Amor", Augusto usou direto a Roland com o captador mais grave ligada no Marshall e fez o solo sobre uma bateria de escola de samba. "Refrão de Bolero" tem uma pegada diferente das demais do disco. Na introdução, Augusto faz nota a nota o contraponto, acionando o botão de volume da guitarra Roland para frear o ataque (início) das notas. Com a mesma guitarra, na parte cantada, faz uma sequência percussiva colada na marcação da bateria, abafando as cordas. Na versão do disco, entra um *riff* repetido de baixo, seguido por uma bateria que altera a sensação da canção. Depois um solo de guitarra para ninguém colocar defeito ou "um solo heroico de guitarra (à la Zepp)", como diz o folder de divulgação do disco. Ao ouvir, parecia que estava faltando algo na música, um vazio. Augusto pegou a guitarra e a colocou bem de frente ao amplificador Marshall, que estava no volume máximo, gerando uma microfonia proposital e harmônica. O som, ou ruído, era controlado afastando e aproximando a guitarra do amplificador. A microfonia permanece durante os quatro minutos e 34 segundos de duração da música. Este mesmo efeito também está presente no início de "Filmes de Guerra".

"Terra de Gigantes" ainda causa calafrios em Reinaldo Barriga quando lembra dela. São duas guitarras na música: a de Humberto e a Roland G-505 de Augustinho, usando dois amplificadores Fender Twin Reverb (um seu e o outro alugado). É fácil identificar cada uma delas: na mixagem, o som da guitarra de Humberto, que gravou primeiro, fica na saída de áudio esquerda, e a de Augusto na direita. O guitarrista criou uma introdução que à distância é fácil de identificar.

---

113 Amplificadores criados por Jim Marshall tornaram-se padrão para sons distorcidos de guitarra. Menos eficientes que os Fender, distorciam mais. Jim teria improvisado uma válvula EL34 para substituir uma original queimada e percebeu que o som mudava drasticamente.

Nos shows, as primeiras notas do solo, assim como a introdução de "Infinita Highway", levava o público presente ao delírio, no melhor sentido da palavra. Na gravação, durante a música, Augusto vai fazendo contraponto à guitarra de Humberto, como se procurasse um novo caminho de notas. Cada um segue uma linha melódica diferente.

À tona com seu perfeccionismo, Augusto se autodesafiou no solo de "Terra". Terminava, pensava um pouco e insatisfeito soltava:

— Reinaldo, deixa eu fazer a boa?

— Cara, essa aí já está boa!

— Não. Mais uma vez, deixa eu fazer a boa?!

"Fazer a boa" significa repetir, na esperança de que fique melhor. Para Reinaldo, cada tentativa de Augusto já era boa, não iria melhorar, mas o guitarrista percebia sutilezas. Nas duas primeiras vezes Reinaldo aceitou. Na terceira, já com a paciência em níveis baixos, respondeu: "Não, no próximo disco você faz a boa". Augusto insistiu mais um pouco.

Estamos falando do ano de 1987, e de uma mesa do início dos 70. Digital, *bits*, *gigabytes* eram palavras desconhecidas. As gravações ficavam registradas em uma fita-rolo de 16 canais, sobravam poucos canais para repetições a não ser apagando alguma coisa. Reinaldo reservou três canais para *takes* de guitarra, na ideia de poder consertar alguma com trecho de outra. Diferente de hoje, quando o computador facilita tudo, era difícil editar naquela época. Numa sessão, Reinaldo pediu a Augusto para dobrar (gravar igual numa pista separada). Augusto não gostava de dobrar, sugeriu deixar só uma guitarra."Vão as duas guitarras, não vai só uma!", respondeu de forma enfática Reinaldo, enquanto abria os dois canais e passava as duas de uma vez só.

O que o produtor expressava era falta de paciência. Mas a atitude tinha outra motivação: experimentação. Ele mesmo mal sabia o que estava fazendo e atribuiu a essa ingenuidade o bom resultado final.

Houve outro "sem querer" em "Terra de Gigantes". Ao final da música, quando é cantado *"Hei, mãe"*, Humberto queria que colocasse um *reverb*, como se a voz estivesse se aprofundando em uma caverna. Mas Reinaldo entendeu diferente e usou um *delay*, para sobrepor repetições de *"Hei, mãe"*. Humberto gostou, e convidou Reinaldo para tocar uma linha de baixo após a virada da bateria, reforçada na sexta corda de um violão. Não foi à toa o cuidado com essa música. O produtor acreditava que tinha todo potencial para ser um *hit*.

A gravação de uma música só começava depois que a anterior fosse finalizada. Nessa sistemática, cada vez que uma faixa ficava pronta era motivo para comemorar com cerveja no Biroska, um boteco próximo. Dificilmente Augusto participava, em vez de beber cerveja preferia voltar ao hotel e concentrar energias na música seguinte. Sem saber disso, Reinaldo temia que Augusto estivesse se isolando devido à pressão que colocava no guitarrista durante as sessões. Algumas vezes, porém, foi prestigiar quando jogavam sinuca. Ele não jogava nada, nem se ligava muito, mas às vezes acontecia um fenômeno interessante: quando era sua vez na mesa, mentalizava a geometria de quando jogava futebol de mesa, como se as bolas fossem botão e bolinha, e o taco fosse a "ficha". Com confiança, a tacada saía forte fazendo barulho, e a bola era encaçapada direto, "sem cuspe", para desânimo de uns e outros reclamando "assim não dá...". Quando a tacada voltou a acontecer, com a mesma eficiência, alguém lançou: "Jogada Augusto Licks".

Reinaldo Barriga precisou usar habilidade para acalmar a ansiedade da RCA em relação ao novo disco. Numa segunda-feira, em uma reunião no Rio, foi puxando conversa enquanto mostrava algumas faixas. "Terra de Gigantes" e "Infinita Highway" logo agradaram, mas os mais de seis minutos da segunda eram vistos como obstáculo para tocar nas rádios. Reinaldo resolveu citando o sucesso de "Eduardo e Mônica", da Legião Urbana. Mesmo assim a gravadora queria que cortasse, o que a banda não aceitou. Em relação a "Terra de Gigantes", o diretor artístico queria bateria em toda a música, mas Carlos Maltz limitou-se a executar uma virada. O produtor "empurrou com a barriga": enviou cópia da gravação direto para o departamento de Marketing, que não se importava se tivesse bateria ou não. Passou algum tempo e a música começou a tocar nas rádios como estava.

Era evidente que ali estava surgindo um "novo" Engenheiros do Hawaii. Quem esperava uma continuidade do primeiro disco foi pego de surpresa. A capa do disco era diferente, com engrenagens e divisões simétricas em nove quadrados, além de letras na capa (muitos pensavam que era o encarte), com arte desenvolvida por Carlos Maltz.[114] Além disso, o guitarrista do disco anterior agora era baixista, havia um novo integrante que tocava guitarra e a sonoridade era *folk*, crua e rústica, ou seja, os ingredientes do velho e bom rock'n'roll. Humberto brincava com Augusto dizendo que se ele tivesse gravado as guitarras o disco venderia muito mais, mas a banda terminaria no dia seguinte porque as guitarras de Augusto trouxeram uma transcendência que as dele não trariam. Aliás, em uma entrevista, Humberto disse que a intenção era essa mesmo, terminar a banda depois da gravação do disco. Faltou combinar com Augusto.

Ouvindo o disco pronto, faixa a faixa, Reinaldo Barriga se satisfazia a cada acorde tocado, a cada sílaba cantada. Um dos técnicos comentou: "Que guitarra, que guitarra!". Ouvindo isso, o produtor teve a certeza de que Augusto fez a diferença. Queria que ele estivesse ali naquele momento para dizer: "Você é um cara que, realmente, foi fundamental em tudo. Você emprestou seu talento e todos se beneficiaram". A desconfiança do primeiro encontro deu espaço à satisfação de tê-lo produzido. Com a correria da gravação, não conseguiu se despedir do guitarrista. Reinaldo queria pedir des-

---

114 As fotos foram feitas por Eurico Salis, usando a mesma paisagem utilizada no disco anterior, o *Longe Demais das Capitais*.

culpas a Augusto pela forte pressão que fez naquele julho de 1987. Entretanto, nunca mais o encontrou.

CAINDO NA ESTRADA

Com *A Revolta dos Dândis* gravado, o próximo passo foi botar a banda na estrada e ver até quando o motor aguentaria! Enquanto o disco era mixado, os Engenheiros aproveitaram os estúdios da RCA para ensaiar, desta vez para shows, que começavam a aparecer na agenda. Tocar para a gravação de um disco é diferente de tocar em um show, principalmente da forma como foi gravado o disco *A Revolta dos Dândis*. Se nas gravações tudo soava perfeito, o mesmo não estava acontecendo no ensaio, o que começava a criar tensão no grupo. Para Humberto, tocar baixo era uma novidade, ele ainda não tinha intimidade com o instrumento. Augusto, por sua vez, tinha intimidade até demais, mas entrara na banda numa engrenada minimalista, procurando evitar excessos, em busca de uma sonoridade mais genuína. Não costumava tocar mais que duas ou três cordas ao mesmo tempo, como fez em grande parte das músicas do disco. Só que aquela economia, somada às limitações do novo baixista, não iria funcionar ao vivo, pois entrava na contramão da formação "trio", já esvaziada sonoramente e sem excessos a remover. Era hora de inverter a marcha e encher em vez de esvaziar, o que talvez já estivesse claro para os dois colegas, mas ainda não para o recém--chegado, pois ainda não tivera o "batismo" de um show na banda. Conversar sobre aquilo se revelou tarefa nada fácil.

Certa vez, no estúdio da RCA, em um dos primeiros ensaios, insatisfeito com o som da banda, Humberto explodiu a reclamar do ensaio e esbravejou para cima de Augusto. Ainda no espírito que compartilhou com Nei Lisboa durante anos, Augusto pensou e depois sugeriu que procurassem se fazer entender:

```
AGENDA DIVULGAÇÃO SÃO PAULO
    ENGENHEIROS DO HAWAII
       P R O J E T O  S P

Dia 19 - Segunda - 12:00hs Embarque Engenheiros Aeroporto
                           Santos Dumont.
                           Hotel Eldorado Higienópolis
                           Tel.: 011 222.3422
                           Diária no hotel Ncz$35,00 + Lavanderia


                    19:00hs Programa Osmar Santos - "Nunca se Sabe"
                            Play-Back
Dia 20 - Terça    -
                    14:30hs Rádio Transamérica (no ar - inserção)


Dia 21 - Quarta  - 11 às 13:00hs - Imprensa no Hotel
                   15:00hs Mulher 90 - Entrevista e
                   16:00hs TV Gazeta Clip Trip - Entrevista e clip

                   17:30hs Rádio Cidade / Especial das 18às 19:00hs
                           Entrevista
                   19:30hs TV Mix - TV Gazeta
                   23:00hs Metrópolis  (a confirmar)
Dia 22 - Quinta    11:00hs 89 FM (no ar)
                   12:00hs Brasil 2000 FM (no ar)
                   16:00hs Flash - Amaury Jr TV Ban / Entrevista
                   17:00hs Viva a Noite - Play-Back
Dia 23 - Sexta     12:00hs Troca de hotel para o Hilton tel:2560033

                   16:30hs Jornalismo TV Globo / SBT / Manchete
                   20:00hs Ensaio Projeto SP
```

As agendas de shows e compromissos com a imprensa eram enviadas pela Showbras por fax. Reprodução do acervo pessoal de Augusto Licks.

– Vamos ser amigos, vamos nos ajudar.

– Eu não posso ter amigos – respondeu Humberto, dando fim à reunião.

E assim foi. Com dificuldade para entender, Augusto teve que aceitar que não estaria entre amigos na banda na qual entrara, tendo abandonado seus outros projetos. O disco precisava ser gravado, não dava para desistir, era mais um desafio a encarar.

Aquela conversa apenas deixou claro para Augusto o "terreno em que podia pisar". A relação entre os três, desde o início, foi de companheiros de banda. E só. Nada de amizade. Nada de tomar cafezinho na casa do outro nos finais de semana. Muitas conversas, sim, mas sempre relacionadas ao trabalho, lê-se banda. E isso nunca ficou escondido. Em matéria publicada na revista Carícia, no lançamento do disco *GL&M*, em 1992, Malu Maia perguntou sobre o relacionamento entre eles e cada um deu sua visão. Humberto: *"Claro que temos diferenças: o Carlos é a pessoa mais cheia de certezas que existe, já o Augusto é um monte de incertezas... Dessa tensão é que sai o som dos Engenheiros"*. Carlos: *"Tenho uma relação de amor e ódio com eles porque faço tudo por eles. Isso é assim no palco, porque fora dos shows existe uma certa tensão entre a gente"*. Augusto: *"As pessoas pensam que os caras da mesma banda pensam igual, gostam das mesmas coisas, como se fosse uma tribo. Somos, digamos, quatro pessoas: o Carlos Maltz, o Humberto Gessinger, o Augusto Licks e os Engenheiros do Hawaii"*. Em uma das primeiras entrevistas desta formação, Humberto falava algumas de um jornalista, e Augusto, que conhecia o entrevistador, reclamou que certas coisas deveriam ser ditas na frente da pessoa. "Como é que tu me joga isso na cara?", explodiu em resposta.

O primeiro show dos Engenheiros do Hawaii na formação Humberto Gessinger, Augusto Licks e Carlos Maltz foi no dia 12 de setembro de 1987, na cidade de Joinville, em Santa Catarina. Ainda não havia músicas do disco *A Revolta dos Dândis* tocando nas rádios.

Somente no dia 28 de setembro as emissoras receberiam o primeiro *single*, "A Revolta dos Dândis I". Os Engenheiros do Hawaii que o público esperava eram os do *Longe Demais das Capitais*. A guitarra de Augusto soava bem diferente da guitarra que Humberto fez no primeiro disco. Ainda era uma guitarra vazia que foi se adaptando show a show. A notícia de um novo integrante ainda estava restrita a Porto Alegre e na gravadora. Tudo isso contribuía para um show ruim... e foi. O ginásio era grande, com um equipamento de som no limite e no palco um trio nos primeiros passos. Foi uma noite para se esquecer.

Em outras palavras: a transposição do disco *A Revolta dos Dândis* para o palco não foi nada fácil. A banda deixara de ter um guitarrista que se movimentava em palco (agora era o baixista que fazia isso) e passara a ter um guitarrista remanescente de um jeito à la Clapton, em que o "movimento" não era visual e sim sonoro, vinha das notas que produzia e não do corpo. Para piorar, no show de lançamento do disco em Porto Alegre, nem o novo baixista se movimentava, a ideia de tocar no Teatro Presidente foi um tiro no pé: a plateia sentada e contemplativa não combinava com um show de rock, o que gerou um clima frio e apático refletindo na banda. Era em cima do palco que as diferenças na nova formação começavam a aparecer.

Os ensaios, ainda na casa dos pais do baterista, a cada dia ficavam mais tensos. Humberto e Carlos costumavam ir com a equipe técnica até a pracinha próxima, onde as conversas misturavam gozações e discussões, talvez até fofocas e conspirações. Numa dessas, Augusto chegou e o grupo ficou em silêncio. Quis saber o que estava acontecendo e começou uma conversa pouco amigável com Maltz, que disse que a banda não acabaria se Augusto saísse. O guitarrista retrucou:

– Vou dizer uma coisa para ti. Para essa banda decolar acho importante começar a tocar melhor bateria, pois tu não consegue nem segurar o andamento de uma música.

Com muitas dúvidas por todos os lados, assim se seguiram os ensaios, acompanhados de tensão e muita música. A cada dia parecia mais difícil Augusto entrar de fato na banda. Gente da equipe técnica já saía espalhando que ele "não tinha o perfil" de Engenheiro do Hawaii.

Augusto teve que se reinventar, abrindo mão de purezas do disco *A Revolta dos Dândis* em troca de uma guitarra mais básica e funcional, para atender o trio ao vivo. Uma das mudanças foi em relação à palheta, que praticamente não usava. A técnica de mão direita que aprendera do irmão Rogério ao violão lhe permitia nuances que não eram possíveis com uma palheta: as unhas eram várias palhetas, uma em cada dedo. Tanto é que suas guitarras não tinham *pickguard*, uma proteção acrílica que fica abaixo das cordas. Com o rigor dos shows, passou a usar mais a palheta convencional, pois as unhas quebravam. Grudava várias delas nas guitarras, usando uma dobra de fita crepe.

O estilo "parado" no palco, herança setentista, também incomodava. Humberto não conseguia fazer sugestões diretamente ao guitarrista, então Carlos agia como mensageiro para falar a Augustinho o que "não estava legal". Foi pedido a ele que se movimentasse mais, andasse de um lado para outro. E foi o que ele fez, mas não deu certo. Augusto não tinha habilidade ou trejeitos de *rock star*. Não demorou para que pedissem que voltasse a ficar parado. Chegou-se a pedir a Augusto para tocar sentado, à la Robert Fripp, e assim ele fez em um show. Também não ficou bom. O que se pedia, ele fazia.

Na turnê *Infinita Tour*, Augusto usava as guitarras Roland e Les Paul. Também tocava um DX 100, pequeno teclado da Yamaha que o sobrinho Otto tinha recebido numa troca pelo Ensoniq Mirage com Torcuato, guitarrista amigo do tio. Augusto usaria o tecladinho emprestado em momentos específicos, substituindo momentaneamente a guitarra. Aqueles primeiros tempos tocando nos Engenheiros do Hawaii permitiram a Augusto entender com mais clareza a natureza sonora do rock dos anos 80, uma coisa que já intuía desde a época em que tocava com Nei Lisboa e que depois foi confirmando no convívio com bandas gaúchas em shows e gravações de estúdio, e finalmente em viagens onde também estavam outras bandas, como a brasiliense Plebe Rude, liderada por Philippe Seabra. Existia uma dualidade na música internacional dos 80: de um lado, uma mistura de pop com rock tradicional inflado em arenas, e de outro uma corrente oposta baseada no movimento "punk", com uma atitude DIY (*do it yourself*, faça você mesmo). Uma das coisas que diferenciava as duas correntes era em relação ao uso de tecnologia na música.

Para Augusto, a atitude das novas bandas surgia como uma saudável confirmação do "canto de sereia" tecnológico que já vinha detectando. Só que ele não era punk ou coisa parecida, não tinha a opção de simplesmente rejeitar tecnologia, pois já tinha aprendido muito no seu próprio processo pessoal. Então para Augusto não se tratava mais de evitar "canto de sereia", e sim a frase da esfinge: "Decifra-me, ou te devoro!" Não teve escolha senão percorrer o caminho mais difícil: para sobreviver à tecnologia, teria que usá-la. Embrenhava-se então a conhecer e estudar profundamente equipamentos, lia manuais e artigos de revistas sobre música eletrônica, tudo em inglês, na tentativa de "exorcizar" os aspectos mercadológicos, os falsos brilhos. Buscava assim reciclar algum pouco que restava, que permitisse produzir sons que sobrevivessem como afirmações musicais. Seria importante para os Engenheiros, pois não eram uma simples "banda de garagem", como ficaria evidente nos tempos que se seguiram.

*Teclado de mão, teclado de pé, violão de 12 cordas fixo na estante e pedaleiras: cores múltiplas de uma aquarela sonora.
Foto acervo pessoal de Augusto Licks.*

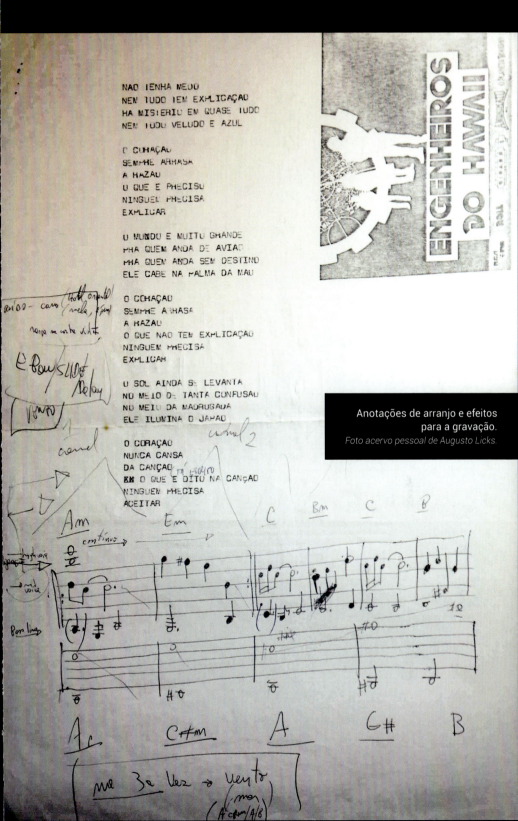

Anotações de arranjo e efeitos para a gravação.
Foto acervo pessoal de Augusto Licks.

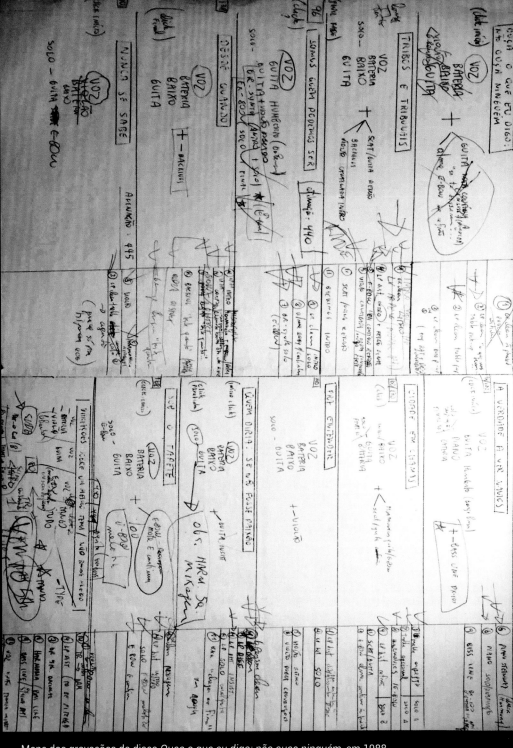

Mapa das gravações do disco *Ouça o que eu digo: não ouça ninguém*, em 1988.

Anotações musicais e técnicas para setlist da tour GLM.
Foto acervo pessoal de Augusto Licks.

Show no Palace, em julho de 1992, na tour do *Várias Variáveis*.
Foto Margareth Gouveia.

A "parede" da frente na tour do disco *GL&M*.
Foto acervo pessoal de Augusto Licks.

Show em Nagoya, 1993. A correia na guitarra Klein foi um presente de fãs que moravam no Japão.
Foto acervo pessoal de Augusto Licks.

Encontro com fãs na passagem dos Engenheiros pelo Japão, em 1993.
Foto acervo pessoal de Augusto Licks.

Carta gigantesca destinada ao guitarrista e com o pedido: "Responde, tá".
Foto acervo pessoal de Augusto Licks

Disco de Ouro pelo *Várias Variáveis*, lançado em 1991.
Foto acervo pessoal de Augusto Licks.

No showroom da Gibson em NY, testando o modelo L-5 antes das gravações do *Filmes de Guerra, Canções de Amor*.
Foto acervo pessoal de Augusto Licks.

- pedaleira standby (ou rack-bag : octopus+ midi ex+analog fx switchable)

(igualar volumes Klein = Branca (Nady)
GTR CHECK : 1.Cream:vol+eq power tool/ 2.MkIII:timbre base+drive/ 3.Volume Solo
Cream/ 4.volume MkIII:power tool/ 5.Prata: igualar níveis#41=#31/ 6.volume/eq Prata:
BossGráfico/ 7. Gibson: Boss Graphic/ 9. Harmonica   (check p/ música)
double - meck -o program sl gráfico

caso não funcione a abacus = chicote p/ trazer pedais ao chãoMk III (+ 2 ftswtch)
Rat + PdVol+ Phase+Chorus+Delay+Graphic+Microverb (tudo em série# 61 matrix)

ermê / márcia magalhães/Montenegro.   - ears/ rack adpt
                                       - PK-5 (Humberto)
                                       (- TU-50)

MANUTENÇÃO :
- CORDAS 008
- ~~MIDIMATRIX~~
- ESPUMA / RACK / CAMINHÃO
- 1 CABO "Y" 1m e 1/2 + 2 de 1 m
- cordas 011 para guitarra (3a.desemcapada)

VAI PRA MINHA CASA :
~~klesis Compressor (RANE)~~ Labos Y !

ROTEIRO (BÁSICO) :
CONTA E ATIRA
1- ~~(CONTA E ATIRA)~~ (*klein*)
2- ~~(parabólica)~~CHUVA DE CONTAINERS PK-5
- OUÇA O QUE EU DIGO (intro Somos)
3- ATÉ QUANDO (dinâmica) PK-5 (Rush)
+ 4- NAU   PK-5 (1a cabeça 2 x e muta)
+ 5- HERDEIRO (base antiga) PK-5 (baixada do final F#,B,E,A)   *Refrão : Io.w/la*
6- CRONICA   single-coil drive(saída refrão 1+2) PK-5 (F# A B F#) (final : special)   *sl fix*
7- PAPA (capo)   PK-5 (D,G,F,E,D)

(*praticável*)
....(*gaita*)
9- QUANTO VALE A VIDA ? (Revolta?)
....(*gibson*)
10- PARABÓLICA (raspa-raspa) (solo dobrando cordas) *niño → PROEFFUCITOR / sai junto c/ chorus*
11- (ALÉM DOS OUT-DOORS)
....(*prata*)
11- MAPAS DO ACASO #48 pdVol/arpeggio PK-5 solo+final treinar arp c/ pk-5
12- PRA SER SINCERO drive + pk-5 BG BG BG BGA (muta no B)final blues?   *PK-5 na volta instrum.*
13- REALIDADE VIRTUAL   PK-5 baixo (treinar pedal: A-AG#...)(1o solo) (final)
14- ANDO SÓ ataca só no solo junto com PK-5 (treinar gtr+pk-5)
15- EXÉRCITO I & II   (MkIII crunch)#40 PK-5 na cabeça(2 rodadas em E e começa)
16- MUROS & GRADES   PK-5 baixada special final (F#,A#,B,G#)
17- NINGUÉM = NINGUÉM (SLIDE) PK-5 baixada final (F#,A,D,A)

==

TODA FORMA
INFINITA
GAROTO .... Mk III crunch
PIANO-BAR
REFRÃO   - *REALIDADE c/ GAITA*
             - *1? SOLO (SLIDE)*
             - *2? solo em cima to sample*
             - *... pessoal ... la 2x*

             - *DELAY FX EXÉRCITO II*

                solo muros

Anotações da última tour de Augusto nos Engenheiros do Hawaii, em 1993.
Foto acervo pessoal de Augusto Licks.

Show em Nagoya, em 1993.
Foto acervo pessoal de Augusto Licks.

Herbert Vianna e Licks, Rio de Janeiro.
Foto acervo pessoal de Augusto Licks.

Cerimônia de casamento de Augusto e Márcia, no dia 9 de maio de 1998, em Curitiba. Os pais de Márcia e a mãe e o irmão Afonso foram os padrinhos.
Foto acervo pessoal de Augusto Licks.

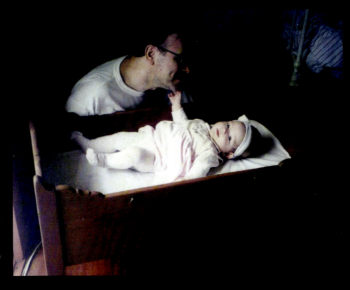

Laura no mesmo berço de madeira que o pai usou.
Foto acervo pessoal de Augusto Licks.

A filha Laura canta acompanhada do pai, da professora Paulinha e do amigo Eduardo.
Foto acervo pessoal de Augusto Licks.

Primeira apresentação pública de Rogério e Augusto, em abril de 2017, sala de Música do Theatro São Pedro, em Porto Alegre, como parte do Projeto Évora.
Foto Fernando Ferreira Estigarribia

CLARK KENT ÀS AVESSAS

Se por um lado os Engenheiros procuravam se resolver ao vivo, por outro o trabalho de estúdio já frutificava. Com *A Revolta dos Dândis* chegando nas lojas, a mídia abria espaço para a banda. Desde o primeiro disco já existiam críticas, mas neste segundo não eram muito ferrenhas. O resultado de usar ao mínimo os recursos de estúdio resultou em um disco que por vezes soa vazio, com o nível dos instrumentos às vezes desequilibrado, mas com momentos que até o clube de opinadores não conseguiu execrar. A revista Bizz até escolheu Augusto como terceiro melhor guitarrista daquele ano. O colunista Marcel Plasse escreve sobre o disco: *"A saída do baixista e a entrada de um novo guitarrista (Augusto Licks, ex-integrante da banda de Nei Lisboa) acabaram facilitando o resultado enxuto deste mix cultural, ao mesmo tempo rico e pop para as pistas de dança".*

Além do novo disco, também a nova formação era assunto nas entrevistas. Sônia Maia, que visitou as gravações e foi quem levou Júlio Reny de volta ao aeroporto, escreveu matéria de quatro páginas na Bizz. De Augusto, a jornalista conseguiu extrair poucas palavras: *"Eu estava olhando para um lado e me deram uma porrada na cara e eu acabei olhando para o outro lado. Tem todo um processo pessoal e, também, um lance de atitude. Já me chamaram de melhor guitarrista, um cara de formação jazzista e, de repente, estou numa banda de rock. Estou numa parada mais limitada e esses limites, contraditoriamente, me livraram de um aprisionamento".* Na revista Roll, uma única declaração do novo integrante: *"A minha entrada não foi em função do fato de ter saído um instrumentista e ter que se contratar outro, foi o resultado de uma empatia, de uma coisa de cabeça e coração".*

Na entrevista para Gilmar Eitelvein, de Zero Hora, o pouco que falou gerou reações internas. Perguntado se a banda continuava pagando multa à Ordem dos Músicos do Brasil (OMB) em cada show,

Augusto respondeu: *"Esses dois (referindo-se a Humberto e Carlos) não são músicos, eu sou o único músico da banda, com carteirinha. E, no entanto, no dia em que acabar a banda eu vou tocar num bar. Acho que tem que haver uma distinção"*. Da forma como foi escrita, dava a impressão que Augusto defendia a carteirinha da OMB, o que não aconteceu. Tempos depois, Augusto esclareceria a Marcel Plasse, da Bizz: *"Eu sou realmente o único músico da banda, mas isso não acrescenta ou diminui nada na história da banda. Ser músico é ser técnico de um instrumento. Ser banda é ter três existências em conflito pra produzir alguma coisa, um risco total. Eu sempre quis tocar em uma banda"*.

Comparada com as turnês dos anos seguintes, a *Infinita Tour* teve poucos shows. Mesmo assim, eles foram fundamentais para a construção da nova banda ao vivo. A cada apresentação, Augusto assimilava melhor o clima que uma banda de rock oitentista pedia e Humberto desenvolvia maior familiaridade com o baixo. O som vazio daquela primeira apresentação, em Joinville, já cedera lugar a um guitarrista mais presente, que usava distorção em vários momentos sem deixar de lado a própria forma de tocar.

Os shows do Teatro Ipanema, no Rio de Janeiro, nos dias 2 e 3 de março de 1988, foram a prova de que a banda soava diferente e se mostrava integrada no palco. Manolo Gutierrez escreveu para a revista Roll: *"O que espantou foi a incrível intimidade com que Humberto Gessinger, Augusto Licks e Carlos Maltz tratam seus respectivos instrumentos. Um power trio de mão cheia, tchê!"*. Na Bizz, Sônia Maia destacou: *"O novo integrante, Augusto Licks, que a princípio trouxe preocupação por sua forte ligação com o 'popular' e o blues – meio distante, portanto, do rock cru – dissipou todas as dúvidas nesse coeso e forte show bem no centro de uma das capitais: o Rio de Janeiro. Após vários shows pelos interiores afora, Augusto assimilou, via energia da plateia, como debulhar a guitarra sem prejudicar seu estilo – melodioso e repleto de sutilezas"*.

Outra apresentação importante aconteceu no mesmo mês de março, dia 25, no Auditório Araújo Vianna, do Parque da Redenção em Porto Alegre. Produzido por Mauro Borba e Marta Peliçoli, sua namorada na época, o show foi importante não tanto pela sonoridade dos Engenheiros, que já estava cada vez melhor, mas pelo "novo" guitarrista que se apresentou.

Cansado de críticas sobre seu visual, Augusto foi atrás de mudanças para resolver o problema e se concentrar apenas em tocar. Certa vez ouviu falar de um esteticista de Porto Alegre, R. Felix, que havia escrito um livro criticando as óticas tradicionais. O fato de ser "contra" já chamou a atenção de Augusto, que então o procurou para que sugerisse alguma nova armação. A que usava era tão fina que dava a impressão de nem estar de óculos. Felix disse que não sabia se poderia ajudá-lo, mas ficou de pensar em alguma coisa. Dias depois ligou, tinha algo para mostrar. Chegando ao local, Augusto encontrou Felix segurando na mão uns óculos grandes, de armação preta, parecida com a de Clark Kent, o Superman. Augusto experimentou, não gostou muito, mas resolveu testar. Também foi até a Galeria do Rosário, no Centro de Porto Alegre, e comprou um pote de gel de algas.

Depois da passagem de som no Araújo Vianna, na época ainda sem cobertura, procurou em casa uma roupa que se encaixasse no que estava pensando. Nada achou no seu guarda-roupa. Foi até o de Mauro Borba, com quem dividia a casa, e pegou emprestada uma camisa branca social. Colocou o cabelo para trás, exagerou no gel para fixá-lo, calçou sapatos pretos, calça jeans, fechou a camisa até o último botão no pescoço e também os botões dos punhos. No espelho viu um professor, um intelectual, um *nerd*, mas não um guitarrista de banda de rock. Era por aí. De volta ao Araújo, quase na hora do show, foi direto ao camarim. Ao entrar, todos os olhares se voltaram para ele, permaneceu um silêncio no local, que foi interrompido com um "ficou do caralho, Augustinho".

Era comum os integrantes das bandas de rock se vestirem como *punks*, ou *new waves*, cabelos raspados nas laterais, alguns com cabelos para cima, calças rasgadas. Augustinho estava contra o "manual". À primeira vista parecia estranho um guitarrista com cara de Clark Kent e ao lado um baixista com cabelos compridos, que balançavam constantemente no ritmo de uma bateria guiada por outro cabeludo. Mas era justamente esse estranhamento que completava um ao outro no palco.

Após alguns shows, Augusto chegou a ouvir depoimentos de fãs usuários de óculos, agradecidos por ele também usar, o que segundo eles ajudava a minimizar a discriminação que sofriam. Junto com Herbert Vianna, o guitarrista funcionava como uma referência--socorro para quem precisava de óculos.

Augusto assume um personagem em cima dos palcos no momento em que sua guitarra se adapta ao formato trio. Criou uma identidade que o tornou conhecido em todo o Brasil. O novo visual também trazia outra vantagem. Quando tirava os óculos e não colocava gel nos cabelos, dificilmente alguém o reconhecia. Dessa forma, poderia circular em lugares públicos sem ser abordado por fãs, o que já estava começando a acontecer. Um Clark Kent às avessas.

Só não passava despercebido pela gente próxima à banda. Certa vez entrou num supermercado e percebeu a presença de dois integrantes da equipe técnica. Fingiu não os ver, mas ouviu que cochichavam. Ao chegar no ensaio, mais cochichos, e era óbvio o motivo: ter sido visto no mercado. Qual seria a preocupação? Talvez achassem que roqueiro tinha que preservar uma imagem de *rock star*. Era mais existencialista do que aquilo, não abriria mão da pessoa que era em favor de imagem.

Augusto sempre procurou preservar seu lado pessoal simples, sem afetações, nem carteiraços ou atitudes de estrelismo. Com a exposição na mídia, não demorou a perceber que quase todas as pessoas se alteravam na sua presença. Assim, determinou-se en-

*Quase 20 anos depois, novamente no Greenwich Village.
Foto acervo pessoal de Augusto Licks.*

tão a nunca se deixar alterar pela fama. Em Nova York, para onde ia com certa frequência, o anonimato era garantido... ou quase isso. Às vezes no metrô algumas pessoas olhavam e ficavam cochichando, provavelmente eram brasileiros que o reconheciam (ou ficavam em dúvida se realmente seria o guitarrista dos Engenheiros do Hawaii). Certa vez, no início dos anos 90, Augusto foi com o amigo Jon Rosch a um restaurante grande na rua 57, onde ele tocava às vezes. Ao passarem pela porta giratória Jon cumprimentou, com seu jeito piadista, o conhecido porteiro, mas notou que ele não lhe devolvera o sorriso habitual, parecia tenso. Perguntou então se estava tudo bem, se tinha algum problema no restaurante, e ouviu em resposta:

– *The guy on your side is veeery famous...* (O cara ao seu lado é muuuito famoso).

– *Who, this one here?* (Quem, esse aqui?), respondeu Jon, indicando Augusto, e prosseguiu, agora olhando para o amigo:

– *Why didn't you say so, you...* (Por que não me contou isso, seu...).

Por volta de 92, Augusto e a namorada Márcia estavam no mezanino de um shopping de Curitiba, junto à mureta, observando uma performance cênica que acontecia embaixo. Perceberam que, à direita, um sujeito ficava olhando de vez em quando. De repente ele se aproxima e comenta: "Mas... é extraordinária a semelhança com aquele guitarrista...". Não termina a frase, aí para pra pensar um pouco e se afasta dizendo: "Não, não, ele é mais careca".

Muito tempo depois, já nos anos 2000, Augusto estava em Porto Alegre e levou o cunhado Pedro para experimentar um cachorro-quente, uma das especialidades gastronômicas da capital gaúcha. O trailer era de um tal Hélio, em frente ao bar Opinião, esquina da rua Joaquim Nabuco, onde tinha morado até o início dos 80. Enquanto linguiças e salsichas cozinhavam, Augusto ficou intrigado observando o dono do negócio: "Cara, eu te conheço de algum lugar", arriscou. Hélio parou, ouviu e sacudiu a cabeça de lado a lado negativamente. O freguês não se deu por vencido: "Lembrei! Eu morava nessa rua ali e tu tinha uma mercearia embaixo, no térreo". Hélio, secando um copo, olhou e de novo sacudiu a cabeça de forma negativa. Terceira tentativa de Augusto: "Eu tinha uma motinho vermelha, uma vez esqueci na rua e foi toda depenada". Hélio, secando outro copo, sacudiu de novo a cabeça e com ar de indiferença mandou: "Só quem tinha moto vermelha era o Augustinho, dos Engenheiros do Hawaii". Foi o pontapé inicial para que Hélio desatasse a relatar os assuntos da vizinhança, onde andava o cartunista Santiago, o Thedy Corrêa, do Nenhum de Nós, que morava na outra quadra, o vizinho que enchia o saco quando tinha ensaio com Nei e Boina e assim por diante.

MAIS QUE UMA ALTERNATIVA

Voltando a 1988... Talvez algum tipo de preocupação justificasse mesmo aqueles cochichos no supermercado, afinal a quantidade de shows já no início daquele ano trazia uma situação para a qual não estava muito preparado. Agora ele não era mais músico de apoio e sim parte integrante de uma imagem, largamente explorada pela mídia.

Os efeitos da exposição midiática não demoraram a ser percebidos, com assédio de fãs e surgimento de *groopies*. Apareciam em tudo que era lugar: aeroporto, *soundcheck*, camarim e até nos corredores dos hotéis. A despreocupação inicial ou despreparo da própria produção da banda nos primeiros meses de 88 permitiu que acontecessem algumas situações inusitadas, até preocupantes. Em Santa Maria, a banda recém chegava ao camarim após o show quando apareceu uma adolescente empunhando uma enorme tesoura. Saiu a cortar botões das camisas como *souvenirs*, e felizmente "só" isso.

Em Bagé e Belém do Pará, contratantes locais levaram recepcionistas uniformizadas, deixando em polvorosa a equipe técnica. Nos hotéis, havia pouco ou nenhum controle e volta e meia alguém conseguia bater na porta à cata de autógrafo, convite ou apenas atenção. Gente atraída pela luz da fama, talvez buscando algum socorro para suas frustrações. Gente que tentava se aproximar sem nada saber a seu respeito. Para o jornalista pensante Augusto, aquilo era um comportamento fácil de entender, e a regra era simples: não procuravam sua pessoa e sim um personagem que não existia. Difícil era administrar, então o jeito era ser educado e atencioso, ter respeito com aquelas pessoas, lembrar que também tinha sido adolescente. Diante daquilo, começou a sair menos para a rua, e tratou de se cuidar mais.

Mesmo cuidando-se, quase caiu no que parecia uma armadilha habilmente montada por alguma mente sacana, tão irreal foi a situação: Engenheiros e Capital Inicial faziam tour conjunta pelo Nordeste, formando uma comitiva numerosa de gente de produção, técnicos, firma de som etc. Alguém daquele povo conhecia uma linda modelo que estava hospedada no mesmo hotel e a trouxe para o show, causando geral. Horas depois no hotel uma barulheira acontecia no corredor: era Dinho empunhando um extintor de incêndio, enquanto a modelo saía de um quarto próximo. Passado algum tempo, adivinhem quem bate na porta de Augusto? Em trajes de banho, já foi entrando e sentou-se na cama, nem deu tempo para pensar que poderia ser alguma armação. Sem ação e nervoso com aquilo, arriscou: "Você gosta de massagem?". Como a resposta foi positiva, se pôs então a inventar alguma massagem nas costas da bela, enquanto tentava pensar em alguma saída para a situação. Sem solução, continuou massageando, massageando, até que, surpresa... bela adormecida.

Os Engenheiros do Hawaii estavam voando mais alto do que se podia imaginar naquele primeiro semestre de 1988. Não dava para ignorar a ascensão da banda no cenário musical. "Infinita Highway", mesmo com seus mais de seis minutos, tocava nas rádios e era incluída no segundo volume da trilha sonora da série "Armação Ilimitada", da Rede Globo. A banda estava em programas como Globo de Ouro e Cassino do Chacrinha. Neste, o violão de Augusto escapou da correia e quase foi ao chão ao vivo para todo o país. *A Revolta dos Dândis* ultrapassava os 50 mil discos vendidos. Foram então convidados a tocar na terceira edição do festival Alternativa Nativa, no Rio de Janeiro.

Naquela noite de 16 de julho as atrações eram duas: Engenheiros do Hawaii, abrindo o evento, e em seguida o Capital Inicial, banda que já acumulava sucessos e integrava o grupo do chamado "rock de Brasília". Humberto, Augusto e Carlos subiram no palco do Maracanãzinho pontualmente às 20 horas como a banda "dois" (menos importante) da noite. Do ponto de vista da plateia, que lotava o ginásio, Humberto ocupou o lado direito do palco, com a bateria de Carlos no centro e Augusto no lado esquerdo. Na guitarra Les Paul Custom, o desenho de uma engrenagem.

Começaram com "Longe Demais das Capitais", escolha sintomática na antiga capital federal. A multidão já se empolgava, seguindo a música com palmas. Augusto começava a solar. Humberto foi até o centro do palco, fez sinal e o guitarrista foi até o microfone assumindo o vocal: *"o terceiro sexo, a terceira guerra, o terceiro mundo"*. As primeiras palavras sumiram, o microfone estava desligado. Humberto se ajoelhou com seu Rickenbacker. Levantou-se e saiu correndo para cantar, só não esperava bater a perna direita na caixa de retorno e cair de frente ao chão, no momento exato em que Augusto cantava *"o terceiro sexo"*. O guitarrista ouviu o barulho, viu Humberto estirado no chão e continuou segurando o vocal, o show não podia parar. O vocalista levantou-se rápido e foi ao microfone, mudando a letra para *"o terceiro tombo"*. Fez sinal para trocar o baixo, que havia quebrado. O crucifixo colado no baixo se perdeu.

Enquanto o instrumento era substituído, Augusto continuou cantando. Resolvido o problema, Humberto foi até o centro do palco, deu três pulos. Foi o sinal para o guitarrista entrar com mais um solo. Terminaram a música jogando o corpo para baixo, acompanhando a bateria de Carlos. A última batida segue o exato momento que Humberto aterrissa de um salto.

O *set list* teve quatro músicas do primeiro disco: "Segurança" (com Augusto solando e fazendo *scat* com a voz), "Longe Demais das Capitais", "Todo mundo é uma ilha" e "Toda Forma de Poder". Nesta última, foi Humberto cantar a primeira frase para a plateia gritar e cantar toda a letra. O Maracanãzinho ficou pequeno com o "eeooou" do público. Enquanto isso, Augusto já trocava a Les Paul pela Roland, que também trazia o adesivo de uma engrenagem. Com ela, executou a introdução de "Terra de Gigantes" e, mais uma vez, levou o público ao delírio. Seguiram-se músicas do segundo disco. Augusto puxou "Vozes" no teclado DX-100, e voltou à guitarra para "A Revolta dos Dândis I e II", com "Além dos Outdoors" na continuação. Mesmo as ainda desconhecidas "Ouça o que eu digo: não ouça ninguém" e "Tribos e Tribunais" foram bem recebidas. Toda a vibração e energia que vinha do público fez Augusto esquecer de ficar parado como um poste, movimentando-se como nunca no palco.

Se ainda havia dúvidas de que aquele era "o show" dos Engenheiros até então, foi só Augusto puxar a introdução de "Infinita Highway" para se ter certeza. Das arquibancadas não se via ninguém parado na pista. Era um mar de gente pulando, viajando na mesma highway da banda. A voz da plateia quase encobria a de Humberto. Mudança de letra (*"eu posso estar completamente enganado, eu posso estar tocando o instrumento errado"*), trocadilhos (*"highway, José Sarney, go away"*). Quando a música parecia ter terminado, a plateia gritava *"highway, highway"*, o que fez a banda repetir alguns refrões. E termina com Maltz virando as baquetas por toda a bateria, Humberto girando o braço e Augusto "destruindo" as cordas.

O show de pouco mais de uma hora no Alternativa Nativa catapultou de vez os Engenheiros para a "primeira divisão" do rock nacional, e a imprensa carioca não deixou por menos: "Vitória dos Dândis", estamparia em manchete o Jornal do Brasil, com Arthur Dapieve e Rogério Durst rasgando elogios ao que consideraram o melhor show do festival.

Fim de show. Sorrisos para fotos. Antes de a banda "comemorar" o sucesso daquela noite jogando sinuca em um bar, Augusto guardou com carinho a Les Paul e a Roland nos respectivos cases. Elas foram essenciais para tudo que estava acontecendo. Depois de uma longa jornada, era hora de elas se despedirem dos palcos. E que despedida! Às guitarras faltava apenas concluir as gravações do terceiro disco dos Engenheiros do Hawaii.

DISTORÇÃO

Num ensaio em Porto Alegre, Augusto recebeu de Humberto uma folha datilografada. Foi lendo a letra, já intuindo uma música para ela. Sempre achou que podia contribuir mais para a banda, além das guitarras. Era questão de tempo, e aconteceu.

Chegando no apartamento da rua Casemiro de Abreu, trancou-se no quarto e não saiu nem para tomar água, típico de quando compunha. Em outros tempos, gravaria no Tascam. Sem ele, o jeito era apelar para lápis e papel. Não saiu do quarto enquanto não terminou a música. Mauro Borba, vez em quando, batia na porta para saber se estava tudo bem. No outro dia, chegou no ensaio com a letra toda rabiscada. Passou a linha do baixo para Humberto e foi cantarolando a letra. *"Quando menos se espera, o que seria já era, o que seria de nós"*. Nascia "Sob o Tapete", a primeira parceria de Humberto e Augusto.

Na época do show no Alternativa Nativa, os Engenheiros já estavam mergulhados na gravação de seu terceiro disco. Augusto tinha mostrado a Carlos o estúdio Vice Versa, sabendo do entusiasmo que a banda receberia do "paizão" Fernando Ribeiro. Não rolou, a gravadora tinha um perfil econômico, não iria gastar se já tinha seu próprio estúdio.

Continuaram na rua Dona Veridiana, no estúdio menor da RCA, que era bem confortável. O produtor dessa vez era Luiz Carlos Maluly, que, além do RPM, já tinha trabalhado com os próprios Engenheiros na coletânea Rock Grande do Sul. Os técnicos eram Reinaldo de Souza, Walter Lima e Stélio Carlini. A banda já tinha entrado no estúdio com a ideia do disco pronta.

Enquanto viajavam divulgando o álbum *A Revolta dos Dândis*, Augusto já planejava as guitarras do próximo trabalho. Dessa vez se permitiria gravar mais de um som na mesma música, desde que não descaracterizasse o que fosse fazer ao vivo. Além disso, o som limpo que prevaleceu no *Revolta* iria dividir espaço com distorção. Não seria qualquer distorção, e sim uma que reforçasse a dinâmica de palco do trio. Para isso precisava de um amplificador que mudasse as sonoridades de guitarra.

O Twin Reverb era muito bom, mas não para distorção, enquanto um Marshall ficaria devendo nas partes "limpas". As músicas da banda exigiam alternância entre os timbres. Lembrou-se então do Paulinho Supekóvia, que tinha lhe comentado sobre um Mesa/Boogie,[115] na época do Cheiro de Vida. Vendeu seu Twin para Léo Henkin e comprou[116] um amplificador que produzia o som cristalino de um

---

115 Em fins dos 60, o técnico Randal Smith pregou uma peça no guitarrista da banda Country Joe and the Fish, colocando num pequeno amplificador Fender Princeton a eletrônica interna de um Fender Bassman, muito mais potente. Ao ligar, Barry Melton quase morreu de susto. Carlos Santana gostou de tocar no aparelho modificado e comentou: *"Man, that little thing really Boogies!"*

116 Augusto comprou um cabeçote Mark III simul-class de 75 watts (15 W class-A, 60 W class-B, com duas válvulas 6L6 e duas EL34). Comprou separado um falante Electro-Voice com o qual encomendou uma caixa 1x12 ao baixista Bugo, que deu uma canja no show do Araújo Vianna.

Fender, o *overdrive crunch* de um Marshall, ou ainda uma distorção bem mais pesada, dele próprio. Para trocar radicalmente de um som limpo para som pesado era só pisar num pedal, e isso tornou-se fundamental para o som ao vivo.

O ambiente de estúdio era diferente do disco anterior, quando havia mais dúvidas do que certezas. Não que reinasse paz e tranquilidade. O clima tenso da banda continuou durante a *Infinita Tour*, com fofocas e "fritações" no palco, mas isso ia diminuindo à medida que a banda ia se entrosando musicalmente e ganhando espaço na mídia. Augusto tinha até pensado em se dar algum prazo naquela situação de pressão, tipo: gravaria o segundo disco e daí veria o que iria acontecer. O show no Alternativa Nativa e o novo disco deram um novo rumo a tudo.

O disco traz letras ácidas, uma guitarra envenenada, um baixo pulsante e uma bateria mais que presente. A faixa-título "Ouça o que eu digo: não ouça ninguém" começa e termina com uma conversa de fundo e risadas (era Maluly falando palavrões a respeito de um funcionário da gravadora). Nela, Humberto tocou baixo e violão.[117] O som de "ondas" distorcidas no trecho *o que nos devem..."* foi feito por Augusto abrindo e fechando rapidamente o volume da guitarra, não no próprio instrumento, mas no *fader* da mesa Rupert Neve.

Em "Cidade em Chamas", Humberto canta acompanhado por um baixo com acordes, enquanto Augusto faz um contraponto em harmônicos. Em seguida, um dedilhado seguindo a melodia, para depois entrar com a distorção. O solo se divide em duas partes. Na primeira, com guitarra limpa e sem palheta, tal qual fez na maior parte do disco anterior, usou a técnica "pedal" repetindo uma mesma nota a cada outra e finalizando em intervalos de segunda maior produzindo uma sensação "congelante". Na segunda parte usou palhe-

---

117 Para o som do violão não ficar "magrinho", o técnico Reinaldo usou compressão de fita: gravou em nível +6, saturando levemente.

Ingresso do Alternativa Nativa, show realizado
em 16 de julho de 1988 e que lançou a banda
para a elite do rock brasileiro.
Reprodução acervo pessoal de Augusto Licks.

ta e distorção puxando cordas. Nessa música, o grupo usa e abusa dos sons pré-gravados: passos de uma tropa, sirenes e barulho de incêndio. Nos shows, Augusto fazia a primeira parte com o teclado.

Em "Somos Quem Podemos Ser", três instrumentos foram utilizados. Ao longo de toda a música, Humberto arpeja a guitarra Ibanez "George Benson". Nas partes cantadas, Augusto arpeja o violão Martin, acentuando uma linha de baixo e explorando intervalos de segunda nas cordas soltas. Na introdução e no solo, o guitarrista usa o synth GR-300 produzindo som semelhante ao de um trompete. Augusto se interessou pelo synth da Roland em 84 após conversar por telefone com Ivo de Carvalho, guitarrista paulistano antenado em tecnologia.[118]

Augusto tinha comprado um violão folk genérico preto, mas nos shows era um desastre: não tinha captação e era impossível microfonar sem que apitasse. Queria um violão melhor, ao menos para estúdio. Num jornal de anúncios um ex-integrante de uma banda de *"bluegrass"* estava vendendo um Martin e aceitou o violão preto como parte do pagamento. Augusto pegou o trem na Estação Luz e foi até uma loja de eletrônicos no ABC paulista para buscar o instrumento. De volta à estação de trem, sentiu-se como em um cenário de blues: vinha à cabeça *"People get ready, there's a train a-comin'..."*, como cantava Brownie McGhee ao tocar seu velho Martin. O modelo do violão ainda não é totalmente identificado, sabe-se apenas que é da *custom shop*, o braço é dos D-45 e o corpo é dos HD, com acabamento *herringbone* nas bordas. Não possui tensor como instrumentos mais recentes, pois a madeira envelhecida naturalmente é que impede o braço de empenar.

---

118 Augusto também usou a GR-300 para solar nos shows de Kleiton e Kledir na versão de "Bridge Over Troubled Water". Antes, em 85, a distorção hexafônica foi muito usada nos shows com Nei e Bebeto Alves.

O Martin virou xodó dentro do estúdio. Foi fotografado nos postais e utilizado em três músicas: "Somos Quem Podemos Ser", "Nunca se Sabe" e a primeira parte de "Variações Sobre o Mesmo Tema".

Na introdução de "Nunca Se Sabe", Augusto faz a base no violão, e na guitarra utiliza o EBow, um aparelho que, por magnetismo, mantém o som enquanto estiver próximo da corda. A bateria entra no meio da música, inspirada no arranjo de "My Sweet Lord", de George Harrison.

Em "Sob o Tapete" dá para notar a sonoridade que Augusto buscou para este trabalho: uma distorção pesada e ardida proporcionada pelo Mesa/Boogie, e com vários lances de guitarra. Na introdução, guitarra e baixo dialogam e em seguida entra o *riff*. No final de cada estrofe cantada, Augusto usa novamente o EBow.

Outra pegada mais "heavy" está em "Pra Entender" e "Quem Diria?". Na primeira, Augusto usou dois *riffs* diferentes: um para a introdução e outro para a parte cantada. Em shows, chegou a usar o segundo *riff* como introdução. Em "Quem Diria?", o guitarrista combina acordes distorcidos em *staccato* com *ostinato* de uma nota só, e depois explora a técnica conhecida como *two-hand tapping*.[119]

Também usou o *two-hand tapping* na introdução de "Tribos e Tribunais", parceria de Augusto e Humberto. Depois da segunda parte, Augusto gravou a mesma sequência da introdução, porém com duas guitarras em harmonia. Augusto passou para Humberto a linha de baixo do final da música, que em alguns shows era utilizada na introdução. Quando Augusto compunha, costumava já sugerir uma linha para o baixo, e Humberto também sugeria alguns desenhos de guitarra.

---

119 Consiste em bater nas cordas contra a escala usando dedos das duas mãos, dobrando a velocidade das notas. Esse truque ficou consagrado por Eddie Van Halen em sua "Eruption", e virou mania nos anos 80. Em "Quem Diria?", Augusto passou o som distorcido da guitarra por um multi-efeitos REX50 da Yamaha para dobrar em harmonia de quinta justa.

Em "Desde Quando?", na parte cantada também há uma sequência rápida de notas que se repetem. Neste caso, Augusto usou o efeito *dotted-eighth delay*,[120] em que notas repetidas se entrelaçam formando uma textura. Esta técnica foi disseminada pelo guitarrista inglês Albert Lee, em sua Telecaster, guitarra muito utilizada na música *country*. Nos anos 80, a técnica de Albert Lee se popularizou quando Eddie Van Halen acrescentou a ela o efeito de volume. Em "Desde Quando?", o efeito sugere o som de ambulâncias, intercalado pela sensação de queda quando Augusto afrouxa cordas com a alavanca em microfonia constante.[121] Augusto ainda adicionou notas repetidas com *slide*, para uma sensação de projéteis se aproximando.

"A Verdade a Ver Navios" tem estrutura semelhante a "Vozes". Na introdução de guitarra Humberto repete a autorreferência do disco anterior. Quando conversavam sobre arranjo, Augusto foi até o piano que estava no estúdio, abriu e sugeriu incluir o instrumento. Algum técnico da mesa de som havia deixado o microfone de comunicação entre técnica e estúdio aberto e deu para ouvir alguém dizer: "Ih, estamos fodidos!".

Augusto não era pianista. Quando criança em Montenegro, se debruçava na janela com as irmãs para ouvir a vizinha tocar o instrumento. Quando morou com Teri em Porto Alegre, brincava no piano alugado.

As três partes de "Variações Sobre o Mesmo Tema" fecham o disco. Na primeira, que tem letra e música de Humberto, Augusto tocou o violão Martin e na guitarra utilizou a técnica *bottleneck*, tam-

---

120 Augusto chamava de *"beat and a half delay"*. The Edge, da banda U2, usava para construir arpejos rítmicos, o que também infestou sonoridades dos 80 aos 90. O "calcanhar de Aquiles" era não poder mudar o andamento. Ao vivo, era preciso tocar sozinho como Van Halen em "Cathedral" ou o baterista ouvia um "click" (metrônomo) nos fones, repassando para os outros uma batida constante.

121 É uma variação da técnica conhecida como *Dive Bomb*, utilizada por Jimi Hendrix ao reproduzir na guitarra os bombardeios no Vietnã.

bém conhecida como *Slide Guitar*, em que se utiliza um pequeno tubo em um dos dedos, deslizando de uma nota a outra.

A segunda parte tem letra de Humberto e música de Augusto. Nela, é Augusto quem canta. Exceto pela demo de "Outros Sentidos", que chegou a tocar em rádio em Porto Alegre, esta foi a primeira vez que cantou sozinho em uma gravação não ao vivo. A voz de Augusto foi acompanhada por três sonoridades: a guitarra Roland, com som natural aumentando o volume em cada acorde, uma microfonia discreta e um som de vento de sintetizador.

Humberto sentia falta de algo maior, pediu então a Augusto uma terceira parte, como epílogo. Ele criou um trecho instrumental com compassos irregulares, fora da divisão de tempo convencional. São 31 segundos de música, que levou um bom tempo para ser gravada. Maluly sugeriu mixar o disco em Los Angeles, mas a banda preferiu os estúdios da Som Livre, no Rio de Janeiro.

A capa, mais uma vez sob o olhar de Carlos Maltz, seguiu o projeto gráfico do disco anterior: dividida em 9 quadrados, com símbolos envoltos às engrenagens, fotos em preto e branco e até a capa do *A Revolta dos Dândis* reproduzida em um dos quadrados. Augusto aparece com o visual que usava nos shows, desde o Araújo Vianna.

Duas músicas ficaram de fora do disco: "Palito de Fósforo", de Humberto, teve a parte instrumental gravada, mas a voz não foi concluída; e "Visão", música e letra de Augusto, só chegou a ser ensaiada.

PARELHINHAS

Ouça o que eu digo: não ouça ninguém chegou às lojas em dezembro de 1988 e, mais uma vez, parte da crítica manteve o discurso de falar mal dos Engenheiros do Hawaii. Na Bizz, Arthur Duarte acusa a banda de estar *"mergulhando de cabeça na redundância, uma prática que se desdobra desde o remake da arte usada na capa de* A Revolta dos Dândis *até as citações aparentemente blasés de suas próprias composições ao longo das 'novas' faixas"*. Arthur Dapieve, no Jornal do Brasil, encontra outro caminho: *"Amantes das contradições, os Engenheiros do Hawaii são, simultaneamente, a melhor banda de garagem e de country (pampa?) rock do Brasil. Quase todos os seus rocks flertam com a balada. Ou vice-versa"*.

A entrada de Augusto já não era mais novidade, mas sua "influência" no trabalho da banda continuava sendo citada. *"A principal transformação [do disco] deve ser creditada à presença de Licks. Suas intervenções na guitarra dão o mapa das preferências atuais dos Engenheiros por 'dinossauros' dos anos 70"*, escreveu André Forastieri na Folha de S. Paulo. Forastieri se deu ao trabalho de ir conhecer a banda de perto, entrevistando pessoalmente e assistindo ao show. Já outros críticos paulistas, que não iam aos shows, não tinham a menor ideia da relação incomum entre a banda e seu público, o que às vezes chegava a ser épico. Na noite de 8 de novembro de 1992, em Belo Horizonte, durante improviso na guitarra, Augusto puxou a melodia de "Oh! Minas Gerais". A banda teve que parar, enquanto o Mineirinho lotado entoava: *"Quem te conhece não esquece jamais..."*.

Na entrevista para a Bizz foi Humberto quem falou de Augusto: *"Muita gente também acha que nós escolhemos o Augustinho pela transa musical dele, e não foi nada disso. É que o Augustinho, de certa forma, era tão estranho no ninho quanto a gente em Porto Alegre. Não me interessa tocar com um cara fresco, lindo, leve e solto. A gente quer pessoas com a mesma dificuldade de chegar no microfone que nem a gente. O lado musical dele veio até como bônus"*. André Forastieri voltou a citá-lo ainda numa outra matéria na mesma página da Folha de S. Paulo. No comentário que escreveu sobre o novo disco de Nei Lisboa, o jornalista lamentou a ausência de *"Augusto Licks, um guitarrista criativo que aumentou muito a credibilidade dos Engenheiros do Hawaii; sem contar que é extremamente ligado no que se passa à sua volta – talvez, resultado do seu folclórico consumo 'non-stop' de café".*

Na Bizz, o título de Marcel Plasse foi emblemático: "Jogando uma pelada na primeira divisão". A ascensão da banda à elite do rock-BR era a tônica: não estava mais longe das capitais, já era uma banda nacional. Foram mais de 60 shows na turnê *Variações Sobre a Mesma Tour*. Era inevitável mudar-se para o Rio de Janeiro, que Augusto já conhecia bem.

No Rio, novos empresários: a Showbras Produções Artísticas, de Gil Lopes e Carmela Forsin, do Alternativa Nativa. Além de melhorar a estrutura profissional da banda, a nova firma parece ter sido a solução para a crise de relacionamento entre os dois fundadores: Humberto não dirigia palavra a Carlos havia meses, apenas esbravejava e olhava com cara feia para ele em pleno show, como tinha feito tempos antes com Augusto. A bronca teria se originado do episódio da saída do fotógrafo Eurico Salis e da entrada de Marta Peliçoli na equipe. Nunca se soube exatamente os motivos da saída de Eurico, nem do *roadie* Nilton, irmão de Carlos Maltz, e nem da saída de Marta: mistérios de Engenheiros do Hawaii. Só dava para supor. Era uma banda na hora de tocar, gravar, dar entrevista, mas não na hora de tomar decisões. Augusto nem foi consultado sobre a mudança da equipe técnica. Não tinha reclamações de seu *roadie*, o escocês Kenny, a quem não precisava traduzir as configurações de seus equipamentos, e gostava do bom humor do iluminador Flavinho, mas da equipe de Porto Alegre só Alexandre foi levado para o Rio de Janeiro.

Mudança para o Rio de Janeiro, parceria nas composições, novo visual, e agora uma equipe técnica nova que não ficava ruminando o que era "ser Engenheiro do Hawaii". Augusto cada vez mais "entrava" na banda. Mas o que realmente carimbou o passaporte hawaiano, ou quase isso, foi a mudança de instrumento para a linha Steinberger.[122]

Humberto tinha comprado o baixo XL e sugeriu a Augusto comprar uma guitarra da mesma marca, gostava de instrumentos parecidos de duplas caipiras e da banda ZZ Top. Embora a Roland e a Les Paul fossem de causar inveja, a ideia agradou a Augusto. Quando jogava botão, gostava de ter parelhinhas: ponta esquerda e ponta direita eram iguais. Agora poderia fazer parelhinha no palco.

Baixos Steinberger já eram referência entre músicos, mas as guitarras ainda não. Na loja Sam Ash de White Plains, em Nova York, Augusto fez uma encomenda específica para atender ao que já estava fazendo no palco: a Steinberger GL4T-gr.[123]

Se antes não era a marca preferida, foi só comprar a primeira Steinberger para outras da família chegarem depois. Para Augusto, Steinberger não era apenas forma, era também função, e muito. A guitarra consolidava de vez a dinâmica do "power trio" alternando timbres que normalmente exigiriam usar mais de um instrumento. Facilmente mudava de um som tipo Fender para um som tipo Gibson. Graças à sua afinação estável, era também garantia de sobrevivência nos shows quando cordas se rompiam.[124] Só não tinha lugar

---

122 Ned Steinberger desenhava móveis e armários personalizados. Em 1977, ao lado do luthier Stuart Spector, projetou seu primeiro instrumento, o baixo Spector NS-1. Ned passou a pesquisar materiais alternativos como a fibra de carbono e o conceito "headless". A Steinberger Sound, criada em 1980, teve sucesso imediato com o baixo L2, abrindo caminho para guitarras. A empresa foi vendida ao grupo Gibson, e em 1990 Ned continuou seus projetos com a NS Design, que passou a produzir versões sólidas e elétricas de instrumentos de orquestra. Fonte: Jim Reilly - biógrafo de Ned Steinberger.

123 GL4T-gr: G (guitar); L (design original, corpo e braço em peça inteiriça de grafite-carbono), 4 (configuração dos captadores: 1 *single* + 1 *single* + 1 *double*, todos ativos); T ("Transtrem", sistema de alavanca que permite transpor a afinação das 6 cordas); gr (controles para sintetizadores Roland).

124 Foram vários os shows em que Augusto saiu do palco com uma ou até duas cordas a menos na guitarra. Com a Roland e especialmente a Les Paul, uma corda rompida significava total perda de afinação, era preciso trocar uma pela outra o mais rápido possível, pois a falha de um instrumento desestabiliza um trio de rock. Tal qual retrovisor de carro, Augusto olhava para o rack Korg DT-1PRO, em que uma bolinha luminosa pulava de um lado para outro indicando se a guitarra estava afinada. Com a Steinberger, aquele recurso tornou-se decorativo. Além do sistema *double-ball* e a microafinação, a rigidez do braço da guitarra não cedia quando se rompia uma corda.

para cigarro, que no palco era uma forma de Augusto se ocupar nos momentos em que Humberto interagia com o público. Diferente do que o público achava, o guitarrista nunca se sentiu dependente de nicotina.

Também por sugestão do vocalista, Augusto passou a numerar as guitarras, o que intrigava os fãs. A numeração era cronológica e retroativa às anteriores, por isso a GL4T-gr tornou-se a 05.

Augusto também numerava as palhetas que trazia da Gibson e que jogava para o público. Na tensão pré-palco, usava uma tesourinha riscando números sequenciais e desenhando uma engrenagem, o que tornava a superfície mais aderente, evitando que caísse no meio do show. Às vezes usava palhetas fosforescentes, que podia enxergar nos black-outs.

Além de números, Augusto dava apelidos às guitarras: a 05 era a "Morena". Mas foi só começar a turnê de lançamento do disco para uma outra morena balançar o coração do solitário guitarrista.

UM BRINDE À IMPRENSA

Praia é bom em férias, mas trabalhar no sol quente enquanto outros se divertem não é agradável. Todo verão a Rede OM de Curitiba mandava uma equipe de TV ao litoral paranaense para matérias da estação. A repórter Márcia Jakubiak, na emissora desde 1986, não estava escalada naquele janeiro de 1989, mas foi chamada ao litoral para substituir uma colega que tivera um problema pessoal. Nada entusiasmada, entrou no carro da emissora e percorreu mais de 100 quilômetros até a cidade litorânea de Matinhos, onde trabalharia por uma semana.

Distante de casa e no calor, a cansada equipe estava enfim retornando à capital paranaense no dia 28 de janeiro. Quase chegando, a jornalista falou por telefone com Chiquinho, diretor de arte, que implorou:

– Márcia, precisa voltar para o litoral. A emissora está promovendo um show com bandas de rock hoje à noite em Guaratuba. Por favor, faça isso por mim!

Chiquinho era daqueles amigos a quem não se nega favor. O carro deu meia-volta e a repórter começou a ler a pauta, com os nomes das bandas que iriam se apresentar.

– Nenhum de Nós? Engenheiros do Hawaii? Pelo amor de Deus, que bandas são essas?

O cinegrafista, um quase adolescente, deu risada e a tranquilizou, oferecendo-se para ajudá-la.

Depois de viajar mais de uma hora, a equipe não conseguia hotel, tudo lotado. Deixaram bagagens numa pousada e se dirigiram ao local do show, que seria ao ar livre. Em vez de produzir uma passagem, a repórter optou por fazer nota coberta, somente imagens e locução. Havia gente de todo tipo, pessoas interessadas no show, outras nem aí, e ainda engraçadinhos esgotando a pouca paciência que Márcia ainda tinha. Para completar, chegava gente da produção do Festival perguntando o que ela fazia ali, num tom que misturava desrespeito e assédio. Nervos à flor da pele, tirou a credencial da bolsa. Pouco depois, um homem de óculos se aproxima e tenta puxar uma conversa.

– Você é contrarregra da equipe ou está aqui a passeio para assistir ao show?

– Não estou passeando, e não sei o que você está fazendo aqui, mas eu estou trabalhando! – respondeu com voz alterada antes de se afastar. Naquele momento, queria que tudo acabasse logo para voltar para casa.

Os "tais" Engenheiros do Hawaii entraram no palco e a plateia explodiu em gritos e pulos. Junto com a equipe da TV, Márcia subiu ao palco para as filmagens. Em um canto, um dos integrantes ficava balançando os cabelos. Um pouco atrás, outro cabeludo fazia caretas enquanto descia com toda a força as baquetas na bateria. O outro integrante era diferente, com cabelo engomado e óculos. Aproximou-se para enxergar melhor e o reconheceu. Era o mesmo a quem antes tinha respondido de forma irritada. No meio do show, entre uma música e outra, Augusto pegou um copo d'água, direcionou a ela como se estivesse brindando e com um sorriso disse: "Viva a imprensa!". Foi o primeiro sorriso de Márcia naquele dia.

Show encerrado. Os Engenheiros do Hawaii desceram do palco e foram até um camarim improvisado. Márcia foi entrevistá-los. O primeiro que viu foi Humberto, que estava de cabeça baixa e com os cabelos escondendo o rosto. Olhou para a equipe e concluiu: "Esse aí não vai querer dar entrevista. Vamos falar com os outros dois". Primeiro entrevistou Carlos e depois Augusto. Encerrada a entrevista, o guitarrista continuou conversando com aquela jovem repórter de 24 anos. Passando de entrevistado a entrevistador, Augusto fazia várias perguntas à jornalista, que precisava voltar ao trabalho.

A equipe filmava a banda Nenhum de Nós e Márcia fazia anotações, quando alguém se aproximou. Era Augusto, voltando a puxar conversa, emendando um assunto ao outro, até que disse que estava com saudades dos pais velhinhos, seu Otto e dona Irma. Foi golpe baixo em Márcia, que também era filha "temporona" de pais idosos. E a conversa continuou, com "Camila Camila" ao fundo. O papo foi interrompido com alguém da produção dos Engenheiros chamando Augusto, só faltava ele no ônibus. Trocaram telefones e ao se despedir Augusto tentou lhe dar um beijo, mas Márcia desviou com um sorriso.

Uma semana depois Augusto estava em Curitiba para visitá-la, aproveitando escala no trecho Rio-PoA. Um jurou ao outro que não tinham condições de se envolver naquele momento, focados que estavam nas respectivas carreiras, tão diferentes uma da outra. Nada como tempo ao tempo para mudar o foco de duas vidas. Em conversas telefônicas ao longo de um ano, Augusto encontrava em Márcia um "appeal" atraente: ela não sabia nada de Engenheiros do Hawaii, e nem queria saber.

A turnê *Variações Sobre a Mesma Tour* estreou no Canecão, no Rio de Janeiro, em dois fins de semana: 17, 18, 19, e 24, 25, 26 de fevereiro. Não era qualquer banda que enchia uma casa de shows duas semanas seguidas.

O som e a postura da banda nos shows iam se aprimorando. Aos poucos, Augusto foi desenvolvendo movimentação no palco, e eventualmente precisou reduzir a marcha para não colidir com a movimentação de Humberto. Criou-se uma configuração mais equilibrada, sem tirar a característica pessoal do guitarrista, que nos solos aproximava-se da plateia.

Em um desses shows no Canecão, ocorreu um fato curioso: enquanto solava com a guitarra bem próximo aos fãs, rompeu-se uma das cordas, coisa corriqueira e que àquela altura Augusto já tinha solucionado ao adotar sistema de microafinação (*locking-tuners*) na Roland e na Steinberger preta. Só que uma fã bem próxima percebeu e resolveu puxar para si o resto da corda, para ficar de lembrança. A corda não iria se soltar do instrumento, então foram longos segundos a solar com uma corda a menos e com alguém puxando a guitarra. A mão acabaria soltando a corda.

Na semana seguinte fizeram quatro shows em São Paulo, no Dama Xoc, e a turnê seguiu pelo interior paulista. Em maio, o trio tocou no Gigantinho, dessa vez como única atração. Parecia que até Porto Alegre começava a se render ao sucesso dos Engenheiros. Na cidade que o acolheu, Augusto foi dar uma volta no shopping. Uma fã o reconheceu e quase desmaiou na sua frente. Foi a primeira vez que uma banda gaúcha encarou sozinha o tradicional ginásio. E as quase dez mil pessoas não saíram decepcionadas. Houve até homenagem: Augusto executou a introdução de "Sweet Child O'Mine" do Guns N' Roses emendando com o refrão de "Nosso Lado Animal", do pioneiro Fughetti Luz, com Humberto na voz: *"Posso cantar... posso espalhar... as sementes que amanhã brotarão... detonando um rock'n'roll"*. Em seu comentário sobre o show na Zero Hora, Luiz Paulo Santos não economizou palavras em relação a Augusto: *"O guitarrista incorporou ao grupo, com a passagem de Gessinger para o baixo a partir do segundo disco, uma riqueza de acordes e sonoridades muito grande; numa mesma composição é incrível o número de acordes de construção complexa, empregados sem pudor. Seria bobagem enumerar as referências que seu estilo traz à memória, mas é exemplarmente pessoal."*

Desta tour, Augusto tem uma lembrança especial do show realizado na Concha Acústica, em Salvador. A banda era também um laboratório para ele: tentava colocar em prática várias ideias, assim como também experimentava várias técnicas. Precisava solucionar a questão do violão em palco. O Martin era maravilhoso no estúdio mas, como o folk preto anterior, não funcionaria ao vivo. Na viagem que havia feito para Nova York no final do ano, Augusto encontrou um violão eletroacústico de caixa fina semissólida que não deveria dar microfonia, o Guild Songbird, e teve a ideia de ligá-lo num sistema *wireless* (sem fio), o Nady 201.

Em Salvador, pegou o violão, adicionou mais um componente e ligou o aparelho sem fio. Dois problemas resolvidos: o som do violão ficou ótimo e ele pôde se movimentar com o instrumento no palco. A ideia de usar *wireless* teve ainda uma terceira utilidade: proteger contra possíveis choques elétricos, já que chovia muito na Concha Acústica e foi preciso usar sacos plásticos para proteger os pedais. Dali pra frente também Humberto passaria a usar sem fio. Ele também usaria caixas de som Mesa/Boogie, formando mais uma parelha com Augusto.

Aquela performance recebeu surpreendente atenção da Revista Bizz, onde Hagamenon Brito escreveu: *"'Refrão de Bolero' só tem de lenta o título, se transformando no canal certo para a herança bluesística de Augusto, principal responsável pelo som de garagem norte-americano que os Engenheiros possuem. Com o que concorda Herbert Vianna, marcando presença, bem como Bi e Barone, que depois trocariam figurinhas no camarim".*

E conclui sobre o show, em um raro momento de elogios escritos na revista sobre os Engenheiros do Hawaii: *"Depois do inevitável bis, uma certeza: a alquimia da guitarra de Augusto sobre as letras espertas de Humberto, aliada* à bateria cheia de garra de Carlinhos, cada vez mais traduz com perfeição a força roqueira de três caras que ainda acreditam no poder do "calo e do suor", segundo o *blondie".* Quando Herbert Vianna veio ao camarim, Augusto o cumprimentou, mas os "tri guris" ficaram de costas viradas, e o Paralama foi embora.

Dois shows no Projeto SP, em São Paulo, marcam informalmente o encerramento da *Variações Sobre a Mesma Tour*. O próximo compromisso da banda estava reservado para o Rio de Janeiro.

AO VIVO

O Canecão estava agendado para os Engenheiros do Hawaii nos dias 7, 8 e 9 de julho, mas não seria uma simples extensão da turnê. A tradicional casa abrigaria a gravação de *Alívio Imediato*, quarto disco da banda, o primeiro ao vivo. A ideia era, assim como o Rush, alternar um disco ao vivo com três de estúdio.

Com a Showbras, a estrutura técnica da banda passou a ter mais recursos. Parte da equipe já havia trabalhado com grandes atrações nacionais. Agora, além do cenário de engrenagens, havia um tema de abertura, antes de a banda subir ao palco: a trilha da série americana Hawaii 5-0.

As gravações migrariam definitivamente do chão paulista para o Rio, onde a banda morava desde o início do ano. A produção do disco foi assinada por Marcelo Sussekind, ex-guitarrista da banda Herva Doce, que já tinha experiência em situações como aquela. Um verdadeiro estúdio foi montado no Canecão. Da BMG,[125] foi escalado o técnico Flávio Sena, com quem Augusto já tinha trabalhado no disco *Carecas da Jamaica*. Do Nas Nuvens, foi chamado Vitor Farias.

Em shows dos Engenheiros, Marcelo percebeu a forte comunicação com o público, como se a plateia fosse a "quarta" integrante da banda. Para deixar a interação eternizada no disco, posicionou vários microfones captando a reação do público, que era parte integrante daquele show. Katia Suman, locutora da Rádio Ipanema na época, opinou que as palmas do Canecão pareciam meio artificiais. Não eram. Foi utilizado um complexo e caro sistema quadrifônico, espécie de estéreo 4.0 com caixas de som posicionadas nos quatro cantos.

O repertório do disco ficou diferente do que rolou nos shows, não caberiam todas as músicas. Entraram, por coincidência ou não, as que tinham algum tipo de arranjo diferente da versão original.

Os Engenheiros entraram no palco às 19 horas e abriram com "Nau à Deriva", ainda em uma versão diferente da que iria entrar no disco (ainda não havia *slaps* nas cordas do baixo). Humberto já estava com novo modelo Steinberger, o XM. Augusto continuava com a Steinberger GL4T-gr. O show seguiu com "Ouça o que eu digo: não ouça ninguém" e "Longe Demais das Capitais", esta última com Augusto ajudando no vocal e solando em um blues inserido no final da música e terminando com um solo usando somente a mão esquerda (no LP, essas duas fecham o lado B). Sai a guitarra e entra o violão, hora de "A Revolta dos Dândis I". Em uma das noites, antes de Humberto entrar com a introdução do baixo, Augusto atropela e faz a introdução com o violão. Humberto só balança a cabeça de forma

---

125 Em 1987, a RCA Victor foi vendida ao grupo alemão Bertelsmann, a BMG, passando a se chamar BMG/Ariola e mais tarde BMG.

negativa e segue. No meio da música, o teclado puxa o clima de blues. Augusto já usava um DX11 da Yamaha. Para "A Revolta dos Dândis II" ao vivo, Augusto copiara de revista americana um "patch" chamado "Mini Mono", que fazia uso do parâmetro "portamento", gerando timbre semelhante ao de um sintetizador Minimoog.[126] De uma nota para outra, o som "varre" as notas intermediárias. No disco, "Revolta" I e II abrem o show.

Seguem-se "Além dos Outdoors", "Cidade em Chamas", um trecho de "A Verdade a Ver Navios" e "Toda Forma de Poder". Humberto e Augusto então executam "Terra de Gigantes" e "Somos Quem Podemos Ser", e em ambas Augusto aciona o synth GR-300 tocando na Steinberger. Em seguida, "Nunca Se Sabe", "Pra Entender" e "Infinita Highway", esta na versão que muitos fãs consideravam como a definitiva. Seguem com "Alívio Imediato", e "Tribos e Tribunais" fecha o show. No bis, tocaram "Variações Sobre o Mesmo Tema – parte I", "Sopa de Letrinhas" e "Segurança".

Quatro músicas estavam cotadas para serem gravadas no estúdio: "A Violência Travestida Faz Seu Trottoir", "Anoiteceu em PoA", "Nau à Deriva" e "Alívio Imediato". Foram escolhidas as duas últimas, e Marcelo Sussekind recorreu a dois músicos contratados, Paulo Henrique e Yuri Palmeira. Em "Nau à Deriva", a introdução é feita com notas programadas por sequencer, um recurso computadorizado. Também há teclados com sons de órgão e de metais (instrumentos de sopro). Augusto via toda aquela produção dentro do estúdio, gostava das ideias do produtor, mas começava a ficar preocupado com o que o trio faria na hora de tocar ao vivo.

---

126 Sintetizador monofônico consagrado por bandas "progressivas" dos anos 70, seus controles produziam uma infinidade de sons. Caro e pesado, ficou inviável em shows, os sons não podiam ser trocados rapidamente. Essas limitações seriam superadas nos anos 80 com o surgimento de sintetizadores programáveis, como os das linhas "DX" da Yamaha, "JX" da Roland, e "800" da Korg.

Em "Alívio Imediato", mesma coisa. Depois da introdução, uma seção de cordas (violoncelo/viola/violino) foi gravada com teclado. No refrão, o teclado é bem presente, fazendo uma "cama" de cordas, e Augusto gravou duas guitarras: uma fazendo a base e outra com a técnica *slide* (*bottleneck*). Enquanto gravava, já pensava que o *bottleneck* poderia ser sacrificado nos shows, mas e os demais instrumentos? Nessa música, Marcelo Sussekind deixou sua marca, assim como fizera Reinaldo Barriga em "Terra de Gigantes". No trecho *"tudo se divide, todos se separam"*, foram gravadas uma base de Augusto usando o efeito Wah-Wah do pedal Cry Baby;[127] e a primeira parte do solo, com Marcelo em sua Les Paul de três captadores. Em seguida entra o solo de Augusto, utilizando o Digitech IPS33 (*Intelligent Pitch Shifter*), um rack que duplica ou triplica o som do instrumento, alterando suas respectivas notas musicais para se harmonizarem dentro de uma determinada escala. Ouvindo o solo, tem-se a impressão de que há mais de uma guitarra solando, o efeito é justamente esse. Para cada nota tocada são geradas mais duas, terça e quinta, em volume menor, formando acorde. Isso foi muito usado por Brian May, do Queen.

Augusto se preocupava muito em soar nos shows o mais próximo possível do que se fazia em estúdio. Gravadas "Nau à Deriva" e "Alívio Imediato", falou para Humberto: "E aí, ficou muito bom. Mas como vamos fazer nos shows?". No caso de "Nau", a introdução poderia ser simplificada com uma textura de guitarra, que também daria conta do resto. Em "Alívio" o problema era mais complicado, havia um teclado muito presente na gravação. Teria que ficar baixo e guitarra mesmo.

---

127 Nesse efeito, chamado popularmente de "Uá-Uá", o pé faz o pedal abrir e fechar um controle de frequências, produzindo uma varredura com ressonância que se alterna entre apenas frequências graves ("uuu") e apenas médio/agudas ("ááá"). É considerado um dos pedais mais influentes do rock e era muito utilizado por guitarristas como Jimi Hendrix, Jimmy Page e Eric Clapton.

O lançamento do disco *Alívio Imediato* foi num show no bar 433, em Porto Alegre, para poucos convidados. A música-título, diferente da versão de estúdio, ainda incomodava Augusto, precisava achar uma solução. Começava o show e as músicas iam seguindo o *set list*. Quando chegou a vez de "Alívio", Augusto manteve a Steinberg pendurada e se posicionou próximo ao teclado Roland U-20, que comprara do tecladista de David Byrne. A sacada veio no refrão: usando o modo "performance" do U-20 para programar harmonias, Augusto tocou o teclado com a mão esquerda, fazendo soar tríades, enquanto na mão direita tocava duas cordas soltas da guitarra (Mi e Si). Como ninguém tinha pensado nisso? Além de resolver o arranjo, Augusto ainda criou toda uma cena de palco tocando dois instrumentos ao mesmo tempo. Humberto ouviu um som diferente enquanto cantava *"Que a chuva caia como uma luva..."*, olhou pro lado, viu aquela cena e deu um sorriso aprovando a ideia.

NAU IN URSS

Enquanto o novo disco era mixado, os Engenheiros faziam as malas para tocar num lugar muito distante, onde nenhuma banda de rock do Brasil havia tocado: a URSS, União das Repúblicas Socialistas Soviéticas. A gravadora tinha disponibilizado seu *cast* de artistas para o selo soviético Melodiya e os Engenheiros do Hawaii foram escolhidos para shows em duas cidades: Moscou e Leningrado. Esta última foi cancelada por causa de datas.

Alexandre Cavalcante, o Sasha, morava em Moscou, cursando técnica vocal em uma escola de jazz da cidade. Anos antes, quando embarcara num avião da Aeroflot na Argentina (não existiam voos do Brasil para a União Soviética), a intenção era estudar Agronomia na universidade Patrice Lumumba. Sasha ficara surpreso ao saber de Augusto nos Engenheiros do Hawaii. Não conseguia imaginar todo seu refinamento musical em uma banda de rock.

Conhecia vários brasileiros em Moscou. Um deles era o João, da família Prestes, e que atuava na embaixada brasileira.

– Sasha, está sabendo? Os Engenheiros do Hawaii estão chegando para fazer alguns shows aqui em Moscou.

Sasha não ficaria sabendo se não encontrasse João. Não havia divulgação, pois os Engenheiros chegavam na União Soviética com vistos de turista, em teoria não poderiam fazer shows. Foi recebê-los no aeroporto Sheremetyevo.

Há anos Augusto não via o Alexandre PRONA, como chamava. Tinha conseguido seu endereço e até trouxe café para o amigo, o que lhe causou problema na escala em Copenhague: teve que abrir o pacote para inspeção. Para compensar o aborrecimento, foi depois tomar um café dinamarquês, numa visita à *cousin* Pia.

A União Soviética respirava alguma abertura, com a "Perestroyka" de Mikhail Gorbatchov. Passado e presente se misturavam nas rádios, que tocavam Elvis Presley e *heavy metal* como se fossem contemporâneos.

Já havia um tempo que Sasha estava na área de desembarque. Tudo era muito desorganizado e não conseguia obter informações do voo. Até que reconheceu um brasileiro chegando: era Randal, o representante da gravadora.

– Você é da equipe dos Engenheiros do Hawaii?

– Sim. E você, quem é? Mora aqui? Fala russo? Quer ser o nosso tradutor?

Sem querer, Sasha havia arranjado um "bico" para os próximos dias. E a equipe estava salva. Os Engenheiros tinham estudado russo duas semanas, mas não tinha ajudado muito. As letras da banda foram traduzidas.

Aos poucos os outros foram chegando à área de desembarque. A passagem pela imigração era demorada, havia uma sensação de estar entrando em outro mundo, em outra época. Augusto entregou o passaporte ao oficial, que o colocou debaixo do balcão onde aparentemente ficava seu material de trabalho. O oficial ficou uma eternidade olhando para debaixo do balcão, às vezes movimentando os braços como se estivesse manipulando algum aparelho, ou folheando páginas de registros. Augusto começava a se inquietar com a demora, já alimentando alguma paranoia. Em determinado momento, o oficial lentamente ergueu o passaporte, aberto na página da foto, e olhou por alguns instantes. Em seguida virou-se para Augusto, franziu a testa e voltou a olhar para a foto do passaporte. Num gesto lento, apontou para o passageiro e, parecendo puxá-lo com o dedo, lentamente levou o mesmo em direção ao passaporte. Apontando para a foto, o oficial se virou lentamente para Augusto, e bem mais lentamente ainda começou a mexer a cabeça de um lado para outro, negativamente. Já estava quase se conformando com haver algum problema, pensando que iria ficar detido, talvez deportado, quando arriscou um *"Ya brazil'skiy... muzykant..."* do manual de russo. Sem falar, o oficial abriu um sorriso como se dissesse: "Mesmo?". Devolveu o passaporte e ficou com o sorriso no rosto como querendo dizer: "Só estava brincando".

Enquanto a bagagem não chegava, Augusto foi dar uma olhada no *free shop* e estava conversando com uma vendedora que falava inglês. Humberto aproximou-se pedindo ajuda na tradução para comprar alguns *souvenirs*, e na conversa Augusto acabou convidando a moça para assistir ao show da banda. Não poderia prever as consequências. A nova amizade iria render muito em futuras entrevistas, com Humberto tentando grudar no guitarrista um rótulo de "namorador", o que sempre era repetido em entrevistas. Certa vez o apresentador Faustão perguntou à queima-roupa se ele saía com fãs, o que o deixou visivelmente constrangido. Augusto achou que era armação, mais algum tipo de *bullying*. Boatos se espalhavam, inclusive de que teria tido caso com a produtora Lau. Eram só boatos.

A verdade é que Augusto teve poucas namoradas, e sempre as manteve a distância do ambiente inóspito da banda. Nunca foi adepto de *"one-night stand"*, e o mito "sexo, drogas e rock'n'roll" não se aplicava, afinal, eram anos 80 e ele, como todo mundo, tinha medo da AIDS, que era uma descoberta ainda recente. O que alimentava a boataria era a presença de amigas suas que iam prestigiá-lo no camarim pós-show, amizades platônicas, sem nenhum envolvimento amoroso. Certa vez, em Santos, o produtor Álvaro ficou de queixo caído quando três jovens modelos da agência Ford foram até o quarto do guitarrista, não sabia que uma delas era afilhada de Nani Venâncio, amiga de almoços no restaurante natural Sabor Saúde no Leblon.

Desde antes da banda Augusto cultivava mais amizades femininas do que masculinas, não tinha paciência para papos machistas. Encontrava ressonância no modo feminino de ler o mundo, especialmente quando o viés era feminista e não "senso comum". Na banda, além de não dever explicação para ninguém, Augusto entendia que dificilmente alguém iria entender aquele seu discernimento, muito menos em entrevistas onde sentia não ter espaço e que, ao seu ver, pareciam ensaiadas.

Enquanto alguns foram para o hotel, a produtora Mara quis ir até o teatro para checar as condições do local. Augusto e Sasha foram junto. Enquanto tomavam um café, o guitarrista surpreendeu Alexandre com um desabafo: só continuava na banda pela música. Ao longo dos dias em que acompanhou a equipe, Sasha entendeu melhor o que o amigo queria dizer. Eram "encheções", comentários despropositados, críticas veladas. Os assuntos "namorador" e "mulheres" eram constantemente mencionados, o que de certa forma incomodava o guitarrista. Augusto se afastou do restante da equipe nos dias em que ficaram em Moscou: encontravam-se nos shows e compromissos específicos.

Os Engenheiros e a equipe ficaram hospedados no hotel *Izmailovo*, que ficava na estação *Izmailovski Parki*. Era um prédio gigante, internamente dividido em quatro alas rigorosamente iguais, a única diferença era o nome de cada ala. Aconteceu de gente da equipe subir as dezenas de andares por elevador para só na frente da porta do quarto perceber que estava na ala errada.

Não existia sistema de central telefônica que aciona ramais, o PABX, assim cada um, entre centenas de quartos, tinha uma linha telefônica com número próprio. Quando alguém esquecia algum objeto, o jeito era ir até um telefone público na rua e ligar para o quarto. Outra peculiaridade era que o hotel não precisava de aparelhos aspiradores de pó: as camareiras só plugavam a mangueira em locais específicos nas paredes, que faziam a sucção a partir de uma central do prédio. Aquelas situações ilustravam um paralelismo tecnológico iniciado após o fim da Segunda Guerra Mundial: de um lado, os soviéticos tinham se apossado de projetos científicos na tomada de Berlim, e de outro lado os americanos tinham contratado os principais cientistas alemães.

Os Engenheiros do Hawaii fizeram cinco apresentações, abrindo para uma banda local de *heavy metal* com influências de Yngwie Malmsteen, a Chornyy Kofe – "Café Preto" em tradução literal. Após o primeiro show, no dia 5 de outubro, um dos integrantes da banda russa entrou no camarim brasileiro e parecia estar reclamando de alguma coisa, quase xingando, e Sasha então traduziu: "Ele disse que gostou muito do som de vocês". No dia 7 foram duas apresentações e no dia 8 mais duas. No segundo dia de show, ao deixar o palco, Humberto reclamou que Augusto não tinha tocado direito e dirigiu a raiva para a russa, que vinha aos shows acompanhada de uma amiga. Augusto perdeu a paciência, achava que era muito baixo nível aquilo, e o tempo fechou no camarim, quase chegaram às vias de fato, o próprio Carlos Maltz precisou apartar. O líder da banda vivia intensamente cada detalhe, e talvez por isso era o que mais demonstrava mau humor, inconformado quando as coisas não aconteciam conforme esperava. Como tinha dificuldade para abrir o jogo, acu-

Os cartazes anunciam o show dos Engenheiros
em Moscou, abrindo para a banda russa Chornyy
Kofe, ou "café preto", em tradução literal.
Foto acervo pessoal de Augusto Licks.

mulava aborrecimentos e assim era constante o clima pesado. Comparando a um time de futebol, Humberto era mais do que um capitão que cobrava desempenho do time, havia na banda a impressão de que a qualquer momento ele poderia levar a bola para casa e terminar o jogo. Entretanto, brigas verbais eram muito raras entre os Engenheiros, e nunca aconteceu agressão física nos anos "GLM".

Em um outro show em Moscou, quem levou bronca foi Carlos Maltz. Naquele dia, a Chornyy Kofe havia se apresentado primeiro e, por engano, levou o banquinho da bateria. Carlos se negou a tocar. Tentaram achar algo que substituísse, mas não encontraram nada. A confusão chegou até a administração. O diretor do teatro entrou no camarim bêbado, gritando que quando tinha um cartaz na frente do teatro, não importava o que acontecesse, o artista tinha que entrar no palco. Carlos tocou sentado em uma mesinha que ia se afastando conforme ele se movimentava. Fazia sinal para Sasha, que saía correndo e a empurrava para perto da bateria.

Os shows foram num teatro imenso, para algo em torno de cinco mil lugares. A sensação de vazio era inevitável. Não havia rotinas de divulgação como no mundo ocidental. Os convites para o show eram distribuídos a grupos de pessoas: um dia soldados, outro dia turistas da Finlândia, jovens e assim vai. Era como tocar para ninguém, pois só guardavam alguma relação com a banda alguns amigos arrastados pelo Sasha e pela Zau, sua esposa. Ainda assim era preciso tocar e dignamente.

Já que entraram com vistos de turista, aproveitaram para conhecer um pouco de Moscou, fazendo fotos e vídeos para futura divulgação. A vista do Kremlin impressionava. A troca da guarda era um espetáculo admirável: do portão de entrada, saíam dois guardas marchando em passos de ganso até pararem exatamente em frente aos dois guardas que vigiavam o mausoléu de Lênin. Após segundos parados, subitamente os quatro guardas iniciavam um movimento de dança sincronizado que num instante invertia as posições, e os guar-

O Kremlin foi um dos lugares visitados na passagem por Moscou, em 1989.
Foto acervo pessoal de Augusto Licks.

das que até então estavam na vigia iniciavam a marcha em direção ao portão do Kremlin. A produtora Mara filmava todo o ritual da caminhada, mas quando chegou a hora da troca, acabou a fita da filmadora.

Numa caminhada por ruas moscovitas, Augusto quase foi derrubado pelo bafo etílico de um alinhado militar, portando medalhas na jaqueta. Alcoolismo era sério na Rússia, Islândia e outros países de frio rigoroso, até álcool de limpeza tinha venda controlada. Dobrando uma esquina, se viu na rua de Kropotkin, o príncipe anarquista cuja noção de "fome e pão" o marcara na adolescência.

Se os russos tinham pouco acesso a consumo, os estrangeiros podiam frequentar locais privilegiados como centros comerciais, onde havia boa comida. No restaurante do hotel em que a banda esteve hospedada, a comida era ruim. Houve uma noite em que o grupo foi levado ao estádio Lênin, atualmente chamado de Estádio Lujniki, onde iriam tocar bandas russas de *heavy metal*, mas o show acabou não sendo o maior atrativo: com os rublos recebidos, os brasileiros esvaziaram um balcão onde eram vendidos comestíveis, mais especificamente chocolates. No hotel, o melhor que tinha era pão e salaminho, e ainda tinha que se assistir a shows de "Varieté" de música e dança de qualidade discutível. Ainda havia uma regra: não era permitido acrescentar cadeiras a uma mesa já ocupada. A pessoa era obrigada a sentar na próxima mesa, com desconhecidos, o que aconteceu com Augusto, que teve que comer diante dos risos e cochichos dos russos à mesa, claro, sem entender coisa alguma.

Sasha sabia das manhas de se viver em Moscou. Conseguiu para os visitantes um vendedor de relógios do Exército Vermelho, e em vez de táxi, pagava carros particulares, décadas antes de existir Uber. Na porta de restaurantes, dava gorjeta ao porteiro que alegava estar cheia a casa. Quando abria a porta, surpresa, o restaurante estava vazio. Cadeiras altas de veludo vermelho com detalhes dourados pareciam herança da corte do Czar. Serviam caviar, pão, não muito mais, e alguma *shampanskoye* da Geórgia. Numa dessas, Augusto levantou-se da mesa e foi até a entrada do salão ao lado para ouvir de perto um grupo de *balalaikas* que tocava para casais dançarem. Compenetrado, de repente sentiu as mãos sendo puxadas. Era uma russa, sorridente e trêbada, querendo arrastá-lo para a pista de dança. Todo sem jeito, pois nunca soube dançar, tentou socorrer-se repetindo *"Ya ni panimaiyo pa-russky"*, do manual de viagem ("Não entendo russo") mas parecia dar efeito contrário, já que a moscovita não o largava e ainda por cima com um sorriso irônico falava algo como *"A ha, panimaiyo, da, da"* ("Entende sim"). A cena começou a ganhar um ar dramático quando as *balalaikas* começaram a executar Ochi Chyornye. "Xi, piorou", pensava, enquanto não se livrava das garras e do bafo da simpática, sentindo-se Simbad o Marujo aprisionado pelo monstro-preguiça. Demorou um pouco ainda e as mãos finalmente se soltaram. A russa se afastou, ainda sorrindo e provavelmente pensando que era um bobo, perdendo chance de ser feliz.

Antes de os Engenheiros se despedirem das terras soviéticas, Sasha preparou uma festa na sua casa. Convidou amigos de vários países, todos músicos, que também moravam em Moscou. No cardápio, o anfitrião preparou uma bela feijoada e conseguiu maconha vinda da Ásia Central. Da primeira, todos provaram, já da segunda houve quem não quisesse. Dizia-se que chegava muita maconha em Moscou e que as autoridades, ineficientes no controle, preferiam fazer de conta que a erva não existia lá. De som ambiente, rolou de Tchaikovsky a Engenheiros do Hawaii. Havia um violão no sofá, mas quase ninguém se animava a tocá-lo.

Hora de deixar Moscou. Como o dinheiro recebido lá não podia sair do aeroporto, os três Engenheiros compraram algumas roupas de frio, *buttons* e cartazes. Augusto comprou uma *balalaika*. O que sobrou ficou de presente para Sasha, cerca de 8 mil rublos (dez vezes o valor de sua bolsa de estudos). Se não podiam trazer os rublos, ao menos trouxeram imagens de Moscou que seriam usadas no clipe de "Nau à Deriva".

No aeroporto Sheremetyevo, a equipe pegou o voo de volta para o Brasil, mas sem trazer Augusto a bordo. Estava muito abatido, e não só por causa da briga: nos dias de show teve que segurar no osso uma inflamação na garganta, não tinha como conseguir antibióticos. No quarto, deixava correr água quente no banheiro, para o vapor diminuir a secura do ar moscovita. Desgastado com tudo aquilo, pediu para a produtora Mara mudar a passagem e foi esfriar a cabeça em Paris com pessoas que lhe seriam mais agradáveis, como a amiga Sylvie Plisson. Quando finalmente embarcou para o Brasil, levou junto a incerteza, tinha para si que depois de tudo o que acontecera em Moscou não veria mais a banda. Chegando em casa, largou a mala preta na sala e foi ouvir os recados da secretária eletrônica. A última era da produção da Showbras avisando do ensaio para o comício de Leonel Brizola na Cinelândia. Apaga tudo, esquece briga, sem tempo para encucar, *show must go on*.

CONSAGRAÇÃO HOLLYWOODIANA

Os Engenheiros do Hawaii encontraram o Brasil numa guerra eleitoral. Desde 1960 os brasileiros não iam às urnas para escolher um presidente da República. Políticos que se opuseram ao regime militar tinham a chance de reinaugurar a democracia no país. Leonel Brizola era um desses políticos, candidato à eleição de 89.

Filho de camponeses pobres, o ex-governador e ex-deputado federal era o herdeiro da linhagem nacionalista dos ex-presidentes Getúlio Vargas e João Goulart, e era também uma das poucas unanimidades na banda. De bom grado, o trio participou de sua campanha eleitoral. Público de comício é diferente, por isso abriram uma exceção e incluíram uma música que não era de autoria da banda e que os três sabiam tocar: "Era um garoto que como eu amava os Beatles e os Rolling Stones", uma versão escrita por Brancato Jr. da canção "C'era un ragazzo che come me amava i Beatles e i Rolling Stones", de Franco Migliacci e Mauro Lusini, gravada por Gianni Morandi em 1966 com arranjo de Ennio Morricone. A versão de Brancato foi gravada pelo grupo Os Incríveis, em 1967, e marcou a infância de gerações, incluindo a dos três Engenheiros. Para eles poderia ser apenas a escolha de uma música para tocar em um comício, mas acabaria sendo bem mais do que isso. Tocaram nos comícios em Betim (MG), na Cinelândia no Rio, e em Maringá no Paraná. Para esta última, a banda tinha voado à vizinha Londrina num avião de pequeno porte da Embraer. A viagem foi tranquila, exceto em seu final, o avião balançava muito, quase derrubando o *case* com a guitarra de Augustinho, que soava como uma batedeira no compartimento de bagagem.

Brizola ficou em terceiro na eleição. No segundo turno, Fernando Collor de Mello derrotou Luiz Inácio "Lula" da Silva. Na Presidência, Collor congelou a poupança dos brasileiros e não chegou ao final do mandato, renunciou para não sofrer *impeachment*.

Assumir posição política, ou mesmo falar no assunto, sempre foi uma coisa coberta de tabu no Brasil, e o meio roqueiro não era exceção. O assunto não atraía, era tratado como nada glamouroso, rotulado como "papo careta". O extinto estúdio Retoque na rua São Clemente, em Botafogo, era o preferido de várias bandas para ensaios, até Guns N' Roses e Bob Dylan ensaiaram lá. Certa vez na sala de entrada Augusto e Arnaldo Antunes aguardavam respectivamente os outros Engenheiros e Titãs. Depois de se cumprimentarem, Augusto arriscou perguntar o que estava achando do cenário eleitoral. Arnaldo foi saindo, talvez não tivesse ouvido a pergunta.

Em 2015, em uma entrevista antes de realizar seu *Do Quarto Para o Mundo*, em BH, um fã lhe perguntou o que achava das várias variáveis da política brasileira. Em resposta, Augusto se declarou fã do papa Francisco, e acrescentou: "Política é parte da vida. Infelizmente, por uma série de razões que merecem estudo mais aprofundado, os brasileiros não participam de política. No máximo vão votar, e assim deixam os políticos livres, como raposas no galinheiro. Então o pessoal vai lá, vota, está dando um cheque em branco, e uma carta branca, para gastarem como quiserem e fazerem o que quiserem. Pra melhorar o país seria preciso reformas de verdade, mas isso os atuais políticos não deixam acontecer, e o povo nada faz a respeito."[128]

Política à parte, hora de os Engenheiros lançarem seu quarto disco. Na revista Bizz, que chamava de previsíveis os discos da banda, as críticas tornavam-se (também) cada vez mais previsíveis. Arthur Couto Duarte escreveu: *"Este título (Alívio Imediato) viria a calhar caso o organizador da recente turnê que o trio empreendeu pela União Soviética tivesse se esquecido de providenciar as passagens de volta."*

Mesmo assim, a revista faz uma concessão e pela primeira vez coloca o grupo na capa, com o título: *Engenheiros do Hawaii – "Hoje somos uma banda nacional"*. Na matéria de cinco páginas, algumas declarações de Augusto: *"Quando eu comecei a tocar na banda, o que eu menos queria era gravar um disco ao vivo (risos)"*. Sobre o uso do teclado nos shows: *"O teclado pintou na estrada. Eu levava para ficar brincando. É um teclado supervulgar e usamos como um pedal, da mesma maneira que mudamos os arranjos"*. Sobre a mudança do grupo para o Rio: *"Estávamos virando um chavão em Porto Alegre, 'os representantes do rock gaúcho'"*. E sobre as letras: *"Acho as letras do 'Alemão' ótimas porque conseguem verbalizar uma existência que estamos vivendo. Não a letra enquanto poesia, mas como uma coisa vulgar, comum"*.

---

128 Augusto acha que política é algo muito complexo para a maioria das pessoas. Passado o "campeonato" eleitoral, não existe discernimento para entender que a realidade é dinâmica, movida por contradições e não por certezas idealizadas. Acha que propaganda política devia se limitar exclusivamente a propostas de projetos de lei dos partidos.

A Veja também deu espaço para o grupo: *"Nas faixas a plateia bate palmas, grita, urra e canta junto os refrões das músicas, dando uma ideia da alta voltagem conseguida pela banda em suas apresentações"*. Na mesma matéria, ao apresentar os integrantes, Augusto é mencionado como "o virtuoso da banda".

A presença na mídia aumentava. No dia 16 de dezembro, no Hotel Nacional, no Rio de Janeiro, os Engenheiros gravaram um show sem público para um especial da extinta TV Manchete, que também incluiu imagens da banda em Moscou. Em seguida, uma equipe de filmagem e figurantes aguardavam-nos para a gravação do clipe "Alívio Imediato". Ao fim das gravações, Augusto chamou Humberto e Carlos para irem com um amigo a um restaurante. Algumas fãs descobriram e começaram a perseguir o carro.

Com toda essa exposição na mídia, sucesso na venda dos discos e um show no Macaranãzinho que ainda deixava saudades, não tinha como os Engenheiros do Hawaii ficarem de fora da próxima edição do Hollywood Rock.

A banda gaúcha foi escalada para tocar no dia 19 de janeiro no estádio do Morumbi, em São Paulo, e no dia 26 de janeiro na Praça da Apoteose, no Rio de Janeiro. Os Engenheiros dividiram a noite com Capital Inicial, Marilion e Bon Jovi. Diferente do Alternativa Nativa, desta vez o Capital "abriu" para os Engenheiros, o que gerou um certo "clima" entre as bandas, ambas empresariadas pela Showbras.

Na Folha de S. Paulo, José Sachetta Ramosa aproveitou para alfinetar o trabalho do trio gaúcho: *"Light e tedioso como só pode ser a vida adolescente 'longe demais das capitais'"*. Críticas negativas aos Engenheiros do Hawaii, cada vez mais, pareciam ser exclusividade de duas publicações da capital paulista, não tinham ressonância no resto do país. No Rio, Jamari França prevê o sucesso da banda na versão carioca do Hollywood em coluna publicada no Jornal do Brasil: *"O trio Humberto Gessinger - Augusto Licks - Carlos Maltz está na estrada sem parar, o que vem lhes valendo um crescimento mu-*

sical muito grande. (...) Mesmo quando Humberto, na sua angústia existencialista, aponta a falta de saída do Homem, os Engenheiros não usam nenhum arranjo sombrio, optando por tinturas folk com pitadas de rock pesado aqui e ali, por obra e graça das influências da privilegiada guitarra de Augusto Licks".

Na véspera, Augusto arriscou ir ao Morumbi para conferir o show de Bob Dylan. A diferença em relação à Tour '74/*"Before the Flood"* era melancólica, parecia que só estava ligado o som de palco, não tinha o menor clima. O guitarrista saiu antes, com a certeza de que aquilo era o contrário do que os Engenheiros deviam fazer.

Os shows no Hollywood Rock foram marcantes, e os Engenheiros fizeram um golaço no Morumbi, a única vaia foi quando Humberto lembrou o gol de Baltazar para o Grêmio naquele estádio, contra o São Paulo. De resto, foi uma hora que não deixou o público quieto um só instante. No palco, três engrenagens: a da capa do *Ouça o que eu digo*, a do *Alívio Imediato* e a da União Soviética (porém com guitarra no lugar do martelo). De início, "Ouça o que eu digo: não ouça ninguém" já surpreendeu: em vez do violão do disco, a Steinberger GM4T. Em seguida, "Tribos e Tribunais", com a técnica *two hands* na "loira". Tudo fluía muito bem, e a reação do público era a prova. Também em "A Revolta dos Dândis" Augusto dispensou o violão e no "momento" blues não economizou na guitarra "06". A plateia entrou no refrão e não queria mais sair: era o quarto integrante da banda. Se o solo de "Revolta" deixara roqueiros boquiabertos, em "Longe Demais das Capitais" Augusto solou ininterruptamente por dois minutos e 49 segundos, usando até a microfonia de uma caixa de retorno para manter indefinidamente uma nota. "Toda Forma de Poder" trouxe mais uma vez o público para dentro da performance. E veio "Era um garoto que como eu amava os Beatles e os Rolling Stones". Diferente da versão dos Incríveis, Augusto surpreendeu a plateia ao inserir vários hinos no solo. Um trecho do jingle da campanha de Lula fez a multidão botar a voz para fora, parecia que muitos não estavam mesmo contentes com os resultados das urnas. Augusto e Humberto vão para o microfone para o rá-tá-tá-tá e no final da música o guitarrista arremata com o *jingle* da campanha de Brizola. Luiz Henrique Romanholli, do jornal Tribuna da Imprensa, contou o que viu e sentiu: *"Augusto Licks destacou-se, numa performance de guitarra arrebatadora, chegando a levantar o público durante seu medley de hinos incluído no cover de 'Era um garoto que como eu amava os Beatles e os Rolling Stones', velho sucesso dos Incríveis. Quando o guitarrista tocou os hinos de Lula e Brizola, a Apoteose veio abaixo".*

"Terra de Gigantes" e "Somos Quem Podemos Ser" são os momentos "intimistas", com a plateia fazendo seu show acendendo isqueiros. A "nova" "Nau à Deriva" retoma a sequência "roqueira", seguida por "Sopa de Letrinhas", "Infinita Highway" e a banda fecha o show com "Alívio Imediato". O público não queria que saíssem do palco, para alguns aquela tinha sido a melhor apresentação da história da banda. O próprio Augusto reconheceu em entrevistas que o Hollywood Rock de 1990 foi um marco para os Engenheiros do Hawaii. Um dia após a apresentação na Praça da Apoteose no Rio, os Engenheiros estavam no Domingão do Faustão e o apresentador perguntou se a reação forte do público tinha sido uma surpresa. Humberto respondeu que não: "A gente sempre soube que o público estava acompanhando nosso trabalho". O que havia, segundo o vocalista, era uma resistência de parte da imprensa em relação ao rock nacional.

E aquilo realmente acontecia. Antes da coletiva da banda em São Paulo ter a sala esvaziada pela imprensa local, Augusto tinha dado uma espiada na coletiva de uma banda estrangeira e percebeu que seus integrantes toda hora falavam obscenidades aos entrevistadores, usando expressões camufladas que eles não compreendiam. Junto com as risadas dos entrevistados, riam também os entrevistadores, deliciados, achando que rolava alguma "empatia" com os *rock stars*.

Quando os Engenheiros estavam passando o som, um gerente de palco americano complicava as coisas, fazia pressão, apressava, reclamava do amplificador dizendo que não podia ficar ali, e assim por diante. Sua missão parecia ser encher o saco da banda. Incomodado, Augusto foi até ele e carregou no sotaque nova-iorquino: "Olha só. Você está no Brasil. Aqui é tudo índio... só que alguns são canibais. Só pra tu saber!". O americano arregalou os olhos e não mais abriu a boca.

Depois do show, alguém batia na porta do camarim com um convite: Ritchie Sambora, da banda Bon Jovi, gostaria de conhecer o guitarrista dos Engenheiros. Augusto foi apresentado a Sambora, que sorria enquanto aquecia os dedos num violão Ovation-Adamas de três braços. Alguém rico como ele poderia ter quais e quantos instrumentos e equipamentos quisesse, mas tinha ficado intrigado com a guitarra de uma música que ouvira no rádio. Era "Infinita Highway". "Fuckin' clean sound, man...", comentou, querendo saber mais. Augusto não fez mistério, falou da Roland, dos dois Twin Reverbs, da sala da RCA, que talvez um pouco do *reverb* de mola teria ficado aberto acidentalmente. Por fim, lembrou de não ter usado palheta. Foi quando Ritchie abriu um pouco a boca balançando de leve a cabeça positivamente. Trocaram figurinhas mais um pouco e Augusto agradeceu pelo chat, não queria atrapalhar o clima pré-show, desejaram-se "all the best" e seguiram cada um na sua.

Se parte da mídia, mesmo torcendo o nariz, já colocava os Engenheiros próximo à elite do rock nacional, depois do Hollywood Rock passaram a ser apontados como uma das quatro maiores bandas, ao lado de Legião Urbana, Titãs e Os Paralamas do Sucesso. Alguns veículos elegeram os Engenheiros como melhor show da noite, outros como o melhor show do Festival. E assim continuou a "Alívio & Mídia Tour".

No início de maio, os Engenheiros excursionam pelo Sul, incluindo Porto Alegre e Montenegro. Era um filho famoso voltando à sua origem. Para Augusto, algumas viagens proporcionavam reencontros com lugares e pessoas. Gostava de tomar um café com a sobrinha Márcia em São Paulo, e tinha amigos em várias cidades. Desde a adolescência considerava amizades uma riqueza maior que qualquer bem material, pois podia compartilhar visões de mundo, discutir divergências. Eram encontros rápidos, limitados pelo cronograma e às vezes inibidos ou mesmo impossibilitados quando pesava o clima interno da banda. Por essas, alguns reencontros esperados não aconteciam. Até na sua Montenegro as coisas não foram fáceis.

Se no palco os Engenheiros se integravam cada vez mais, fora dele continuava a tensão. Augusto sentia-se num trem em movimento sem lugar para sentar. Qualquer coisa que fizesse poderia ser pretexto para mais clima ruim. Por isso, ao menos se precavia no cuidado com os instrumentos. Se racks de efeitos falhassem, tinha três pedais prontos para continuar o show. Se estes também falhassem, ligava na mesa por uma "Direct-Box". Em um show quando falhou o som da guitarra, parecia que o mundo ia acabar.

As passagens de som eram feitas por etapas, e o sistema do guitarrista era complexo, ele mesmo conferia coisas que fugiam ao alcance dos *roadies*. Por isso chegava correndo e ficava até o limite de horário para ter certeza de que tudo estava certo. Em Montenegro não foi diferente. Ao chegar no Clube Riograndense, encontrou o amigo Serginho Diefenthaler, companheiro de aventuras na adolescência. Na pressão que o cercava, cumprimentou rapidamente o amigo e entrou correndo, na esperança de conversar mais tranquilamente após a passagem de som. Serginho foi embora, provavelmente achando que era "estrelismo", e Augusto nunca mais o viu. Queria pedir desculpas por aquele dia.

Foi nesse show que os pais Otto e Irma viram seu filho caçula em cima de um palco. Mesmo sendo vizinhos, aquela foi uma das raras vezes em que entraram no Clube. Quando os Engenheiros entraram no palco, Otto ficou inconformado com a histeria. "Irma, não entendo por que essas gurias estão gritando para o Augustinho". O show começou. Foi terminar a primeira música para Irma levar Otto de volta para casa. "Tocam alto demais", reclamou ele.

Irma ainda voltou ao show, sua saúde era melhor e tinha entusiasmo pela banda. Amigos e parentes de Augusto ficaram até o último bis. Logo após o acorde final, Galeno se aproximou a passos rápidos, sem medir palavras: "Augustinho, eu não sabia que tu tocava assim". As filhas do primo Remi, Débora e Júlia, foram abraçá-lo no camarim. Débora, a menor, carregava um "troféu": tinha pego a palheta jogada no final. Também estavam lá ex-professores, como o Cilon Orth, ex-colegas de turma como José Carlos Klein, e outras pessoas.

Naquela turnê, Augusto formava nova parelhinha com Humberto, ambos com Steinbergers da linha "M". Em vez de comprar em loja, Augusto tinha ido ao showroom da Gibson, em Nova York, que na época comercializava a marca. Entrou no lugar, como qualquer outro guitarrista, e começou a experimentar alguns modelos em exposição. Ao saber que era de uma banda de rock do Brasil, logo apareceu o gerente Jimmy e sua assistente Deirdre, que tratava dos detalhes dos instrumentos. Augusto já tinha visto o amigo Torcuato com uma GM vermelha, encomendou então uma branca.[129] O *design* daquele modelo, com corpo de madeira, foi uma colaboração entre o guitarrista Mike Rutherford, do Genesis, e Ned Steinberger, o criador da linhagem.

No escritório, ficaram impressionados com os conhecimentos daquele guitarrista brasileiro, e logo o convidaram a ser *endorsee* no Brasil, algo como "representante" da marca. Augusto faria as combi-

---

129 Foi encomendado por Augusto captação igual à da "morena", a diferença era a chave seletora tipo *strat* em vez de *push-buttons* limitando em cinco o número de combinações. Por isso na *custom-order* incluiu uma modificação de fábrica: abriu mão de usar apenas o captador single do meio, para manter a opção de combinar o da ponte com o do braço sem fase invertida, como existia na GL e também na Roland. Era uma opção inexistente em modelos Stratocaster, produzindo um timbre próximo ao de modelos pré-Hendrix da Fender e das Super Sonics originais da Giannini nos anos 60.

*Os amigos Jimmy e Deirdre, da Gibson,
da qual Augusto foi endorsee.
Foto acervo pessoal de Augusto Licks.*

nações que desejasse, no modelo que quisesse, e teria instrumentos a um preço bem menor. A comunicação com a Gibson era feita por fax. No Brasil, havia apenas dois *endorsees* da Gibson: Augusto Licks e Toninho Horta.

Alguns dias depois voltou para receber a encomenda. Com alça, *soft case*, cordas e palhetas, a "loira" estava pronta para embarcar no JFK, primeiro de muitos voos que acabariam colocando-a na capa de um LP que se tornaria disco de platina.

PEDALEIRAS, TECLADOS E GUITARRAS

Os novos ares democráticos do país andavam meio rarefeitos. O Plano Collor tirou o sonho e o dinheiro de muitos brasileiros. Na economia não havia muito otimismo, o que começava a afetar a indústria fonográfica. O rock não era mais coqueluche nas rádios e TVs e seu espaço começava a ser invadido por duplas sertanejas. Naquele cenário, os Engenheiros do Hawaii entraram no estúdio da BMG, no Rio de Janeiro, no dia 2 de julho de 1990, para gravar seu quinto disco, *O papa é pop*.

A grande mudança é que dessa vez os próprios Engenheiros assumiam a produção de estúdio. Para Augusto não seria novidade, e Carlos e Humberto já tinham acumulado experiência suficiente. Na opinião do guitarrista, a banda poderia ter se autoproduzido já no terceiro disco, mas na época não se sentia com autoridade para propor. Agora o momento parecia ser ideal.

As músicas, em sua maioria, foram ensaiadas em meio aos shows. Era inevitável incluir "Era um garoto que como eu amava os Beatles e os Rolling Stones", rádios já tocavam uma gravação feita no programa Babilônia, da TV Globo. Humberto fez duas letras para serem uma espécie de capa e contracapa e passou para Augusto musicar, dando sequência à parceria. Eram "O Exército de um Ho-

Os Engenheiros assumem a produção dos
seus discos lançados entre 1990 e 1992.
Foto acervo pessoal de Augusto Licks.

mem Só I", letra mais longa, e "O Exército de um Homem Só II", como se fosse uma "costela" da primeira. As duas foram dedicadas a Mathias Rust.[130]

Augusto se trancou em seu apartamento da Urca com um Teac 238, gravador K-7 de 8 pistas, e nele compôs as músicas para os dois "Exércitos" e para mais outras duas letras de Humberto: "Nunca mais poder" e "Pra ser sincero". Foi o disco com o maior número de parcerias, e algumas estariam entre os maiores sucessos da banda.

Para a gravação de "O Exército de um Homem Só I", Augusto usou o teclado U-20, o violão Guild Songbird, e a Steinberger GM4T. O *riff* da introdução, feito no violão com um pedal Dimension-C da Boss, foi uma ideia que começou a desenvolver no quarto de um hotel em São Paulo depois de assistir pela TV alguém tocar viola caipira no programa de Inezita Barroso. Na bateria eletrônica Dynacord, Carlos Maltz reproduziu o que Augusto tinha programado numa Alesis HR-16. A linha de baixo da introdução foi tocada no U-20, numa composição de dois timbres diferentes: um grave contínuo poderoso acrescentado por um som com mais "ataque", marcando a entrada da nota.

Nas estrofes Augusto usou uma guitarra limpa e no refrão e solo final uma guitarra com som distorcido.[131] A exemplo de "Era um garoto...", também "O Exército de um Homem Só I" teve hino: guitarra e baixo tocam em uníssono um trecho da "Canção do Expedicionário", *"Por mais terra que eu percorra. Não permita Deus que eu morra. Sem que volte para lá"*.

Já pensando em como faria ao vivo, Augusto criou uma forma de, na mesma música, tocar violão, guitarra e o teclado. Para o pri-

---

130 Aviador alemão que pousou em Moscou em 87. "O Exército de um Homem Só" era título de um livro de Moacyr Scliar. Rogério, irmão de Augusto, usava a mesma expressão para Robert Fischer, que derrotara Boris Spassky, derrubando a hegemonia russa no xadrez na época da "Guerra Fria". Após desfilar como herói em carro aberto nas ruas de Nova York, Fischer viraria anti-herói, um Exército verbal contra o próprio país e contra os judeus, sua própria origem, depois de o prêmio de sua revanche contra Spassky ter sido confiscado pelos EUA.

131 Foi utilizado um Quad Preamp, pré-amplificador totalmente valvulado do Mesa/Boogie.

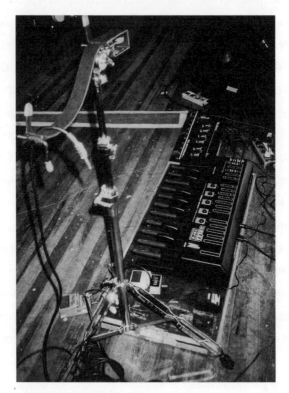

Elka, primeira pedaleira MIDI.
Foto acervo pessoal de Augusto Licks.

meiro comprou uma estante Gracie, em que o violão ficava fixo. Assim, seria possível manter a guitarra pendurada, tocar o violão e depois voltar para a guitarra. A complexidade maior estava no teclado. Augusto investiu em uma pedaleira Elka, um teclado acionado por pé, inspirado na Taurus Moog, que era um sintetizador acionado por pé produzindo sons de baixo eletrônico, outro componente usado por bandas progressivas. A Elka não gerava sons, apenas transmitia por um cabo MIDI as notas que um teclado ou módulo iria executar. A ideia de Augusto para tocar "Exército I" ao vivo seria a seguinte: tocaria a introdução no violão fixado na estante e ao mesmo tempo faria a linha de baixo com o pé, na Elka. Continuaria pisando no MIDI pedalboard enquanto tocava a guitarra. No refrão, tiraria o pé para acionar a distorção. Na prática, esse esquema acabaria mudando, pois Elka e estante Gracie iriam colidir. Nas primeiras apresentações, para preservar o violão, a Elka foi acionada por Humberto, mas isso impedia sua movimentação no palco. Augusto resolveu sacrificar o violão, fazendo as partes correspondentes na guitarra. O guitarrista também passou a usar a Elka em "O papa é pop". Com tudo aquilo, não dava mesmo para se movimentar no palco.[132]

Assim, os shows dos Engenheiros produziam uma aquarela de sonoridades, distante de uma típica banda "de garagem". Buscava-se fazer o máximo com apenas três, sem recorrer a músicos contratados: era "cobrar escanteio e correr para cabecear na área", como se dizia. Uma preocupação era a estrada de "chão" do rock brasileiro, que submetia aqueles equipamentos sofisticados a condições às vezes precárias. Preocupado com as válvulas do Mesa/Boogie, Augusto decidiu comprar um regulador de voltagem de núcleo saturado, dica que recebeu de Roberto Frejat, do Barão Vermelho. O

---

132 A partir daí, Humberto se interessou por "samplers" Akai S900 (aparelhos que reproduziam sons gravados quando acionados) e diante da experiência da Elka de Augusto, adquiriu uma pedaleira MIDI similar, Roland PK-1, onde disparava os sons sampleados, resgatando vários efeitos gravados no disco. Também acabaria recorrendo a um teclado Oberheim para efeitos.

aparelho, tecnologia antiga da época das primeiras TVs a cores, era a única alternativa confiável, e pesava uma enormidade, para azar dos *roadies* que tinham que carregá-lo.

Para gravar os solos, Augusto usava o período da manhã, quando ficavam só ele e Flávio Sena no estúdio. Flavinho esbanjou paciência na meticulosa gravação do solo de "Era um garoto...".

Augusto manteve a introdução dos Incríveis, a mesma da gravação original italiana. Os Engenheiros também mantiveram a marcha militar, após *"no peito um coração não há, mas duas medalhas sim"*. No refrão, Augusto introduziu citações: "Under My Thumb", do álbum *Aftermath* dos Rolling Stones, marcada pelo trágico festival de Altamont em 69, e "Here Comes The Sun", do último álbum dos Beatles, *Abbey Road*. Ao vivo, Augusto adicionava trechos de "Satisfaction", dos Stones, e "Lucy in The Sky With Diamonds", dos Beatles. Mas a grande diferença para a versão dos Incríveis foi o solo de guitarra. Nos shows, Augusto já vinha inserindo hinos e *jingles*. Para a gravação, arranjou os hinos em sequência com os trechos encadeados melodicamente. Além disso, gravou cada trecho separadamente, como se fossem dois guitarristas: uma parte se sobrepondo à outra e continuando a soar, cada uma num lado do estéreo. Na ordem estão: Hino dos Estados Unidos, Hino da União Soviética, Hino da França (A Marselhesa), Hino Nacional Brasileiro, Hino da Independência, Hino da Legalidade,[133] "Pra Frente Brasil" (música de Miguel Gustavo composta para a Copa do Mundo de 1970), um "olê olê olá" utilizado pelas torcidas de futebol (nesses dois últimos é sobreposta a famosa locução "Brasil", voz que parece ser de Pedro Carneiro Pereira na conquista do Tri no México) e novamente o Hino da Independência (*"ou ficar a pátria livre ou morrer pelo Brasil"*). A sessão,

---

133 De autoria de Lara Lemos, Paulo César Pereio e Madelaine Rufier, o Hino da Legalidade era cantado pelas ruas e abria e encerrava os programas e noticiários da Cadeia da Legalidade, liderada pelo Governador Leonel Brizola através da Rádio Guaíba, a partir dos porões do Palácio Piratini.

gravada na técnica, já ia longe. De vez em quando Flávio Sena fazia uma pausa para se abastecer com bolachinhas integrais. Augusto, grato pela paciência, olhava para ele e dizia: "Te prometo que vamos sair vivos desta!". Saíram.

Era rara a presença do diretor artístico Miguel Plopschi nas gravações. Apareceu quando Humberto gravava as vozes de "Era um garoto...", com Augusto na mesa junto aos técnicos. No momento do "rá-tá-tá-tá", o ex-saxofonista dos Fevers interrompeu e do microfone da técnica falou para o vocalista: "Cara, tem que dar mais sangue nessa voz. Aquilo lá (a Guerra do Vietnã) foi coisa feia!".

Na introdução e inserções de "Nunca mais poder", que fala do pop, do eterno, do moderno, Augusto explorou a sonoridade metálica do violão Guild Songbird passando pelo Dimension-C. Tocou o resto com a Steinberger "loira" com som "limpo", adicionando um pouco de distorção no final. Guitarra e baixo fecham a música com citação da introdução da faixa seguinte, "Pra ser sincero", quase emendando uma na outra.

Quando recebeu de Humberto a letra de "Pra ser sincero", Augusto já imaginou a música no piano. Tinha esse lado, de compor independentemente de seu instrumento principal, como na trilha original de sax e piano do filme *Aqueles Dois*. Chegou em casa, colocou o U-20 apoiado de forma precária na estante aramada onde estava o Teac 238 e começou a construir a melodia, entoando a partir da própria sonoridade das palavras. Não saiu da frente do instrumento enquanto não terminou. Foram horas seguidas, até gravar no 238 o teclado e a voz guia.

No estúdio da BMG, Augusto gravou o "piano" de "Pra ser sincero" usando um som de Fender Rhodes do U-20. Em seguida, embarcou para Porto Alegre. Nei Lisboa o convidara para seu show *Dez Anos Antes Dez Elefantes*, no Theatro São Pedro, um dos poucos lugares onde ainda não tinha tocado na capital gaúcha. O antigo guitarrista e parceiro de Nei foi ovacionado ao entrar no palco para juntos cantarem duas músicas, uma delas "Peepin' An A-Moanin' Blues", do disco *Analine* de Mike Bloomfield, que Augusto trouxera de NY em 1981 e que incluíram no show *Só Blues*. Depois, no camarim, Augusto reviu amigos que também tinham tocado e foi cumprimentado por Thedy Corrêa, do grupo Nenhum de Nós: "Licks, não conhecia esse teu lado de cantor".

De volta à rua Barata Ribeiro em Copacabana, "Pra ser sincero" havia sido finalizada. Carlos gravou a bateria. Humberto tinha acrescentado sons de cordas do U-20 e alterado de menor para maior o acorde de "casuais", deixando mais convencional a harmonia. O som de alguém fumando um cigarro foi sugestão de Augusto, inspirado na canção "Overs" do álbum *Bookends*, de Simon & Garfunkel. Acabou sendo adicionado também o som de um suspiro erótico de uma coleção de audios pré-gravados. Nos shows, Humberto fazia o piano que Augusto gravou e Augusto o som de cordas que Humberto fez.

"Olhos Iguais Aos Seus", de Humberto, fecha o lado A, com o vocalista no piano, Augusto na guitarra e Carlos na bateria, inaugurando a formação alternativa sem baixo, que passaria a ser progressivamente usada em gravações e shows posteriores.

"O papa é pop", primeira música do lado B, ou lado Pop, começa com o coral dos Golden Boys, que voltam no refrão. Na introdução, que se mistura às vozes no refrão, Augusto usou uma distorção leve, acionando na segunda metade o efeito *harmonizer* com duas vozes em vez das três de "Alívio Imediato", timbre que utiliza em todo o solo. Nas partes cantadas, Augusto usou timbres "limpos"[134] com pitadas de distorção, e por baixo adicionou órgão Hammond. Ao vivo,

---

134 Exceto pelos vários solos com distorção, predominam guitarras "clean" no disco, temperadas com efeitos da época, como *multi-tap delay*, *reverse*, *flanger* e muito *chorus*. Desde seu primeiro pedal Ibanez, Augusto experimentou uma variedade de aparelhos com aquele efeito: Boss DM-300, Dimension-C, TC Electronic 1210, TC SCF, mas o resultado que mais o agradava era um preset do Digitech IPS33.

Augusto tocava guitarra e fazia o som do órgão com o pé no MIDI *pedalboard.*[135]

Além do backing vocal em "Era um garoto", Augusto ainda gravou alguns *overdubs* quase imperceptíveis com o U-20, para adicionar clima na gravação sem descaracterizar a formação instrumental do trio: órgão Hammond na parte final de "Era um garoto" e no final da parte cantada de "Exército I" e "Exército II", e cordas no refrão de "Exército I".

Outra convidada do disco foi a cantora Patricia Marques,[136] que dividiu o vocal com Humberto na música "A Violência Travestida Faz Seu Trottoir". Antes do dueto de vozes, a narrativa da música é costurada por fraseados de baixo e guitarra até disparar num solo com levada rápida. O disco segue com a longa "Anoiteceu em Porto Alegre", uma aquarela de efeitos sonoros, com muitos solos de guitarra de Augusto, que ainda gravou violão. Nas locuções da conquista da Copa Libertadores e do mundial interclubes pelo Grêmio, a voz é de Armindo Antonio Ranzolin. Quando telefonou pedindo autorização, ouviu o velho comandante atender com entusiasmo: "Augustinho Licks! Você aí voando nas alturas, e nós aqui planando na superfície!". Riram juntos. Augusto voltaria a encontrá-lo em 1994 no Rose Bowl de Pasadena, na final da Copa do Mundo nos EUA. Sons de relógio e referências não faltam no disco. Em "Anoiteceu em Porto Alegre" tem gravação do "Em Brasília, 19 horas", do

---

135 A utilização do recurso MIDI tornou ainda mais complexa a troca instantânea de timbres para atender à dinâmica da banda. Em dois cases eram ligados efeitos de rack, meio-rack, e pedais, todos passando por um aparelho MIDI-matrix do Mesa/Boogie no qual as muitas combinações de processamento do som eram programadas em memórias. Estas eram acionadas com o pé em botões de uma pedaleira "Abacus", conectada por um multicabo. Era tanto fio e combinações que os *roadies* mantinham um mapa, verdadeiro plano de voo. Augusto também usava fitas adesivas fosforescentes em suas pedaleiras no palco para que mesmo no escuro de cada black-out da iluminação pudesse fazer rápidas mudanças de configuração nos efeitos que utilizava. Augusto sempre dizia que em um trio não dava para um instrumento parar de funcionar, como em um banco de três pernas, se uma delas quebra é o banco todo que cai.

136 Em 1994, mudou o nome artístico para Patricia Marx. Fazia parte do grupo infantil Trem da Alegria.

programa obrigatório de rádio A Voz do Brasil, e também da Rádio Relógio Federal: "Seis horas ... quinze minutos ... zero segundos". Na parte *"Trago comigo os estragos da noite"*, Augusto usa o registro superior da guitarra e executa uma melodia que se repete, como o som de um cuco.

"Ilusão de Ótica" fecha o lado B do LP, com a guitarra pontuando com um efeito *galloping delay*, freada num lento e melódico solo com fraseados de blues e flertando com *sweep*, técnica cultuada na época por guitarristas obcecados por velocidade. No final, com a gravação de voz em reverse, a guitarra passeia com alavancadas pelo espectro estéreo. Humberto teve a ideia das frases invertidas quando estava em Moscou: ao ouvir os russos parecia que estavam falando "ao contrário". Essa música gerou comentários de que os Engenheiros estavam usando mensagem subliminar. Era só pegar o encarte do disco e virar de cabeça para baixo para ver que o "subliminar" estava lá, escrito.

No CD foi incluída a faixa-bônus "Perfeita Simetria", mesma música de "O papa é pop", com outra letra, em que Augusto revisita o timbre de guitarra que usou no disco *A Revolta dos Dândis*, nas gravações originais de "Terra de Gigantes" e "Infinita Highway". A mixagem do disco ficou por conta dos Engenheiros e Flávio Sena.

Augusto dava confiança para a banda se autoproduzir no estúdio, mas Humberto e Carlos tinham aprendido muito com a experiência dos discos anteriores. Em seu workshop, Augusto desmentiu suposições de que teria produzido sozinho *O papa é pop*. Os três produziram, um ouvindo o outro, proporcionando a função essencial de "ser ouvido". Se apenas um produzisse, não ouviria a si próprio, erro que a banda não cometeu.

Falando à Bizz sobre autoproduzir-se, o grupo passou convicção: *"Traduzimos exatamente o que queríamos, e é um disco para ser tocado direto nos shows"*. Carlos: *"O Augustinho foi um cara que produziu discos lá no Sul, claro, naquela realidade gaúcha, mas* é uma pessoa atenta, minuciosa. Ele segurou a barra". Humberto: "Tem de ser guri para embarcar nessa viagem. E o Augustinho era superadolescente e continua sendo". Carlos: "O Augustinho, apesar de ser mais velho, é o mais guri de todos". Humberto: "E ele veio com parâmetros que eu não conhecia. Blues, música americana, Eric Clapton, eu desprezava. Fui formado pelo som inglês, progressivo, aquela velharia, mas aprendi muito com ele. Nunca tive professor, só de bandolim. E ele é um cara mais musical. Ouve a música e não o disco. Tanto é que ele mixa as canções e eu monto o disco. O Carlos já é mais parecido comigo, mesma geração. Mas, nesse disco, o Augustinho fez mais parcerias". E Augusto fala sobre os dois: "Eu teria muito o que falar, mas não em poucas palavras. Sou muito diferente desses dois. Por exemplo, outro dia vi uma foto minha fazendo a primeira comunhão. Percebi que estava vestido exatamente como nos shows, meu cabelo também estava todo para trás. É a roupa de ir à missa aos domingos, e um show é uma missa".

O MELHOR GUITARRISTA DO BRASIL

Com o disco chegando às lojas em setembro, parte da crítica paulista afiava as garras para tentar nocautear a banda. Mas parecia que quanto mais batiam, mais fortes os Engenheiros ficavam e mais o público se aproximava. Celso Masson, na Bizz, começou dizendo que era o melhor disco dos Engenheiros, e a partir daí partiu para a "porrada", terminando assim: "Como todo disco dos Engenheiros, este também é para enganar otários". Na Folha de S. Paulo, Fernando Barros e Silva criticou o disco por "reeditar clichês de transgressão de gosto adolescente".

No Jornal do Brasil, Jamari França criticou a sonoridade: "Eles soaram tão pop neste disco a ponto de incomodar em algumas escolhas, como é o caso dos timbres da onipresente guitarra de Au-

gusto Licks. São sons aveludados, distorcidos aqui e ali para sublimar alguns versos, com poucas variações e nenhuma criatividade na busca dos timbres (não na execução)". Porém, na mesma matéria, Humberto saiu em defesa explicando que aquela sonoridade era intencional *"num disco gravado de maneira totalmente cerebral para refletir uma postura crítica e autoirônica em relação à indústria cultural".*

De nada adiantaram as críticas: em 20 dias o disco vendeu mais de 70 mil cópias. Para chegar ao disco de platina (250 mil cópias vendidas) foi um pulo. E se o disco nadava contra a crise, os shows também. Dificilmente havia um final de semana sem que os Engenheiros do Hawaii estivessem fazendo show, programas de rádio, TV ou ambos.

Augusto já deixava uma mala pronta na entrada do apartamento. Fosse viagem ao exterior ou "bate-volta" de avião Electra na ponte-aérea Rio-SP, sempre a mesma mala. A equipe tentava adivinhar o que tinha dentro, e Augusto só alimentava o mistério. Na verdade, além de roupas, carregava equipamentos. As viagens, os hotéis, eram lugares onde criava um novo solo, um novo arranjo, por isso tinha que ter ferramentas à mão.

Não havia tempo para respirar: shows, mídia, ensaios e assim sucessivamente. O apresentador Faustão brincava que os Engenheiros eram "sócios" do Domingão da Globo, um dos poucos lugares em que as atrações tocavam ao vivo. Fazer *playback*, fingindo tocar, existia muito. No programa de Hebe Camargo, no SBT, estava combinada uma música, mas entrou outra. Augustinho teve que fingir que tocava "piano" na guitarra. No programa do Gugu, um pato enorme ficava próximo todo tempo, como que para evidenciar o *playback*. Na época do *A Revolta dos Dândis*, Reinaldo Barriga dissera que Humberto um dia seria capa de revistas como Carícia. A profecia se realizou, os Engenheiros estavam não só nas revistas, mas em tudo que era lugar.

Placa do Disco de Platina recebido pela venda
de 250 mil cópias do O papa é pop.
Foto acervo pessoal de Augusto Licks.

Tudo isso fazia diminuir um pouco a tensão dentro do grupo. Um pouco. Certa vez no ônibus, viajando para um show no estado do Rio, Humberto e Augusto discordaram sobre um arranjo. No show, Humberto seguiu um caminho e Augusto outro. Humberto olhou para Augusto, tirou o baixo e saiu do palco. Carlos parou de tocar bateria e fez o mesmo. Augusto seguiu sozinho fazendo solos conhecidos de guitarra: Eric Clapton, Beatles e assim por diante. Depois de um tempo, sozinho, decidiu encerrar os solos. Quando estava para sair do palco, Humberto e Carlos voltaram e Augusto também. A plateia vai ao delírio acreditando que aquilo tudo fazia parte do show. Encerrada a apresentação, Augusto ficou do lado de fora do camarim, esperando uma bronca. Humberto se aproximou, dizendo: "Tu é o melhor guitarrista do Brasil".

Um Rock in Rio já se avizinhava no horizonte, hora de pensar numa nova parelha de instrumentos. Antes de embarcar para Nova York, Augusto já mandava fax para a Gibson com a combinação e chaveamento de captadores para um novo instrumento, dessa vez uma Steinberger *double neck*, duas guitarras em uma, 6 e 12 cordas.

Aproveitava as viagens para visitar amigos e também Bud e Sunny, seus "pais" americanos, e a "sister" Holly. Em uma dessas viagens, lá por 1990, Augusto foi visitar o amigo Marcel Dumont, que morava em um apartamento bem pequeno no East Village. Depois de muitas conversas e risadas sobre música e Porto Alegre, por volta de uma da manhã despediu-se para voltar ao apartamento na Central Park West. Tomou o metrô, para descer na rua 57 e continuar de táxi. No vagão, um grupo de jovens estava rodopiando nos postes internos e outros ficavam parados num vão. Quando o trem estava parando, um deles se aproximou e, sem motivo algum, lhe deu um soco com algum objeto, e o grupo todo saiu correndo.[137] Atordoado e com o rosto já

---

137 Episódios de agressão como este eram chamados de *Wilding*, uma reação à prisão injusta de cinco adolescentes negros acusados de estuprar e deixar em coma uma atleta branca em 1989, o que ficou conhecido como The Central Park Jogger Case. Foram inocentados só em 2002, quando um estuprador em série confessou o crime.

ensanguentado, levantou-se cambaleando em meio à gritaria dos outros passageiros. A polícia foi chamada, e ele ficou um longo tempo na viatura prestando depoimento, antes de ser levado ao St. Lukes-Roosevelt Hospital Center. Ligou para Marcel, que foi até o local. A médica removia do rosto pedaços de vidro dos óculos e dava pontos para fechar a ferida. A cena não era nada agradável, o rosto tinha a aparência de um balão disforme. Voltaram a pé para o prédio "El Dorado".

Augusto lembrou que meses antes a namorada Márcia tivera um sonho: ele estava num trem em velocidade, sentado e dormindo, e perto dele, fora do alcance da visão, tinha um monstro querendo pegá-lo. De repente, apagava tudo e Augusto desaparecia... e então voltava. Um psicólogo consultado analisou que o sonho relatado poderia ter tido o efeito de preparar alguma defesa inconsciente, já que o "desaparecer" em princípio simbolizava morte.

Janeiro de 1991 prometia. Depois de shows em Vitória (ES), Campinas (SP), Poços de Caldas (MG), Ribeirão Preto (SP) e Santos (SP), os Engenheiros do Hawaii se preparavam para subir no palco de um dos maiores festivais de rock do mundo: o Rock in Rio, no Maracanã. Escalados para a segunda noite, 19 de janeiro, os Engenheiros fecharam a participação brasileira, após Vid & Sangue Azul e Supla. Depois, tocaram Billy Idol, Carlos Santana e INXS. Augusto já era vacinado contra a diferença de tratamento dado a atrações nacionais, e assegurou-se de não ficar dependendo da boa vontade dos técnicos estrangeiros para se escutar. Deixou o Mark III de *stand-by* e colocou uma parede Mesa/Boogie com duas caixas 4x12 e uma potência toda valvulada de 400 Watts. Chegava a fazer vento. Eventualmente, aquela potência toda lhe traria uma preocupação: tinha lido que Pete Townshend do The Who tinha ficado quase surdo por tocar muito alto.[138]

---

138 Augusto depois chegou a moldar um aparelho auditivo para frear a pressão sonora, mas tinha um efeito colateral psicoacústico: dava sensação de estar tocando em lugares esvaziados, o que tirava qualquer clima para tocar. Continuou usando o aparelho apenas em ensaios.

Com Johnny, a marca no olho esquerdo do incidente no metrô, em Nova York.
Foto acervo pessoal de Augusto Licks.

No Maracanã, os Engenheiros repetiram a consagração popular que tiveram um ano antes no Hollywood Rock. Desta vez, Augusto entrou com um elegante blazer branco. Tocou no sacrifício os mais de 45 minutos do show no palco no Rock in Rio. Naquela tarde tinha caído num jogo de futebol, machucando a coluna. Passou todo o show com dor, mas conseguiu segurar a guitarra até o fim, inclusive a nova Steinberger *double neck* vermelha, que Augusto apelidou de "ruiva", modelo GM4T/GM12, sendo o braço superior de 12 cordas e o inferior de 6 cordas igual à "loira". Depois do show, ainda deu entrevista em inglês para Zeca Camargo, em matéria para a MTV americana.

Contrastando com o descaso da mídia brasileira, a performance dos Engenheiros no Rock in Rio ganhou destaque no The New York Times. Na edição de 21 de janeiro, página C11, o correspondente Jon Pareles descreveu a banda como uma mistura *folk-rock* de Sting, The Who, Elton John, Loggins & Messina e John Cougar Mellencamp. Ressaltou que as canções claramente significavam muito para o público, que cantava junto em quase todas, e que os Engenheiros arrancaram tantos aplausos quanto as atrações estrangeiras.

Pouco tempo depois do Rock in Rio, a Bizz publicou um caderno com os melhores de 1990 na opinião da crítica e do público. Os Engenheiros do Hawaii foram eleitos, pelo público, os melhores em sete categorias e ficaram em segundo em mais quatro. Óbvio que a crítica os ignorou. "(...) *parabéns múltiplos a Humberto, Carlos e Licks*", escreveu a revista. Na categoria de melhor guitarrista ganhou Augusto, que fez seu agradecimento: *"Eu agradeço a premiação, acho que meus pais vão ficar orgulhosos... E é interessante que isso aconteça agora que a banda está fazendo cinco anos de estrada. Isso me lembra uma coisa que o Mick Jagger falou: 'Se uma banda sobrevive cinco anos, é porque ela tem alguma coisa e só um cego não vê'. É por aí: todo esse tempo a gente vem recebendo apoio do público, mas, agora, todas essas premiações funcionam como um reconhecimento formal"*.

As guitarras "ruiva" e "loira" prontas para mais um show.
Foto acervo pessoal de Augusto Licks.

As músicas do disco *O papa é pop* vão entrando na programação das rádios. Neste período, das dez mais tocadas, ao menos três eram dos Engenheiros. Depois do sucesso avassalador de "Era um garoto que como eu amava os Beatles e os Rolling Stones", estourou "O papa é pop", "Pra ser sincero" e "O Exército de um Homem Só I". Certa vez Augusto provocou brincando com o "speed racer" Marcelo, "promotor" da gravadora:

— Cara, já não encheu de tanto tocar essa música? — referindo-se a "Era um garoto...".

— Augusto, sabe o que fazemos quando uma música toca muito na mídia? Fazemos tocar ainda mais.

Tocava tanto que a banda acabou recebendo o Troféu Rádio Globo 90. Na noite da premiação, em 13 de março de 91, os apresentadores Haroldo de Andrade e Mônica Place anunciaram o "Conjunto Jovem do Ano" e Carlos Maltz subiu sozinho ao palco para receber o troféu, alegando que Augusto Licks tinha ido ao banheiro. O guitarrista juntou-se no palco pouco depois e, sem perder a esportiva, mandou pelo microfone: "A festa está muito comportadinha e alguém tinha que quebrar o protocolo". Risos gerais.

A MTV veio ao Brasil em outubro de 1990 como um novo espaço de mídia, e o "O papa é pop" foi um dos primeiros clipes da banda no canal. Os três Engenheiros no sofá vermelho da capa do disco, bastante à vontade, cantando e pulando. Augusto, ora sem gel nos cabelos, ora com gel, chega a fazer de conta que está tocando guitarra na perna de Carlos Maltz.

Bem mais elaborado foi "O Exército de um Homem Só I". O cineasta Cacá Diegues ficou surpreso ao ser convidado: nunca tinha dirigido um clipe antes. Parte das locações aconteceram num prédio em construção, no Rio. Cada um dos Engenheiros tinha um "papel" no roteiro. Augusto é um homem de sobretudo e óculos pretos que lê o jornal russo Pravda enquanto fuma um cigarro, e depois joga o jornal no lixo. Nos papéis centrais estão crianças, cada uma sendo um "exército de um homem só". As filmagens foram divertidas. Ria-se da cadeia de instruções que se formava, com o diretor pedindo alguma coisa a um produtor, que repassava a outro, e assim por diante. Em determinado momento, cadê o diretor? Estava em um cantinho, com um radinho de pilha, ouvindo o jogo do Botafogo. Na equipe do Cacá, havia alguns gaúchos, entre eles Rudi Lagemann, o bem-humorado "Foguinho", ele próprio cineasta e ator, que Augusto já conhecia da época de *Verdes Anos* e *Deu Pra, Ti, Anos 70*. A gauchada ria com piadas sulistas, deixando os cariocas perdidos.

Momentos de descontração ajudavam. Gil Lopes convidou Humberto e Augusto para um jogo de futebol no famoso campo de Chico Buarque de Hollanda. No carro foram juntos Gil, Augusto, Humberto e o cantor Fagner. Numa jogada, Augusto estava com a bola e Chico Buarque, do time adversário, se aproximou. Quando Chico tentou tirar a bola, Augusto rapidamente a desviou, um "paninho", como dizem os sulistas. Não saiu barato, pois o driblado deixou a perna e Augusto, que antes já tinha levado uma canelada de Fagner, dessa vez foi ao chão. Chico se aproximou para ver se estava tudo bem. Augusto olhou para Chico e pensou: "Sofri uma falta de Chico Buarque. Estou consagrado!". Não é todo dia que alguém leva uma falta de Chico Buarque de Hollanda. Foi neste jogo, ao final, que Humberto contou que ia ser pai. Augusto o parabenizou.

Humberto e Augusto gostavam de jogar futebol antes dos shows. Às vezes pediam e a produção acertava campo, bola, time, água etc. Rolou discussão algumas vezes ("Por que não passou a bola?") e o clima acabou indo para o palco. Bem menos tenso era o tênis. Finalizado o clipe de "Exército", Cacá Diegues levou Augusto para jogarem duplas na casa do sogro dele. Mesmo fora de forma e contrariado com a mudança radical das raquetes, a velha esquerda e o voleio de rede ainda funcionavam. Cacá teve que suar.

Além dos clipes de "Era um garoto", "Papa" e "Exército I", a MTV começou a exibir "Pra ser sincero" e "Refrão de Bolero", com imagens do show no Palace, em São Paulo, em novembro de 1990, com Humberto no piano e Augusto na guitarra.[139] "Refrão", música do *A Revolta dos Dândis*, vira sucesso temporão, estourando nas rádios. "Nunca mais poder" e "Perfeita Simetria" também começavam a tocar. Humberto, que ia ser pai, informou à Bizz que os Engenheiros do Hawaii não gravariam em 1991, quebrando uma "tradição" de lançar novo álbum a cada ano.

OUTRAS VARIÁVEIS

Mudança de planos. A gravação que tinha ficado para o final do ano foi antecipada para agosto. Humberto tinha produzido muito e avaliou que, se deixasse para o final do ano, a quantidade de material só caberia num álbum duplo, e isso não era o desejado. Carlos Maltz estava na Europa. Humberto em Gramado (RS) e Augusto nos EUA. Era hora de se reunirem para o sexto disco dos Engenheiros do Hawaii.

Como a agenda do estúdio da gravadora já estava tomada, um técnico sugeriu o Impressão Digital, na Barra da Tijuca. Era um estúdio de tecnologia avançada com uma SSL, mesa de som de ponta na época. Diziam que era a mais cara da América Latina.

Os Engenheiros entraram em estúdio no dia 19 de agosto com tudo pronto: repertório escolhido e ensaiado. Os técnicos eram Francelino (Franklin) Garrido e Guilherme Reis. As gravações iam das 21 horas até as sete da manhã (os horários diurnos estavam reservados para uma cantora). Devido ao rush do trânsito pela manhã, os Engenheiros ainda tinham que esperar uma hora ou mais antes de voltar para casa. Era o tempo de chegar, dormir e já voltar ao estúdio.

---

139 Nas tours do *Papa* e do *Várias*, Augusto inseriu na introdução de "Refrão de Bolero" a melodia de "Besame Mucho", da mexicana Consuelo Velásquez.

Os atrativos tecnológicos do estúdio, na prática, não deixaram boas lembranças. Nas mesas tradicionais da época era comum executar operações manuais e usar fita adesiva em controles como *faders* de volume. Na SSL, ao contrário, todos os comandos tinham que ser programados e eram exibidos no alto da parede, num monitor que parecia uma pequena TV, difícil de enxergar. Para aumentar volume, não era só mover o *fader*, o técnico tinha que parar tudo e digitar alguns comandos. Se o volume aumentava demais, todo o processo tinha que ser refeito, o que esgotava a paciência. Tinha o agravante de que os técnicos ainda não dominavam a tecnologia. Era uma novidade para todo mundo.

Um recurso exclusivo da "console" SSL era o "Total Recall": todos os procedimentos de equalização, volume, panorâmico etc. ficavam gravados na mesa, e assim poderiam ser retomados inalteradamente num outro dia. Só que na prática, por alguma questão psicoacústica, a cabeça não era a mesma no dia seguinte, e ouvir a gravação da véspera mais atrapalhava que ajudava, e algumas coisas acabavam sendo refeitas.

O interessante é que, apesar desses aspectos massacrantes, o som do disco acabou sendo um dos melhores, senão o melhor da história da banda. Franklin e Guilherme se esmeraram, superando a complexidade técnica, e dentro da sala de gravação os Engenheiros estavam muito seguros do que queriam fazer.

"O Sonho é Popular" abre o disco. Augusto usa o Martin e Humberto o baixo *fretless* (sem trastes). A linha que faz no baixo é repetida em outras faixas do disco, e o próprio álbum fecha com ela. A letra costura frases de músicas da banda com outras expressões, fazendo referências à antropologia de Darcy Ribeiro, à poesia de Ferreira Gullar, à arquitetura de Oscar Niemeyer e ao golpe militar de 1961, frustrado pela campanha da Legalidade.

Nativismo gaúcho não era unanimidade na banda, mas uma música acabou sendo: "Herdeiro da Pampa Pobre", de Gaúcho da

Fronteira e Vainê Darde.[140] O solo de guitarra começa com *tapping* de mão esquerda e termina com o mesmo tipo de palhetada usada no final de "Exército", lembrando um pouco uma gaita gauchesca. Augusto construiu esse efeito, e também o de "Exército", brincando com a técnica que tinha ouvido do Pedrão, do Raiz de Pedra. Num determinado momento, deu-se conta de que o trinado que as palhetadas rápidas produziam não precisava se limitar a notas próximas, também funcionava distanciando-as por três ou quatro casas na guitarra e o som resultante parecia o de duas "vozes" em harmonia, parecido um pouco com palheta fazendo *ostinato* em duas cordas. Não demorou para descobrir também que não precisaria limitar as vozes a uma nota apenas para cada uma: movendo as mãos ao mesmo tempo, a distâncias de 3 ou 4 trastes, as vozes "andavam", evoluindo pelos intervalos da escala. Bingo! Numa apresentação no programa ao vivo Galpão Crioulo, com a banda tocando junto com Gaúcho da Fronteira, este arregalou os olhos escancarando a boca ao ouvir a "gaita".

Os mesmos efeitos (distorção e *Phaser*) foram usados em "Ando Só". A música começa com a voz de uma mulher dentro de um táxi dizendo em inglês "Motorista, siga aquele carro". Essas inserções de sons não musicais eram ideias de Humberto, talvez por influência do Pink Floyd, que utilizava com frequência. Nesta canção tem um belo "diálogo" de *riffs* de baixo com fraseados de guitarra antes do solo, lembrando o que tinha acontecido na introdução de "Sob o Tapete".

Neste disco, Augusto usou e abusou da distorção, colocando a guitarra bem próximo do amplificador Mesa/Boogie[141] para sustentar mais tempo as notas e acordes. Foi assim na introdução de "Quartos

---

140 Na introdução, Augusto passou a distorção do Quad Preamp por um pedal *Phaser* da TC Electronic. O *Phaser* era um pedal difícil de usar, muito desgastado desde os anos 70, assim como seria o Chorus nos anos 80/90, então foi preciso achar uma medida de varredura que não atrapalhasse e fizesse alguma diferença favorecendo o *punch*. Na guitarra limpa, usava um TC Electronic 1210 Chorus/Flanger, que mantinha ligado na hora em que entrava a distorção.

141 O Mark III possuía válvulas EL34 nos 15 W de classe-A.

de Hotel" e "Sampa no Walkman". As introduções são as mesmas, mas em tons diferentes. Na primeira, entra uma textura de guitarra limpa em que Augusto toca duas cordas sem palheta e mantém uma nota no pedal. O violão é acompanhado pelo *slide*. Augusto abriu o solo de "Quartos de Hotel" com uma citação de "Noites de Moscou".

Em "Sampa no Walkman" Augusto fez algo que nunca havia feito. O *cross-tapping* foi uma técnica que criou para atender a uma necessidade prática e simples no início do solo desta música, cujas primeiras notas eram uma citação da canção russa "Katyusha". A nota "pedal" (que se repete a cada nota melódica) não funcionava em nenhuma das cordas soltas. Se colocasse capo-traste daria problema ao tocar ao vivo, teria que remover no meio da música. O que então poderia ser colocado momentaneamente e tirado sem dificuldade? A resposta veio com um dedo da outra mão, a direita! Isso livraria a esquerda para martelar indicador e médio. E mais: se a mão direita podia funcionar como uma espécie de pestana móvel, então poderia correr para outras casas produzindo diferentes notas "pedais". Em 2009, a coluna "Baú do Roque" do jornal Zero Hora elaborou sua lista dos 11 melhores solos de guitarra do rock, pela ordem: "Stairway To Heaven", "Tears Of The Dragon", "Time", "Hallowed Be Thy Name", "The Temple Of The King", "Sweet Child O'Mine", "Sultans Of Swing" (ao vivo), "Lonely Is The Word", "That Smell", "It's a Hard Life", e... "Sampa no Walkman"! Na justificativa, a ZH escreveu: *"Não é muito comum encontrar bandas brasileiras em rankings de rock, muito menos em rankings de solos. Mas como não concordar que Augusto Licks, talvez o melhor guitarrista nascido no Brasil, matou a pau nesta música? Flertar com a música clássica não é exclusividade de Blackmore, ora bolas".*

As duas únicas vezes em que a banda tocou "Sampa no Walkman" foram em São Paulo: em dezembro de 1991 numa apresentação no ginásio Ibirapuera, promovida pela rádio Jovem Pan, e em junho de 1992 no Programa Livre de Serginho Groisman, no SBT. Mesmo não entrando nos shows, o *cross-tapping* criado por Augusto carregava consigo um forte componente cênico, as mãos invertidas. Isso acabaria sendo explorado ao vivo com baixo e guitarra nas introduções de "Nau à Deriva" e às vezes "Exército I".

A apresentação no Ibirapuera, aliás, deu bem a mostra da popularidade frenética que o trio GLM vivia na época. Fãs faziam de tudo para ver a banda tocar. Na época adolescente, o paulista Robert Regonati, hoje produtor musical, não tinha sido autorizado pela mãe a sair de casa, pois estava com febre. Colocou então gelo nas axilas e foi contar para a mãe que se sentia melhor, que tirasse novamente a temperatura. O plano funcionou, e foi juntar-se ao único público que assistiu ao solo de "Sampa no Walkman" num show. Na saída do palco do Ibirapuera, o trio nem foi a camarim, sendo colocado às pressas num carro que disparava em velocidade enquanto fãs ameaçavam jogar-se sobre o automóvel em movimento. Por um instante, Augusto lembrou-se da cena de *Blade Runner* em que o replicante interpretado por Rutger Hauer morre na chuva dizendo "Eu vi coisas que vocês (humanos) não acreditariam, naves de guerra em chamas nas cercanias de Orion...".

"Piano Bar" foi a última música composta para este álbum (o empresário da banda teria comentado a Humberto que "estava faltando alguma coisa"). A guitarra não toca desde o início, ela entra na metade e de forma "triunfal". Para esta "entrada", Augusto gravou duas vezes um mesmo *riff* de guitarra, um em cada lado do espectro estéreo, ambos sustentando a última nota na microfonia do Mesa/Boogie. Em seguida, Augusto faz uma dobra, em que as "duas guitarras tocam juntas". O solo de guitarra de "Piano Bar" foi "dividido" em duas partes. Na primeira ele usou o controle de volume da "loira" junto com o *delay "beat and a half"* (cada nota se repete um tempo e meio depois). Em alguns shows, como no Palace SP, Augusto conseguiu fazer o efeito aumentando bastante o som da guitarra para que baixo e bateria conseguissem acompanhar o andamento. Em outras vezes, resolveu dispensar o *delay* e executar todas as notas manualmente. Na segunda parte do solo, mais lenta, a guitarra distorcida e melódica soa quase sozinha, preparando o peso que entra no final da música.

Augusto fez as músicas para três letras de Humberto, todas no lado B do disco. Em duas delas, começou a explorar o universo da guitarra de 12 cordas, algo em que a Steinberger era imbatível em virtude de sua excelente afinação, cujo sistema TracTuner usa um só "knob" em vez de doze. Humberto já tinha música para "Muros e Grades", mas insatisfeito passou a letra para Augusto, que então compôs na guitarra cinza de 12 cordas, que tinha corpo igual ao da "loira", porém com só dois captadores, um duplo na ponte e um simples.

Na gravação, Augusto tocou a guitarra de 12 e usou o MIDI Pedalboard para o som de "ataque", o mesmo usado em "Era um garoto...". No refrão, manteve uma "alma" (nota de fundo), para adicionar tensão na harmonia.

Outra parceria de Augusto e Humberto foi "Museu de Cera". Nesta, Augusto também toca a guitarra de 12 e a pedaleira MIDI acionando sons "etéreos" sintetizados. Na introdução, usou dois efeitos. Em uma guitarra gravou a melodia usando o Ebow, enquanto ao fundo a outra guitarra toca uma "cavalgada" usando *multi tap delay*.

Composta no violão, "Curtametragem" fecha a parceria Augusto-Humberto neste disco. Ao lado de "Descendo a Serra", foi gravada no estúdio da BMG, com microfones espalhados entre os três: Humberto num piano Steinway, Augusto no Martin e Carlos na percussão. As duas músicas foram para o disco com erros de gravação propositais. Depois de pronta, Augusto achou que "Curtametragem" poderia ter sido melhor trabalhada. *"Com 'Muros e Grades', 'Museu de Cera' e 'Curtametragem', elas passam bem qual é a jogada quando eu componho com ele. Elas têm uma sonoridade bem mais acetinada, delicada, um refinamento que eu não consigo"*, disse Humberto para o jornal Zero Hora na divulgação deste disco, referindo-se a Augusto.

"Sala Vip" (composta por Humberto nos bastidores do Rock in Rio II) e "Não é Sempre" são duas faixas em que Augusto carregou na distorção. Na primeira, a soma da levada da bateria com o *drive* do Quad Preamp passando pelo TC1210 lembra um trem atropelando quem estiver nos trilhos. A voz de Humberto envereda por efeitos de redução de *pitch*, deformando-a. Quando exclama "o bote", Augusto dispara um efeito aleatório tipo *sequencer* de um aparelho Yamaha Rex-50. Era algo que não aceitava nenhuma regulagem, mas casou com a situação. A exemplo de "Sala VIP", "Não é Sempre" nunca foi tocada ao vivo, embora talvez tenha sido a faixa em que a banda "bateu mais junto", inclusive proporcionando uma produtiva parceria de Carlos e Augusto na sessão de guitarra. Imitando com a boca o som de guitarra, o baterista sugeria ideias e Augusto tentava reproduzir o que entendia. O guitarrista gravou também um de seus solos mais inspirados, usando *hammer-ons*, *bends* e *pull-offs* com a mão esquerda, eventualmente completados com a direita no timbre *creamie* do Mark III. Fechando o disco, "Nunca é Sempre", uma extensão de "Não é Sempre", em que Humberto repete a linha do baixo de "O Sonho é Popular" e termina com os três estalando os dedos (*snapping*).

Da primeira nota tocada até a última mixagem foram seis semanas. No último dia, Carlos, Augusto e Humberto, mais uma vez esperando o trânsito desafogar, comemoraram o disco pronto às sete horas da manhã, em uma padaria ao lado do estúdio, tomando uma média com pão e manteiga, de pé, no balcão.

CHECK IN

Com todo o desgaste, a gravação do *Várias Variáveis* acabou sendo gratificante pelo resultado sonoro alcançado. Se em *O papa é pop* o som dos Engenheiros havia sido caracterizado como "frio" e sem "*punch*", principalmente por causa da bateria eletrônica, no

Várias Variáveis os Engenheiros alcançaram o melhor que podiam em termos instrumentais. Aqui, tudo funcionou muito bem. Carlos estava inspirado e criativo, fazendo o que muitos elegeram como o seu melhor trabalho como baterista. Augusto ousou e conseguiu tirar um ótimo som da guitarra. E Humberto se superou nas linhas de baixo.

Os Engenheiros tinham entrado no estúdio bem mais calejados depois da experiência da gravação de *O papa é pop*. Augusto, como no disco anterior, é quem mais se encarregou da produção.

Augusto era da opinião de que a banda deveria ter no estúdio o mesmo esmero que tinha ao vivo. Show passa na memória, mas uma gravação é para sempre. Produzir um disco a cada ano causava aquela pressa e assim ficava a sensação de que algumas coisas poderiam ter ficado melhor. Nos discos da banda o esmero era suficiente em algumas músicas, em outras não, deixando uma sensação de desperdício. O *Várias Variáveis*, no entanto, para ele, não passou aquela sensação.

Em entrevista para a Bizz, em matéria assinada por um outro gaúcho, o Carlos Eduardo Miranda, que assistiu ao primeiro show dos Engenheiros na Faculdade de Arquitetura, Carlos e Humberto falaram da produção do disco. Humberto: *"O Augustinho é um cara fascinado por tecnologia e botãozinho. É um cara mais frio. Eu e Carlos, por não termos sido músicos profissionais, somos diferentes"*. Carlos: *"O Augusto produz tudo. Quando ele grava, eu produzo ele"*. Humberto: *"Eu venho com as demos e o disco mais ou menos montado na cabeça. Como vai ser a capa. O Augusto dá forma na coisa e o Carlos segura pra emoção não dançar"*. E Carlos, que tinha o apelido de "Capitão Caverna" na equipe, finaliza: *"Eu chuto o saco desses caras"*. Nesta edição, a Bizz trazia os Engenheiros na capa e o título: "Engenheiros do Hawaii: a maior banda do Brasil?".

O *Várias Variáveis* fechou um ciclo iniciado com *A Revolta dos Dândis*, passando pelo *Ouça o que eu digo: não ouça ninguém*. O primeiro tem a capa amarela, o segundo tem a capa vermelha e o terceiro a cor verde: as cores da bandeira do Rio Grande do Sul. Conceitualmente também se completavam. Por isso, o uso na capa da cobra mordendo o próprio rabo, representando o fim de um ciclo. Parte das letras das músicas também faziam referências a cobras e serpentes. *Alívio Imediato* e *O papa é pop* eram considerados "fora do ciclo", um por ser ao vivo e o outro, por falta de explicação melhor, pela experiência de autoprodução.

Desta vez nem a capa foi poupada. Erika Palomino escreveu na Folha de S. Paulo: *"Uma crítica ao disco Várias Variáveis tem que necessariamente começar pela capa. É uma das mais feias de todos os tempos. Mais que uma unidade no trabalho, pretendida pelo grupo, atesta um profundo mau gosto".* Alex Antunes, da Bizz: *"A capa é a expressão mais terrível da estética gessingeriana, um torpedo contra o bom gosto".* Mas Alex também elogiou o disco, fato raro para a Bizz: *"Várias Variáveis não apenas recupera a agilidade de Longe Demais... (86) e A Revolta dos Dândis (87) com canções ganchudas/inspiradas que remetem a 'Toda Forma de Poder' ou 'Sopa de Letrinhas'. Também transforma os Engenheiros na banda progressiva que eles sempre quiseram ser. Tem passagens instrumentais, manipulação de teipes e vozes sobrepostas, takes falsos e tudo. Bem tocado e bem produzido. Uma surpresa surpreendente...".*

Em uma rara oportunidade, Augusto apresentou sozinho o programa Check In, da MTV, produzido pelo VJ Thunderbird. Revisitando influências, puxou uma levada de blues no violão Guild usando *slide*, depois em 12 cordas a versão Byrds de "Mr. Tambourine Man", e alguma coisa russa na *balalaika*. No amplificador, uma placa de campanha anti-fumo. Na lista de videoclipes para um *set list*, notou a ausência de Nei Lisboa e outras atrações nacionais. No roteiro, Augusto comentou a respeito de uma discussão nos EUA sobre limitar em 25% a quantidade de arte estrangeira: "E se aqui no Brasil fizéssemos a mesma coisa?". Criticou os CDs remasterizados, exemplificando "Electric Ladyland" de Jimi Hendrix como uma fraude em relação ao original em vinil que tanto escutou. Ao chamar a música "I Don't Like Mondays", com The Boomtown Rats, deixou claro que gostava de segundas-feiras bem mais do que domingos ou feriados.[142]

Várias Variáveis não repetiu o "sucesso" de *O papa é pop*. "Herdeiro da Pampa Pobre" não substituiu "Era um garoto que como eu amava os Beatles e os Rolling Stones". Talvez a gravadora tivesse achado que outra "regravação" faria tanto sucesso quanto a anterior. Dificilmente faria. A primeira era uma música regional, enquanto a segunda era nacional e de época. Enquanto no *O papa é pop* ao menos seis tocaram nas rádios, agora três estavam na programação, não necessariamente entre as mais pedidas. Os shows continuavam.

A tour do *Várias Variáveis* entrava na estrada. Fizeram uma temporada em São Paulo e o show entrava como especial de final de ano da TV Globo, em um sábado à tarde. Mas o ponto alto da turnê foi o show em um Maracanãzinho lotado, no dia 11 de julho de 1992. Um show só deles: Engenheiros como única atração. Muita tensão pré-show, mas no final deu tudo certo. Um dilema fazia com que boa parte da rica sonoridade de *Várias Variáveis*, incluindo muitos solos de guitarra, ficasse restrita ao disco. Não porque fosse difícil fazer ao vivo, pelo contrário, a banda gravava já pensando em tocar ao vivo. É que o acúmulo de discos gravados dificultava a entrada de músicas novas nos shows. Não cabia tudo. Humberto definia as *set lists*, e boa parte já era consumida por hits que considerava obrigatórios, como "Toda Forma de Poder". Além disso, ficara maior a seção do show em que ele cantava sentado ao teclado.

---

142 Brenda Ann Spencer tinha 16 anos quando disparou tiros numa escola na Califórnia, matando dois adultos e ferindo um policial e oito crianças. Declarou ter cometido o crime porque não gostava de segundas-feiras. O autor Bob Geldof disse que não pretendia explorar a tragédia, mas sua música foi banida nas rádios locais.

Os Engenheiros do Hawaii contavam com uma estrutura que pouquíssimas bandas ou artistas brasileiros tinham. Cada integrante tinha um *roadie* (que muitos consideravam um luxo na época). A estrutura do show viajava em duas carretas, além disso também viajavam um ônibus para a equipe e uma *Furg Line*, que era um carro de luxo, para a banda.

Uma produção profissional cuidava de todos os detalhes, inclusive o que e onde iam comer. Depois dos shows, de volta ao hotel, Augusto subia para um banho e 10 minutos depois estava no *lobby*. Enquanto esperavam Humberto e Carlos, Augusto e a equipe conversavam sobre o que tinha acontecido naquele show, sobre procedimentos, assuntos do cotidiano. Era uma conversa leve. Sempre aparecia algum fã e Augusto sempre fez questão de dar atenção. Quando juntavam os três, a conversa tendia a ser para assuntos objetivos e profissionais.

Augusto tinha uma relação ao mesmo tempo próxima e profissional com seus *roadies*. Exigente, detalhista e cuidadoso, nem por isso tinha ataques de estrelismo ou gritava com eles. Em toda a história da banda, sua única "explosão" foi empurrar uma cadeira de plástico, que caiu no chão e quebrou, após um show no interior fluminense em que o som falhava a todo momento.

Com tanta convivência e uma agenda sempre lotada, nem sempre era possível ficar de bom humor. Isso era mais nítido com Humberto. Carlos tinha paciência para ouvi-lo, já Augusto não tinha a mesma paciência para ouvir ranço, preferia arejar ou então se isolar no fone de ouvido. Só o que interessava a ele era papo positivo e construtivo, tinha obsessão pela performance da banda. Tocar o melhor possível, algo quase religioso, e afinal a música era a única coisa que os unia. Para Augusto, baixo astral não ajudava, só tornava as coisas mais difíceis.

Augusto era do tipo de artista que não reclamava de hotéis, de quartos, de viagens. Sua exigência com comida era: matar a fome e não ficar doente. Desde o mês de gravações do disco *A Revolta dos Dândis*, em 87, o guitarrista desenvolveu rejeição a comidas "finas" do tipo que servem em hotéis. Ao mesmo tempo, o entusiasmo que tinha por experimentar frutas de outras regiões do país lhe rendeu sérios problemas digestivos em um show em Belém do Pará, não pelas frutas, mas pela água em que as mesmas eram servidas no café da manhã. Por essas, o prato preferido passou a ser canja, ou outro tipo de sopa, e bem quente.

Depois de a poeira ter baixado com o estouro de *O papa é pop*, aos poucos a tensão recomeçava a se fazer sentir na banda, mesmo com ótimos shows em 92. O próximo disco já traria indícios de um ânimo diferente daquele da época de *Várias Variáveis*.

A ÚLTIMA PARCERIA

No dia 10 de agosto de 1992, Humberto Gessinger, Augusto Licks e Carlos Maltz entraram no estúdio da BMG no Rio de Janeiro para gravar o sétimo álbum dos Engenheiros do Hawaii. O nome *Gessinger, Licks e Maltz -GL&M-* poderia parecer um estado de união, eternizando na capa os sobrenomes dos integrantes, mas não foi bem assim. Dessa vez, os três já não eram exatamente uma banda, e sim instrumentistas fazendo individualmente o melhor que podiam.

As composições de Humberto estavam puxando para um lado individual, não queria mais ensaiar a três. Distribuiu as músicas, para cada um executar a seu modo: Maltz gravou sozinho, e o vocalista trancou-se no estúdio com o piano. Augusto sentia como se estivesse sendo evitado nas sessões, e acabou gravando sozinho uma música inteira. Diferente dos discos anteriores, não havia nem como conversar sobre o que rolaria depois ao vivo. Assim, o resultado foi um álbum rico musicalmente, com muitos climas, solos e efeitos, uma aquarela sonora a ser ouvida, mas sem sotaque de banda. Considerando que em *A Revolta dos Dândis* não houvera tempo, *GL&M* foi o disco com menos parcerias entre Augusto e Humberto.

"Ninguém = Ninguém" foi a primeira música de trabalho do disco. Na introdução, Humberto dedilha o baixo e Augusto faz o *riff* melódico usando a técnica *slide*. Algumas vezes, utilizava essa técnica como um elemento a mais que, se retirado nas versões ao vivo, não faria muita falta, como foi o caso de "Alívio Imediato". Aqui, porém, a técnica era parte da introdução e não poderia ser excluída nos shows. Mais um problema a ser resolvido. Como usar o *slide* e em seguida tocar normalmente a guitarra, para depois usá-lo de novo? Augusto usava uma espécie de anel com velcro, que ficava no meio do dedo médio, o que possibilitava usar o *slide*, apesar de ter um tamanho pequeno, e conseguir dobrar o dedo para continuar na guitarra. Humberto incluiu um *riff*-convenção que é referência a "Oh, Pretty Woman", de Roy Orbison, regravada pela banda Van Halen.

Cada vez mais, Humberto e Augusto inseriam novas funções nos equipamentos. Esgotavam ao máximo as possibilidades de um trio, e nos shows era quase malabarismo: os dois desdobravam-se em vários ao mesmo tempo, dando conta de tocar dois instrumentos, pisar MIDI-pedalboard ao mesmo tempo, usar teclado e assim por diante. Vocais do disco eram reproduzidos ao vivo por Humberto acionando com o pé a PK-5. Fazia isso em "Ninguém = Ninguém" e na segunda faixa do disco, "Até quando você vai ficar?".

Augusto não economizou recursos, usou tudo que estivesse ao alcance. Na introdução de "Até quando...", tocou duas cordas juntas puxando uma delas até atingir a nota da outra, recurso muito usado por Eric Clapton e Jimi Hendrix.[143] Quando entra a voz, executa

---

143 Taxado por alguns como um "negro tocando música de brancos", Hendrix incorporou consciência racial à sua música. Augusto acha que Jimi quis mostrar aos brancos britânicos como é que se tocava direito o rock de raízes afro-americanas. Depois, quando criou a "Band of Gipsys", parecia querer demonstrar a quem de direito competia tocar o gênero.

Placa do Disco de Ouro do Várias Variáveis.
Foto acervo pessoal de Augusto Licks.

um *riff* na sexta corda, seguido de um acorde suspenso, afundado em *reverb*. Fez o refrão com um violão sólido Gibson Chet Atkins de 12 cordas, e depois usou com *reverse* (reproduzindo ao contrário) um acorde de harmônicos. Na segunda estrofe, Augusto segue com uma textura usando harmônicos e gerando "gritos" de guitarra. Há um trecho em que faz um *rockabilly* em duas cordas, antes de voltar à distorção no refrão. Ao vivo, fazia uma citação do tema da série de TV "Batman e Robin".

Em "Até quando você vai ficar?", Humberto usa o *vocoder*, um efeito deixando "voz de robô" no refrão (usa o mesmo efeito em "Chuva de Containers" e "A Conquista do Espaço"). Para compensar mudanças de andamento nos shows, Humberto acionava cada trecho em teclas diferentes. Também segue o mesmo "peso" e a mesma estrutura (baixo, guitarra, violão e bateria) em "Chuva de Containers". Aqui, baixo e guitarra usam e abusam das frases instrumentais.

"Pampa no Walkman", a última a ser gravada, era uma referência a "Sampa no Walkman", do disco anterior. Na introdução há quatro violões: um faz a linha de baixo, outro entra nas mudanças de acordes e um terceiro fica solando. Sobre estes, Augusto adiciona um *riff* agudo, usando no Martin a técnica *spiccato* de violino com um miniarco, o Piranha Guitar Bow. O violão ficava todo sujo de breu, resina aplicada para o atrito nas cordas. Augusto utilizou o miniarco em outras partes desta música e também no final de "A Conquista do Espaço".

"Túnel do Tempo" tinha introdução de guitarra na fita demo, mas na gravação do disco Humberto decidiu usar sintetizador. Tanto nessa música como em "No Inverno Fica Tarde + Cedo", "Pose (Anos 90)", "A Conquista do Espelho", "Problemas Sempre Existiram" e "A Conquista do Espaço" há uma forte presença de teclados tocados por Humberto, com pouco espaço para guitarras ou violão. Ainda assim Augusto conseguiu inserir solos, *grooves* e nuances. Nenhuma foi tocada em show pelo trio.

Para compor a música de "Canibal vegetariano devora planta carnívora", Augusto usou um processo de criação semelhante ao de "Exército I". Na primeira parte, com o timbre *fretless* do U-20, criou uma linha de baixo descendente, contrastando com notas repetitivas na guitarra GM-12 (Steinberger de 12 cordas), que depois evoluem para um leve arpejo com overdrive. Na segunda parte, a bateria dispara numa levada acelerada, e o contraste passa a ser de um *walking bass* pulsante com *power chords* da "cinza".[144] A música foi gravada apressadamente e sem *click*, com isso a velocidade acabou descambando como se tivesse descendo uma ribanceira. Não teria como consertar isso na mixagem, Augusto tentou salvar o que deu, enquanto Humberto, Carlos e um técnico foram assistir ao show de Lulu Santos. Quando retornaram, a música estava mixada.

"Canibal" foi a única letra que Humberto passou para Augusto musicar no *GL&M*. Insatisfeito, o guitarrista trancou-se em casa para compor, como fazia antigamente em parcerias com Nei Lisboa. Passou horas com o violão no colo, vez por outra registrando no Teac 238.

Na manhã seguinte foi cedo ao estúdio, onde estava o técnico Dalton Rieffel, que dividia os trabalhos com Ronaldo Lima. Dalton apreciava um bom som de violão e foi logo experimentando microfones diferentes com o Martin. Optou por posicionar um bem próximo à escala, e um segundo afastado para melhor capturar os graves. Augusto gravou primeiro o violão base, abafando ritmicamente as cordas com a mão direita. Depois gravou o segundo violão executando uma textura *chord-solo* em toda a música. Inseriu uma "cama" (harmonia de fundo) de cordas com teclado, e uma percussão com bateria eletrônica. Finalizada a gravação do instrumental, encontrou Humberto e disse: "Tem uma música pronta. Coloca uma letra". Maltz fez uma percussão, substituindo a bateria eletrônica,

---

144 Para o efeito da introdução e inserções, utilizou na guitarra um pedal *Whammy* da Digitech.

Humberto fez a letra e gravou a voz. Assim nasceu "Parabólica", a última parceria de Augusto e Humberto.

João Carlos, um dos executivos da gravadora que acompanhava a banda desde o início, passou no estúdio, e o técnico, todo animado com a qualidade do som que tinha conseguido, mostrou a ele a música. Ele ouviu e adiantou: "Essa vai ser a música de trabalho". Não foi a primeira, mas em compensação ganhou dois videoclipes que foram gravados em janeiro de 1993. Um deles é com a banda, inclusive fazendo propaganda para uma marca de cerveja. As imagens foram feitas no terraço do Hotel Rio Palace, em Copacabana, na estrada para o Autódromo do Rio e na Praça da Apoteose. O outro é com Humberto e sua filha Clara, na época com quase um ano de idade, filmado na Fundição Progresso e na Lagoa da Barra da Tijuca. Quando exibido pela MTV, um deles excluía o nome de Augusto como um dos compositores, deixando só o do Humberto; e outro trazia um genérico "Engenheiros do Hawaii". Sem dúvida nenhuma, este foi o "grande sucesso" do disco, chegou a liderar a lista das "mais tocadas" da Rádio Cidade, alternando-se com "Ordinary World" (Duran Duran).

Na maior parte deste disco, Augusto tocou com a Steinberger Klein,[145] mas também usou a 12-string cinza em três músicas, e ainda os violões Martin e Chet Atkins 12-string. Vale dizer que todas as Steinberger ainda estão com ele, inclusive a "loira". Isso vale uma explicação: em 2009 a apresentadora Eliana, no Programa Tudo

---

145 O modelo é GK7S ("K": Klein, "7": captadores duplo+simples+duplo, "S": S-Trem, sistema de alavanca sem a transposição do Transtrem). O luthier Steve Klein se notabilizou por explorar a relação ergonométrica entre instrumento e executante. A parceria com Ned Steinberger resultou numa guitarra radicalmente diferente, apelidada de "KleinBerger". Sua angulação facilita o movimento do braço humano, à semelhança de violão erudito quando a perna se apoia num banquinho. A escala (fingerboard), poderia ter o padrão *fanned-fret* criado por Ralph Novak, em que os trastes não são paralelos e sim alterados progressivamente de modo a acompanhar a curva de movimento da mão. Augusto decidiu pela convencional porque a opção Novak poderia atrasar a entrega da guitarra, e tinha poucos dias antes de retornar ao Brasil. Augusto utilizou a Klein em suas últimas duas turnês pela banda. A "Klein Community", com músicos e admiradores de todo o mundo, foi fundada nos EUA por um brasileiro, Wilson Schünemann, e a número 09 de Augusto Licks foi a primeira que viu e que ativou seu interesse.

é Possível, fez uma matéria com Chimbinha, guitarrista da banda Calypso. Ao ver uma Steinberger modelo GM4T, Eliana perguntou se aquela não era a guitarra dos Engenheiros do Hawaii. E Chimbinha responde: "Foi do guitarrista dos Engenheiros do Hawaii. Eu comprei há uns três anos. Um rapaz foi lá no estúdio, eu estava gravando. Eu testei o som e comprei". Chimbinha talvez tenha comprado de outro guitarrista, mas não de Augusto Licks, que a guarda junto com as demais em sua casa. Augusto, aliás, tem contato com o próprio Ned Steinberger, rola alguma troca de ideias.

Durante a mixagem do disco, Augusto fez um *blind test* com o técnico Menudo: pediu que passasse todo o programa (toda a gravação) de "Ninguém = Ninguém" por um compressor e copiasse uma vez daquele jeito e outra vez sem o compressor, e levaram a fita para outra sala. Para o Menudo, que não levava muita fé na brincadeira, Augusto instruiu:

— Embaralha e põe para tocar as duas sem saber qual é qual.

— É esta! — respondeu o técnico após ouvir, surpreendendo-se ao ver que era a cópia do compressor.

Augusto explicou que o truque se chamava *crunch* e era usado por bandas americanas em fitas K-7. Lembrou da banda do amigo David Bondy, que fizera uso de coisas daquele tipo, e assim produziu uma ótima fita demo, mas depois, com contrato assinado com a BMG, a gravação em megaestúdio não conseguiu reproduzir a pegada da banda, tiveram que reaproveitar coisas da demo.

No meio das gravações, os Engenheiros do Hawaii fizeram o Show dos Estudantes, na Lapa, no Rio de Janeiro, para comemorar a volta da meia-entrada para estudantes em cinemas, teatros, danceterias e shows. UNE e UBES elegeram a banda como o grupo de maior identificação com a juventude na época. As imagens do show gratuito serviram para o clipe da música de trabalho "Ninguém = Ninguém".

Com o disco na praça, era hora de a ala crítica paulista fazer o que mais gostava: malhar os Engenheiros. Rogério de Campos, da Bizz, tentou se esmerar: *"O lugar perfeito para se ouvir esse disco (e os outros da banda) é em um entediante conjunto habitacional de uma cidade do interior onde só pega um canal de televisão e o calor é tão grande que deixa as pessoas lentas, sem vontade de fazer nada".*

Na Folha de S. Paulo, Claudio Julio Tognolli chamou as músicas de "furibundas" e as letras de "gongóricas e incompreensíveis", e já no título "Guitarrista é culpado no LP de Engenheiros" não perdoou Augusto por usar *slide/bottleneck*: *"Licks não sabe dominar os 'bottles', você pode ter a sensação de que sua vitrola ou o CD estão com problemas na rotação".*

Para começar 1993, os Engenheiros estavam na lista do Hollywood Rock. O som *grunge* de Seattle dominava a cena roqueira da época. Nirvana e suas derivações eram os precursores de uma nova escola na história do rock. Esta edição era um prato cheio para os jovens que usavam camisa xadrez e cabelos compridos.

A noite mais "pesada" era a segunda, com L7 e Nirvana como atrações internacionais. As nacionais eram Doctor Sin, banda brasileira de hard rock, e Engenheiros do Hawaii. O grupo gaúcho era um "estranho no ninho" naquela programação. Tocariam no dia 16 de janeiro no estádio do Morumbi, em São Paulo, e no dia 23 na Praça da Apoteose, no Rio. Uma matéria da Folha de S. Paulo publicada um dia antes do show dizia: *"Os Engenheiros vão ter que desviar das latinhas de cerveja na noite mais suja e agressiva do festival".* Profecia ou incitação, foi dito e feito: jogaram até pedaços de pizza, e foi uma péssima noite para a banda.

O show do Hollywood Rock de 93 em São Paulo talvez tenha sido um dos mais difíceis da história da banda, uma apresentação quase heroica. Não se sabe se foi por descaso ou intencionalmente que a organização do Hollywood Rock programou o show dos Engenheiros para a noite do Nirvana. O público da banda era outro, e teve que se espremer em meio à plateia da atração principal. A maioria queria Nirvana, nem aí para Engenheiros. Assim o trio GLM teve que tocar, talvez pela única vez, para um público em parte hostil: pessoas jogavam o que tinham em mãos, chegando a danificar instrumentos, um balde de água fria. Talvez o impacto daquela noite logo no início de 93 tenha a ver com o clima tenso que se desenvolveu na banda ao longo do ano. O detalhe é que depois, quando finalmente entrou no palco, era o Nirvana que parecia não estar nem aí para o imenso público do Morumbi, tocaram um *set list* enxuto e em seguida fizeram menção de encerrar. Acabaram continuando, mas o que se viu foram músicas mal ensaiadas e embromação. Antes de o Nirvana encerrar o show, grande parte do público já tinha ido embora.

Ainda em cima do palco, Wander Wildner, vocalista d'Os Replicantes, cumprimentou Augusto por ter encarado aquela plateia enfurecida. Augusto e Carlos deram entrevista para a MTV. O baterista mostrou a mão machucada e disse que os Engenheiros estavam ali pelo esforço deles e não pela ajuda de ninguém. Augusto, fumando e demonstrando nervosismo, comentou reclamações de que o grupo Alice in Chains tinha sido prejudicado na primeira noite do Festival: "Gringo prejudicado? Que é isso meu? Cai fora!!!". Sobre as latinhas que jogaram no palco, Augusto disse que não tinha problema: "Os Engenheiros jogam futebol gaúcho!".

Teve órgão de imprensa culpando o repertório da banda, que fora escolhido pelos fãs, mas uma matéria da MTV antes do show já mostrava entrevistados nada receptivos ao grupo gaúcho.

Na semana seguinte, no Rio de Janeiro, os Engenheiros sentiram-se mais em casa e o público carioca não era tão intolerante. O Nirvana por sua vez aderiu às exigências contratuais e fez um show atendendo às expectativas, o que não impediu Kurt Cobain de protagonizar antológicas cenas destrutivas e autodestrutivas (cuspiu nas câmeras, expôs a genitália), para delírio de alguns que viam naquilo algum auge de expressão e não imaginavam as questões pessoais que o vocalista carregava e que um ano depois o levariam ao suicídio.

Para o Jornal do Brasil, escreveu Jamari França: *"Os Engenheiros do Hawaii passaram maus momentos em São Paulo: a plateia estava mais a fim dos grungidos do Nirvana. Parece que ficaram traumatizados. Tanto que, no Rio, o show não decolou. Gessinger, Licks & Maltz não estavam em uma boa noite. Tocaram apenas 11 músicas de uma playlist de 18 e foram embora".*

Será que 1993 poderia ser ainda pior para os Engenheiros? Pelo visto, sim.

O ÚLTIMO DISCO

No final do ano, Humberto leu na Guitar Player uma matéria sobre Tuck Andress, falando de forma detalhada sobre suas Gibsons. Aquilo despertou sua curiosidade. Prestes a subir a serra junto com esposa e filha, descolou alguns CDs do guitarrista e partiu para seu refúgio em Gramado.

Humberto tinha considerado várias opções para o oitavo disco, que recebeu o nome de *Filmes de Guerra, Canções de Amor*, o mesmo de uma canção gravada no disco *A Revolta dos Dândis*. Decidiu que gravariam um disco ao vivo, porém diferente de *Alívio Imediato*. Desta vez a banda iria ensaiar um show acústico, que na época ainda não era sinônimo de "vamos fazer este artista voltar a ter sucesso". Os Engenheiros foram a primeira banda do rock nacional a lançar um álbum acústico.[146] Não seria qualquer show. Para muitos, acabaria sendo "o" acústico.

Humberto achava que os Engenheiros já tinham feito tudo o que podiam fazer musicalmente. Estava faltando um trabalho em que

---

146 Marcelo Nova gravou um piloto do Acústico MTV em 1990, porém nunca foi lançado. O Barão Vermelho gravou em 1991, mas foi lançado em 2006. A Legião Urbana gravou em 1992 e lançou o Acústico MTV em 1999.

Augusto se sentisse "em casa", achava que ele surfaria bem num clima de jazz.

Ouvindo Tuck, Humberto teve a certeza de qual som queria para o próximo trabalho. Saiu de madrugada a caminhar até um distante orelhão de Gramado e ligou para o Rio:

— Augusto, achei o som que estava procurando para o acústico. Tu manja Tuck Andress?

— Deixa comigo.

A mala sempre estava pronta. Foi só cuidar da passagem com a agência da amiga Aninha e decolar mais uma vez rumo à "Big Apple".

No avião se perguntava se aquela viagem era uma boa escolha. O clima na banda estava muito tenso e pesado. Até quando a corda iria aguentar? Se dependesse dele, ainda por muito tempo, afinal, apesar de todas as adversidades, fazia o que mais gostava: música.

Antes de ir à Gibson, foi convidado para um encontro com os empresários Gil e Carmela, que também estavam na cidade. Augusto os pegou num hotel perto do Columbus Circle e foram fazer um *brunch* no Plaza.

— Estou preocupado. Está muito ruim o clima na banda.

— Está tudo bem, Augusto. Vamos gravar um disco acústico maravilhoso com orquestra e tudo.

— Sim, Carmela, mas está tudo muito esquisito.

— Fica tranquilo, Augusto. Além do disco já temos uma turnê no Japão.

— Não sei o que me espera na volta.

— Já conversei com o Humberto e está tudo bem, todo mundo animado! — tranquilizou Carmela. Na saída do Plaza se despediram descontraidamente e até com risadas depois que um segurança invocou com Gil, queria revistá-lo ou coisa assim.

Um pouco mais seguro, mas não totalmente tranquilizado, Augusto foi até a Gibson. Já tinha amizade com o gerente, o Jimmy. Conversaram bastante. Augusto falou da ideia do novo projeto. Foram direto para uma seção com várias guitarras da Gibson que atendiam ao que o guitarrista pedia. Para Humberto, Augusto escolheu duas, a Gibson ES-335 e a ES-350. Augusto gostou da L-4 CES. Ele olhou, testou. Iria ficar com ela, mas antes pediu para tirar a palheteira, que tinha um rabisco, e trocar por uma nova. Depois que trocou, o gerente disse que aquele rabisco era a assinatura de Steve Howe, guitarrista do YES. Quando chegou ao Brasil contava essa história e sempre diziam: "Você não pediu para ficar com a palheteira?". E ele respondia: "Não, aí seria a guitarra do Steve Howe e não minha".

Os ensaios foram no apartamento do Maltz, em Ipanema. A sala se encheu de instrumentos de percussão, caixas de som, guitarras e acordeon, na época a nova paixão de Humberto, que chegou com as músicas já selecionadas: a ideia era não ter *hits* e dar uma passada por todos os discos dos Engenheiros. Todas teriam arranjos diferentes das versões originais. Foram três meses de ensaio, no melhor clima que se pode ter. Em vários momentos Humberto colocou um tripé e filmou os ensaios. Augusto sabia o que queria fazer: guitarras limpas e muitos efeitos. Também já havia a decisão de ter uma orquestra em algumas músicas, porém a sua ausência deveria respeitar as outras canções.

O produtor escolhido foi Mayrton Bahia, conhecido pelos seus trabalhos com a Legião Urbana. Quando a banda mostrou as músicas que queria gravar, entre elas estava a "Manuel, o Audaz", de Toninho Horta. Foi aí que o produtor sugeriu o nome de outro mineiro, Wagner Tiso, para fazer o arranjo e reger a orquestra. Wagner aceitou o convite e recebeu de Humberto a fita demo. Augusto conhecia o trabalho dele, inclusive na sua vertente "rock".[147] Só que Augusto não teve chance de conversar com Wagner, sentia algum tipo de bloqueio

---

147 Em 81, o guitarrista tinha trazido da Argentina (no Brasil não se achava) o disco Matança do Porco, da segunda formação do Som Imaginário, banda da qual Wagner fez parte, e até assobiava a melodia de "Armina".

na rotina de ensaios e shows. Na última hora, "Manuel, o Audaz" acabou ficando fora da lista, sendo tocada somente no programa Ensaio, da TV Cultura. Augusto tinha ido ao show de Toninho Horta num bar do antigo hotel Meridien para pedir autorização, prontamente concedida, até deu autógrafo para a sobrinha de Toninho.

Os shows aconteceram na Sala Cecília Meireles, no Rio de Janeiro. Foram três sessões, nos dias 5, 6 e 7 de julho. Para a plateia foram convidados os fã-clubes, que na época eram mais de 70. Além do áudio, também aconteceram as gravações em vídeo para um futuro *home video*.

Como num passe de mágica, todo aquele clima bom dos ensaios não existia mais. O ambiente era carregado, até quem não era da equipe percebia. Alguns estranhavam que a empresária Carmela estivesse presente, não viam como bom sinal. Parecia faltar sintonia em questões de cenografia, luz e som, e sobre estas Augusto não era chamado para conversar, ficava isolado ocupando-se de configurar seu equipamento. Ali já corriam "conversas de corredor" de que os Engenheiros do Hawaii estariam com os dias contados, e a produção de um *home video* alimentava boatos de que seria o último registro histórico da banda. Após os shows, a produção e a equipe técnica estranharam receber alguns dias de férias, e bateu a ansiedade, não se sabia se a banda iria voltar. Aquela tranquilidade passada pela empresária Carmela a Augusto no Plaza começava a fazer água: a tensão estava de novo presente, e continuou nos eventos seguintes. Era de se perguntar: mas afinal, de onde é que vinha aquela tensão? E quem é que ficava espalhando boato de que a banda iria acabar? Mais mistérios de Engenheiros do Hawaii.

As músicas com a orquestra foram gravadas sem plateia. Aliás, era uma seção de orquestra: 12 violinos, 4 violas, 4 violoncelos e um contrabaixo (em duas músicas foi adicionada uma trompa), todos regidos por Wagner Tiso. Uma delas foi a inédita "Mapas do Acaso". Uma coisa pelo menos era favorável a Augusto: o contexto musical.

Na introdução, Augusto primeiro trabalhou com o volume, depois começou a fazer texturas e contrapontos à orquestra e à guitarra de Humberto durante o restante da música, até aterrissar no primeiro solo. A mesma estrutura se repetia em "Ando Só" e "O Exército de um Homem Só I e II".

Augusto adicionou com sutileza alguns efeitos sonoros, em geral uma mistura de *reverb* com eco como marca geral ao longo das gravações. "Além dos Outdoors" e "Pra Entender" iniciam a sessão ao vivo no disco. Humberto na guitarra base, Carlos na percussão e Augusto solando, fazendo textura e fazendo *scat* com a voz junto com o solo, no melhor estilo George Benson. Em "Além dos Outdoors", os contrapontos de Augusto na sua Gibson[148] são *jazzy-blues*, ou *bluesy-jazz*, do começo ao fim.

"Quanto Vale a Vida", que estava na demo do *GL&M*, traz Humberto na guitarra, Maltz na percussão e Augusto na harmônica – voltou a usar o artifício de mergulhar a gaita na água. Humberto emendou trechos de "Piano Bar" e "Perfeita Simetria" tocando guitarra sozinho, com Carlos e Augusto na percussão.

Na introdução de "Crônica", os acordes de Augusto adicionam uma sensação de movimento, como um carro passando e se distanciando ou um trem se aproximando ao longe.[149] Ao longo da música, em meio a apitos de Carlos, o guitarrista explora o mesmo efeito dando a sensação de objetos caindo. Ao final, após Humberto frasear a guitarra com *slaps*, Augusto "esmerilha" as cordas com a palhe-

---

148 O timbre "humbucker" não satisfazia Augusto, era muito "jazz", e a L-4 CES tinha tampo sólido, para um som mais rico do que numa ES-175. Jimmy lhe conseguira dois "mini-hambuckers", que na Les Paul "Deluxe" substituíram o *single-coil* P-90. Sem tempo de instalar os "minis", acoplou um microfone de lapela Audio-Technica, dentro da semiacústica. Para controlar a microfonia, usou adesivo "contact" nas *f-holes* e a equalização paramétrica do preamp Rane. O resultado foi um timbre diferente, em alguns momentos a lembrar violão clássico.

149 No rack de efeitos DSP256 da Digitech, Augusto conseguia produzir um eco com alteração de *pitch*: o eco era desafinado para simular o efeito Doppler, um fenômeno da natureza descrito pela primeira vez em 1842 pelo físico austríaco Christian Doppler. O som constante de qualquer objeto em movimento é percebido de forma alterada por alguém que não esteja também no mesmo movimento. Um exemplo comum é o som de sirenes passando.

ta provocando gritos na plateia. Essa gravação ao vivo foi usada no videoclipe da música com imagens do Japão.

"Pra ser sincero" fecha o lado A do disco, com Humberto no acordeon, Augusto tocando na guitarra a música que compôs no piano e Carlos na percussão. "Muros e Grades" abre o lado B com um arranjo puxando para bossa nova. Usando Ebow, Augusto criou novas linhas melódicas para a introdução, com variantes da mesma ao longo da música. No final, improvisa usando a técnica *fingerstyle* na mão direita. "Alívio Imediato" entra na sequência com duas guitarras limpas, com letra diferente da original. Neste arranjo, os contrapontos de Augusto começam como simples marcações e vão crescendo em improvisos até virar solo formando um *blend* com a voz.

"Às Vezes Nunca" e "Realidade Virtual" são duas inéditas que fecham o disco. Elas foram gravadas no estúdio da BMG no Rio. Na primeira, os Engenheiros contaram com Wagner Tiso no acordeon e Paulo Moura no sax, em contraponto aos "blues licks" da guitarra de Augusto. No final dessa música, entra uma guitarra com distorção. Augusto não gostou nem do timbre nem da execução da guitarra distorcida, mas não sobrou tempo para refazê-la. Já "Realidade Virtual", que foi composta no acordeon e que foi escolhida como música de trabalho, contou com Augusto na guitarra de 12 cordas, guitarra *slide* e violão, Humberto tocou acordeon, piano e baixo e Maltz na bateria, além do coro dos Golden Boys.[150]

Outras músicas do *set list* do show não entraram no LP, mas entraram no *home video*. Outras não estavam no show e entraram como clipe. São elas: "Parabólica" (misturando o clipe e o show), "Ninguém = Ninguém" (o clipe que foi gravado no show da Lapa, no Rio), "Refrão de Bolero" (Augusto ficou fazendo contrapontos ao longo de toda a música. Na hora do solo acionou a palheta, enquanto a plateia gritava "Augusto, Augusto"), "Todo mundo é uma ilha" e "Até

---

150 No final desta música, Augusto liberou o TC1210 para ser usado o efeito flanger "airport".

quando você vai ficar?" (clipe feito com imagens da passagem de som e do show do Hollywood Rock, em janeiro de 1993). Augusto não economizou efeitos em "Todo mundo é uma ilha": usou *slide* na L-4 ao mesmo tempo em que acionava um pedal de volume Morley, e depois um *fast tremolo* como "cama" nas partes calmas, além de puxadas de corda com eco no refrão.

O público que foi convidado para o show não sabia da mudança de som da banda para a gravação. Demoraram um pouco para entender. No primeiro dia não deu para aproveitar o material porque um dos microfones da plateia ficou acima de uma menina que gritava "o baixo, o baixo, eu quero contrabaixo".

A ÚLTIMA TOUR

No início de agosto, enquanto o disco era mixado, os Engenheiros novamente arrumaram as malas e foram para o Japão. O produtor Álvaro Nascimento achou que tinha desembarcado num pesadelo. Os shows haviam sido contratados por um casal que gostava muito da banda, mas que não era do ramo. Enquanto Humberto, Carlos e Augusto passeavam, captando imagens para o *home video*, Álvaro se trancava no quarto do hotel e entrava em contato com advogados, embaixada, gravadora e mais quem pudesse ajudar a resolver os problemas. Contou com a ajuda de um tradutor e uma brasileira que trabalhava em um jornal voltado à comunidade do Brasil.

A equipe que viajou era pequena. Para som e luz usaram técnicos do Japão. Os japoneses são extremamente sincronizados no que fazem. Na passagem de som, todo mundo tinha que sair do palco e em cada posição dos integrantes do trio ficava um funcionário local para afinação dos sistemas de luz e de som. A equipe técnica japonesa ficou um tempo parada olhando o *rack* de efeitos de Augusto. Muitos eram de fabricação japonesa, mas sua presença num *rack* de guitarra parecia incomum para eles. Foram cinco shows em Nagoya e Iwata. O grande público presente se devia ao contingente de brasileiros descendentes que iam trabalhar naquele país. De uma cidade para a outra, ia-se de *Shinkansen*, trem-bala. Pela velocidade e pela ausência de áreas não construídas, a impressão era de estar sempre na mesma cidade.

Se por um lado havia problemas, por outro os Engenheiros puderam conhecer um pouco o Japão. O filme *Encontros e Desencontros*, de Sofia Coppola, passa a sensação de estar estrangeiro naquele país. Roteiro à parte, a atmosfera de hotel, visitas a templos e outros locais é muito semelhante ao que foi vivido pelos Engenheiros em Nagoya. Na viagem de ida, Augusto foi lendo o livro *thriller Sol nascente*, de Michael Crichton, que trazia várias dicas de como estrangeiros são vistos pela cultura japonesa.

Ficaram hospedados em hotel de luxo, e no primeiro dia foram levados a um restaurante que tinha até ouro em pó na comida. É tradição japonesa: a cantora Tsubasa Imamura presenteou a família de Augusto com kits de café com ouro. Do Japão, Augusto trouxe uma correia de guitarra que ganhou do fã-clube dos Engenheiros do Japão e que passou a usar na turnê.

Próximos destinos: Los Angeles e Mountain View, nos Estados Unidos. Em Los Angeles, em um dos teatros mais conhecidos da cidade, o Palace, o público era reduzidíssimo, formado por poucos brasileiros, um cenário oposto ao dos shows no Japão. Antes de os Engenheiros entrarem no palco, a escola de samba M.I.L.A., com mulatas vestidas a caráter e puxadores de samba, mostrou que o Brasil é o país do samba e do carnaval. Depois entraram os Engenheiros para uma hora e meia de show.

Na agenda, ficaram um dia no deserto de Mojave para gravar cenas para o clipe de "Realidade Virtual". Ainda em Los Angeles, Humberto e Carlos deram uma entrevista para André Barcinski, da Bizz. Augusto ficou de fora da entrevista, nem foi avisado. Na en-

Cartaz do show dos Engenheiros do Hawaii em Mountain View (EUA), em 1993.
Reprodução acervo pessoal de Augusto Licks.

trevista, Humberto disse que teria preferido ficar no Brasil e assimilar o novo disco que estava para sair. Augusto tinha outra visão: Los Angeles podia ter sido uma "roubada", mas os shows no Japão foram muito dignos, estiveram lá tocando para brasileiros saudosos de seu país. Talvez o líder estivesse insatisfeito com as condições de alguns shows, que eram vendidos sem uma estrutura satisfatória.

Após um show lotado no Gigantinho, numa das últimas turnês da formação, o grupo foi para o camarim e os seguranças não os deixaram sair. Enquanto o contratante não fizesse o pagamento a eles, a banda ficaria "refém". Os produtores viram que uma janela dava para uma quadra de ginástica. Era a única saída. O produtor Bineco saiu do camarim falando desaforos para a equipe, ao mesmo tempo em que instruía o motorista a levar a van para a quadra. Bineco continuou a cena, fez sinal para Álvaro e então Augusto, Humberto e Carlos subiram numa cadeira, passaram pela janela e escorregaram pelo telhado até caírem em colchões da quadra, onde a van os aguardava. No caminho, muita discussão, não um contra o outro, mas por passarem por situações como aquela.

Também em meados de 93 Augusto recebeu uma ligação de Carlos: Manoel Poladian, o empresário de grandes nomes da MPB e do rock, queria conversar com eles. Carlos e Augusto encontraram-se com o empresário em um restaurante italiano no Leblon. Poladian foi claro: o que a banda quisesse, ele faria. Conversaram e depois se despediram. Na banda não se falou mais no assunto. Augusto ficou a se perguntar por que afinal tinham ido lá falar com Poladian.

Ainda naquela época, e por iniciativa de Augusto, ele e Carlos foram ao escritório da advogada Silvia Gandelman, na rua São José, no Rio. O sobrinho Otto havia alertado Augusto para levar até a banda a importância de registrar o nome Engenheiros do Hawaii. Algumas bandas e artistas estavam tendo problema com seus nomes, pois outras pessoas estavam se aproveitando da falta de registro dos mesmos. Preocupados, Augusto e Carlos foram buscar orientação sobre como proteger o nome da banda.

A conversa com a Dra. Silvia foi agradável, ela e Carlos chegaram até a aventar possíveis parentescos familiares. A advogada sugeriu que fosse criada uma pessoa jurídica da banda e que a marca fosse registrada em nome desta empresa. A documentação para o pedido de registro da marca Engenheiros do Hawaii foi encaminhada e ficou pronta, faltando apenas as assinaturas dos três integrantes da banda.

Passado algum tempo, Augusto indagou Carmela como tinha ficado a questão da marca e ouviu dela que o assunto "seria tratado pelo contador". O tempo passou e não se falou mais naquilo. Pelo jeito nem todos quiseram assinar. A banda não tinha assinado nada com ninguém, a única exceção era a gravadora.

A ala crítica paulista mal podia esperar para malhar o novo disco, mas dessa vez estava em minoria. Na mesma Bizz, Alex Antunes elogiou o "resultado legal" e o estilo "barroco mineiro" de Wagner Tiso, enquanto Alexandre Rossi se esforçava para achar alvos: *"Transborda mediocridade, arpejos de descanso de telefone de dentista, timbres enervantes e letras profundas como um banco de areia"*. Era opinião isolada.

O crítico Fabian DC, também paulista, não poupou elogios: *"Em boa parte do disco o trio fica sozinho no palco. E a música flui gostosamente. Augusto Licks brilha na guitarra como de praxe, e Humberto Gessinger volta a cantar bem, além de dar um baile de versatilidade ao tocar piano, acordeon, guitarra e baixo. Carlos Maltz segura a onda na bateria e percussão"*. E finaliza: *"Mesmo o crítico mais cismado com os Engenheiros do Hawaii será obrigado a dar o braço a torcer ao ouvir 'Filmes de Guerra, Canções de Amor'. Sem exageros, um forte candidato ao prêmio de melhor LP de rock nacional de 93"*.

Pedro Só, que saiu em defesa dos Engenheiros no lançamento do *GL&M*, na revista General navega na mesma corrente: *"(...) é um* belíssimo trabalho, um projeto que pouquíssima gente no pop nacional teria condições de executar sem passar ridículo". E fala sobre Augusto e Humberto: "'Quanto Vale a Vida?', a outra nova, é um belo exemplo de folk song, com inspirada gaita de Licks. (...) A guitarra de Licks é elegantíssima, mas Gessinger canta (...) sem a menor intenção de ser cool, rasgando-se em alguns rompantes". Na crítica de Celso Fonseca, no Jornal da Tarde, Filmes de Guerra, Canções de Amor é descrito como "um disco cool, bem arranjado, com flertes evidentes com a bossa nova, a música popular brasileira e sem rock". Nesta mesma crítica, Augusto é citado como "o melhor instrumentista da banda".

Para a capa do Filmes de Guerra, Canções de Amor foi tirada uma foto da madeira da porta do estúdio e depois aplicada a imagem de uma f-hole de instrumentos de corda acústicos. Na contracapa, a foto dos três separados (assim como foi no GL&M) e, em um dos quadrados, os logotipos de todos os discos com a formação Humberto, Augusto e Carlos cercados por cobra mordendo o próprio rabo (logo do Várias Variáveis). Seria o anúncio do fim de mais um ciclo?

O ÚLTIMO SHOW

Os shows e divulgação de Filmes de Guerra, Canções de Amor estavam mais para guerra do que para canções. Em 17 de setembro, no Programa Livre do SBT, é nítido o clima ruim. Humberto várias vezes toca de costas para Augusto, olhando somente para Carlos. A banda fez um programa ao vivo e deixou dois gravados. Em um deles, veiculado quando Augusto não estava mais nos Engenheiros, alguém da plateia perguntou se eles já teriam pensado em separar a banda. Humberto respondeu que não teria paciência para fazer carreira solo, mas que isso não significava que jantavam todo dia.

"Eu gosto de banda, eu gosto de time. Não tenho saco para individualismo neste sentido". Em outro programa, que foi exibido como especial de ano-novo, Serginho perguntou a Augusto quais os planos para 1994, e ele: "A ideia para 94 é o futebol gaúcho ir à forra e desbancar o futebol paulista".

No dia seguinte, os Engenheiros fazem show em Sorocaba, no interior paulista, que terminou já de madrugada. Os equipamentos foram desmontados e seguiu-se direto para o campus da Universidade de São Paulo para a participação da banda no Bem Brasil, da TV Cultura, comemorando o programa de número 100. O ônibus chegou à USP às seis da manhã, com músicos e equipe varados na noite, todos cansados e exaustos.

Carlos, Humberto e Augusto nem puderam descansar no camarim, logo chegaram maquiadores, jornalistas e mais gente, difícil ficar de bom humor. O show começou às 11 horas, transmitido para todo o país. Parecia não caber mais ninguém na USP. Tinha gente assistindo até de cima das árvores. Foi o maior público do Bem Brasil naquele local.

Começou com "Ouça o que eu digo: não ouça ninguém", seguida de "Até quando você vai ficar?" e assim por diante. Humberto foi ao piano para "Refrão de Bolero" e "Pra ser sincero". Na sequência anunciou uma música nova: "Realidade Virtual". Augusto estava tendo dificuldade em enxergar por causa do sol que batia no rosto. Humberto olhou para o guitarrista e gritou no microfone: "Acorda, Augusto". Para alguns a "bronca" era porque Augusto não teria disparado as vozes que abrem a canção, só que o guitarrista não disparava nenhuma voz de seu MIDI Pedalboard, era Humberto que fazia isso.

Realmente, havia algo muito estranho na banda. O "grito" de Humberto foi algo que deixou muitos fãs preocupados. Para a produção e equipe era só mais um grito, coisa corriqueira. Porém, dessa vez o Brasil inteiro viu e ouviu.

O show continuou com "Ando Só". Humberto saiu do piano, foi até a frente de Augusto, ficou rondando e voltou para pegar o baixo. E mais tensão: em "Infinita Highway", Humberto começou a gritar "guitarra, guitarra". Augusto foi até seu amplificador. O certo durante um show é passar instruções de palco a um *roadie*. Dessa vez, porém, Humberto usou o microfone. E terminou com "Toda Forma de Poder". Voltaram para o bis. Humberto disse que iria repetir uma que não ficou legal, e tocou "Realidade Virtual". Em seguida, Augusto começou a introdução de "Era um garoto que como eu amava os Beatles e os Rolling Stones". Humberto começou a bater forte nas cordas do baixo para fazer Augusto aumentar a velocidade da introdução. Fim de show. O clima dentro da banda começava a ficar nítido também para o público. Todos entraram no ônibus. Silêncio.

Continuava a divulgação do novo disco, e em Curitiba os Engenheiros tocaram com orquestra e de *smoking* no Noite de Gala de Clodovil, na CNT. Quando perguntado sobre o início da banda, Augusto passou o microfone, explicando que entrou no segundo disco.

O tema "separação" também apareceu no Faustão:

– Como é o relacionamento entre três pessoas, cada um com sua família, a respeito de privacidade. Não dá muita briga, não tem hora que cada um quer rachar e abandonar o grupo?

– Tem. É muito difícil. Ao mesmo tempo tu tem que te abrir com o cara que toca contigo, mas ao mesmo tempo tem que manter algumas coisas só pra ti – respondeu Humberto.

– Quem tem o gênio mais fácil de vocês três?

– Os três são tão difíceis. Acho que o Augustinho é o mais fácil de se tratar. (...) Eu e o Carlos somos muito chatos. É quase impossível aguentar a gente. Só o Augusto aguenta.

A Rádio Jovem Pan era parte do roteiro de divulgação. Toda vez que os Engenheiros do Hawaii iam à emissora, a chefe de reportagem Liana Milanez Pereira os recebia ou ia ao menos dar um abraço em Augusto, amigos que eram desde a Rádio Guaíba. Sem avistar o guitarrista no estúdio, perguntou onde estava, e responderam "no hotel". "Qual hotel?", saiu furiosa da sala, para telefonar. Mal Augusto atendeu e começou a ouvir uma bronca da amiga:

— Que raio de profissional é você, Augusto? Como você não aparece em uma entrevista?

— Do que está falando, Liana?

— Humberto e Carlos estão aqui na rádio para dar entrevista e você não veio. É importante você estar aqui.

— Liana, me passaram que a entrevista era às 10 da manhã. Eu não sabia que era antes.

— A entrevista era às 9 horas. Por que fizeram isso com você?

— Não sei. Só sei dizer que tem algumas coisas estranhas acontecendo. Mas outro dia conversamos.

Nas entrevistas em que Augusto não ficava de fora, sentia que não tinha chance de falar. Para ele, parecia que havia como que uma blindagem. Para não chover no molhado, o guitarrista deixava que a verborragia rolasse solta, e muito raramente alguém conseguia extrair alguma frase sua ou saber algo pessoal que não fosse algum rótulo que tentavam lhe grudar. Augusto sentia como se não houvesse espaço a seus assuntos próprios, e ele mesmo não se prestava a fazer publicidade pessoal.

Em um programa do Jô Soares, o apresentador perguntou o significado da gíria "deu pra ti". Augusto, que foi um dos idealizadores do *Deu pra ti, anos 70*, ficou em silêncio, deixando que Humberto e Carlos falassem. No programa Matéria Prima, da TV Cultura, um rapaz perguntou para Augusto o que ele achava de Janis Joplin, e ele: "Acho legal a Janis Joplin", o que fez Serginho Groisman comentar: "Resposta minimalista".

Ainda por cima às vezes sentia-se "monitorado", com a sensação de que gente da equipe se aproximava para conversar e depois compartilhar o que ele tinha falado. Certa vez, comentou que se considerava uma pessoa de bem, fiel a princípios que tinha aprendido em casa. Coincidência ou não, num camarim pré-show Humberto saiu perguntando para uns e outros: "Tu é de bem?", "E tu, é de bem?".

A Augusto restava expressar seus contrapontos pelo instrumento, em suas múltiplas intervenções em disco e show. "Deixo que a guitarra fale por mim", chegou a comentar certa vez.

A última parada da turnê em 1993 foi no último final de semana de novembro no Olympia, em São Paulo. Clima muito tenso. Um show duro. Em "Muros e Grades" cantava um Humberto irreconhecível, com voz brava. Mudou a letra: *"Levamos uma vida que não nos leva a nada... Nunca foi por aí!"*. E no final dessa música, Humberto começou a solar, no baixo, a introdução de "Muros e Grades", deixando Augusto desconfortável, se perdendo entre as notas. Depois que gravou "Muros e Grades" no *Várias Variáveis*, houve gente achando a introdução parecida com "Back on the Chain Gang", dos Pretenders, mas Augusto nunca ouvira a banda nem conhecia a música. Mesmo assim, na gravação do acústico resolveu mudá-la. No show, Humberto fazia a introdução, assemelhando o final da sequência com a música dos Pretenders. Talvez não fosse proposital, mas naquele momento, no clima que a banda estava, tudo poderia ser entendido como provocação, mesmo que não fosse intencional.

O domingo de 28 de novembro marcava o último show da turnê, em São Paulo. No meio da tarde, os fãs já se espremiam em frente ao Olympia, à espera da abertura dos portões. Uma notícia chegava até os fãs: aquele era o último show com Augusto Licks na guitarra. Do lado de dentro da casa de espetáculos, produção e equipe técnica tinham outra informação: a banda Engenheiros do Hawaii não existiria mais, e juravam que a informação era confiável.

Na fila, alguns fãs choravam, outros diziam que não poderia ser verdade. Uma fã foi até o orelhão e conseguiu ligar para Augusto no hotel. Queria avisá-lo do boato que rolava de que ia ser mandado embora da banda, mas estava rouca e Augusto cansado, não entendeu direito e não deu muita bola para o que ela tentava dizer. Aliás,

Augusto nunca soube daqueles boatos, talvez pelo isolamento que vinha sofrendo. Só sabia o que era visível a qualquer um que assistisse aos shows em 93: Humberto parecia estar de mal não se sabe com o quê, talvez com a banda, e pelo jeito tinha decidido descarregar a raiva para cima do guitarrista. Em imagens de shows daquele ano não se encontra nenhum sorriso do líder da banda, pelo contrário. Boatos ou não, naquele último show dos Engenheiros daquele ano de 1993, fãs gritaram "Augusto" do começo ao fim.

No estacionamento do Olympia, Augusto apareceu e deu autógrafos para alguns fãs, demonstrando a simpatia de sempre. Quando questionado se era verdade que a banda ia mesmo acabar, tirou o cigarro da boca e sorriu: "Mentira, Engenheiros do Hawaii vai tocar por muito tempo!". Desapareceu. Saíram para jantar Carlos e sua esposa Marta e Augusto e Márcia Jakubiak, a jornalista de Curitiba, que estava morando no Rio. No palco, Rinaldo,[151] o *roadie* de Augusto, separou todos os seus equipamentos. A ordem era levá-los para sua casa no dia seguinte. Cássio, *roadie* de Humberto, recebeu ordem de separar tudo e levar para a casa do baixista. Nilson, *roadie* de Carlos, fazia a mesma coisa. Os três *roadies* haviam recebido a mesma ordem, sem um saber do outro. E isso era mais um motivo de preocupação para equipe e produção, pois normalmente quando não estavam em viagem, os equipamentos, que eram muitos, ficavam em um galpão, em Guadalupe, no Rio de Janeiro. Sair do galpão não era uma boa notícia para a equipe. Quando souberam que cada um pediu o seu equipamento a frase que se ouvia no *backstage* do Olympia foi: "Ok, acabou. E agora?".

No dia seguinte, Carmela entrou em contato com Augusto dizendo que haveria uma reunião com a banda, na terça-feira, no período da tarde. Não era comum fazer reunião com a banda. O guitarrista

---

151 Além de Rinaldo, também foram *roadies* de Augusto nos Engenheiros: Kenny, Bené, Cássio, Bruno e Clebes.

já havia percebido que Humberto adotava nos últimos meses uma postura diferente. Parecia que algo o afligia, porém ele não se abria. Talvez fosse o momento que pudesse falar o que o incomodava. De qualquer forma, Augusto pressentiu que alguma coisa poderia acontecer. Márcia pediu para ir junto.

Álvaro, que preparava o material para reuniões, subiu até a sala da empresária perguntando qual seria o assunto. Carmela respondeu: "Nada".

– Como nada? Vai ter uma reunião para falar de nada?

– É sobre contrato, disco.

Todos estavam muito aflitos no escritório, no Leblon. Carmela ficava no sétimo andar, e Gil e a equipe de produção no quarto andar. As secretárias iam passando informação uma à outra e assim era alimentada a "rádio peão".

Augusto chegou junto com Márcia. Encontrou os *roadies* da banda, que saíam do prédio com um sorriso não muito entusiasmado. Entrou na sala de Carmela e Márcia ficou aguardando do lado de fora. Na sala estavam Carmela e Carlos, sentados em torno da mesa. Enquanto se aproximava para sentar, Augusto perguntou: "Cadê o cara?", brincando de procurar com os olhos pelos cantos da sala. Carmela despistou, respondendo algo como "Humberto tem uns problemas dele" – não iria vir.

Num primeiro momento, a ausência até passava alguma impressão de que a reunião seria menos importante, e entre os outros dois músicos o papo foi rolando normal como sempre vinha sendo.

Conversaram sobre tecnologia, equipamentos, astrologia. Carlos estava cada vez mais interessado em astrologia e era Augusto quem sempre passava alguma referência a ele. Depois de tentar contato com Cláudia Lisboa, conseguiu para o baterista o contato do "Bola", que também tinha sido aluno da alemã Emma de Mascheville. Quando os assuntos iam se esgotando, Carlos tomou para si a conversa:

– É o seguinte: esta banda, Engenheiros do Hawaii... (e faz sinal com os braços, cruzando-os, significando fim). O alemão tá montando uma banda nova e me chamou pra tocar.

Augusto ouviu, pensou um pouco e perguntou:

– E qual é o nome dessa banda nova?

Carmela entra na conversa:

– Nem o Humberto sabe ainda.

Augusto ficou um tempo pensando no que acabara de ouvir.

– Então tá... a gente então... não tem mais o que conversar. Foi levantando-se lentamente, se despediu dos dois e saiu da sala.

Acabava assim a formação Humberto Gessinger, Augusto Licks e Carlos Maltz, que fez dos Engenheiros do Hawaii uma das maiores bandas da história do rock brasileiro.

A MARCA

Saindo com Márcia do escritório da Showbras, Augusto parecia desnorteado, sem rumo. Colocava todo o seu tempo na banda, e agora não tinha mais banda. Desde que entrou sabia que um dia poderia acontecer, mas não conseguia acreditar que de fato tinha acontecido, e daquela forma. Entraram na Parati azul sem saber para onde ir. Augusto lembrou então da amiga Laurinda, ex-produtora da banda, e decidiu visitá-la no bairro Jardim Botânico. Perplexa com o que tinha acontecido, Lau já sugeriu: "Você tem que cuidar pra não fazer besteira, você precisa de um advogado!". Até sugeriu o nome de um, que estava defendendo causas de artistas. Mais tarde Augusto ligou para Cacaia, amiga dos tempos de faculdade, e ela recomendou o mesmo advogado: Nehemias Gueiros.

Augusto ligou e agendou uma consulta com o advogado, algo que jamais sonhara que um dia pudesse acontecer. Marcaram e se encontraram à noite em um clube. Augusto levou o sobrinho Otto Licks, que na época estudava Direito e era estagiário no escritório de Silvia Gandelman. Nehemias tocou em banda nos anos 80 e tinha trabalhado para a gravadora, Augusto já o tinha encontrado no estúdio. O advogado ouviu com atenção o relato de Augusto, que queria saber que direitos tinha em relação ao fim da banda. Depois, Augusto deu carona ao advogado até a rua Humaitá, em frente ao hospital São José, e ao se despedir pediu silêncio e sigilo total. Augusto sempre foi muito reservado, não queria que o assunto chegasse à imprensa.

Os dias foram passando e Augusto aos poucos ia digerindo a ideia de não estar mais em uma banda. A presença de Márcia foi fundamental para apoiá-lo, ajudando a segurar a barra. Apenas as pessoas mais próximas sabiam do assunto. Quando perguntavam o motivo de não estar mais na banda, Augusto respondia: "Sei o quê, como, quando. Só não sei o porquê". Naqueles momentos pensava: *O que teria acontecido com Humberto Gessinger?*. O que teria causado aquela atitude, o que teria causado aquele ano inteiro de baixo astral, seria alguma questão pessoal? Ele podia mesmo terminar a banda e fazer outra. Pensava: *Era direito seu, poderia até seguir carreira solo se quisesse. Mas... por quê?*

Augusto ficou surpreso quando saiu uma pequena nota na coluna de Ricardo Boechat, no jornal O Globo, revelando a crise na banda Engenheiros do Hawaii. Resolveu ligar para duas jornalistas que conhecia, uma de O Globo e outra do Jornal do Brasil, e as duas confirmaram a procedência da nota, sendo que no JB reclamavam de a informação ter sido passada para o jornal concorrente. No meio jornalístico, usa-se a expressão "vender" em relação a "furos", notícias exclusivas. Quando determinado órgão de imprensa "compra" uma exclusiva, outros se desinteressam.

Não bastasse o problema da banda, agora pelo jeito tinha mais um, e iria piorar: no dia 17 de dezembro, uma sexta-feira, o mesmo

O Globo publicou a matéria "Repertório acústico racha os Engenheiros". Assinada por Gilberto de Abreu, dizia a matéria: *"O Engenheiros do Hawaii pode estar com seus dias contados. Os rumores de que a banda formada por Humberto Gessinger, Augusto Licks e Carlos Maltz está em processo de separação não foram confirmados pela Showbras, que empresaria o trio gaúcho, mas tampouco foram negados pelo advogado de Licks, Nehemias Gueiros".* E na matéria, o advogado cita o motivo: *"Licks é a favor de levar a orquestra para o palco, como aconteceu na gravação do disco, mas Gessinger e Maltz preferem não fugir do esquema tradicional. Humberto alega que não tem preparo para fazer o set acústico – explica o advogado".*

Pela Showbras, Álvaro Nascimento afirma que os Engenheiros estão de férias e que retomam a estrada no mês de março. Foi desta matéria que saiu uma das "lendas" que envolvem a saída de Augusto na banda: de que ele queria uma orquestra nos shows da banda. Isso nunca passou pela sua cabeça. Mesmo assim, o próprio site oficial dos Engenheiros do Hawaii ajudou a espalhar a falsa versão: *"No final de 93 o clima começa a pesar nos Engenheiros, e causa a saída do guitarrista Augusto Licks. São várias as versões da história: na primeira, diz-se que as brigas começaram por uma divergência de opiniões no grupo a respeito do repertório acústico de Filmes de Guerra, Canções de Amor. Segundo se comentou, Augusto queria que se levasse orquestra para os shows, enquanto Humberto e Carlos preferiam a agitação dos shows elétricos",* diz o site. Nada disso aconteceu. O próprio Humberto, na divulgação do disco, disse mais de uma vez que dependendo do espaço, a banda poderia tocar com orquestra, como aconteceu no programa Noite de Gala.

Tudo que Augusto não queria estava acontecendo: a separação ser tratada pela imprensa. Augusto não tinha autorizado ninguém a falar em seu nome. Que fazer? Augusto lembrou-se da Dra. Silvia e ligou. A advogada então providenciou procuração para que pudesse representá-lo.

O filme *Negação* de 2016, dirigido por Mick Jackson, é uma boa demonstração de quanto um processo judicial pode ser diferente daquilo que um cidadão comum poderia esperar. Entre o desejo de fazer justiça e a realidade dos procedimentos técnico-jurídicos pode existir uma grande distância, por vezes kafkiana. A situação de Augusto não teve uma complexidade como aquela do filme, longe disso. Mesmo assim, trazia uma enorme dificuldade, sem precedentes, sem jurisprudência: como traduzir para um plano jurídico, por exemplo, o impacto de aos 37 anos não poder mais tocar seus instrumentos da forma como tinha consolidado ao longo de sete anos de dedicação, tendo para isso abandonado todos os outros projetos profissionais? Como traduzir juridicamente o fato de não poder mais tocar seus vinte solos por show, solos que eram na prática músicas próprias dentro de outras músicas, mesmo que por eles não recebesse direitos autorais? Acima de tudo, como traduzir o grande abalo emocional que vivia? Era como tentar calçar um sapato de anão num pé de gigante.

Na reunião no escritório, a Dra. Silvia e seus advogados procuraram fazer Augusto entender aspectos práticos: a sua decepção e consequente carga emocional eram justas e legítimas, mas não encontrariam "colo" na justiça. Algum entendimento seria procurado, através de alguma negociação. Justificaram que por sete anos não fizera outra coisa na vida senão se dedicar à banda, então obviamente tinha direito a alguma coisa daquela história e seria absurdo aceitar o contrário. Os advogados ainda explicaram que a banda era o que juridicamente se chama de "sociedade de fato", e que algum entendimento poderia ser iniciado naquele sentido. Veio então a pergunta:

– Quem é dono da marca?

– Ninguém. Tentou-se, mas não quiseram registrar – respondeu Augusto, lembrando de que ele e Carlos tinham estado meses antes naquele mesmo escritório para tratar da marca.

– Então por que não registra, direito seu?

– Porque iria pegar muito mal e iria ser usado contra mim.

Os advogados sugeriram que pensasse melhor sobre o assunto. Argumentavam que era evidente que não existia nenhuma "banda nova" e sim dois remanescentes dos Engenheiros do Hawaii que iriam continuar fazendo shows e gravando discos, por força contratual e ancorados no sucesso construído durante anos, sendo que Augusto estava fora de tudo aquilo. Em direito se procura sempre negociar, explicaram, mas para negociar é preciso ter alguma coisa para oferecer, e a marca, àquela altura, era o que restava. Não poderia registrar um terço a que tinha direito do uso da marca, então teria que registrar integralmente para que os dois terços a que não tinha direito pudessem ser negociados em favor dos outros dois. Augusto, porém, nada decidiu, não sabia o que fazer. Sabia que os advogados estavam certos quanto a seu direito, mas era certo que um registro da marca seria usado contra ele.

Ao chegar em casa, a secretária eletrônica piscava com recados ruidosos, até da Showbras, motivados pela divulgação da crise. Até pouco tempo antes, Augusto costumava sair para comer no Café Lamas no Flamengo, ou no Bismarque em Botafogo, junto com os jornalistas Valério Campos e Lucila Soares. Os dois acompanhavam os acontecimentos em detalhes, que o próprio amigo lhes contava. Mesmo assim, honrando a confiança de Augusto, nunca cederam à tentação de "conseguir uma exclusivinha".

Outros, entretanto, corriam atrás de notícia. Em uma das matérias publicadas em seguida, é a empresária quem fala: *"Segundo Carmela, eles se separaram para tirar férias dos 58 shows que fizeram esse ano (1993) e do lançamento do disco semiacústico Filmes de Guerra, Canções de Amor"*. Em outra, é o empresário que dá a voz em uma outra versão: *"Os Engenheiros do Hawaii não devem acabar, mas devem mudar sua formação. Os boatos da dissolução do grupo aumentaram e a versão mais forte garante que o líder Hum-*

berto Gessinger estaria querendo dispensar seu guitarrista Augusto Licks e continuar os trabalhos da banda com um substituto. (...) 'Os Engenheiros não vão acabar de jeito algum. O Humberto Gessinger, como criador do grupo, é um homem de vanguarda. Se novos projetos implicam uma nova formação, isso é irrelevante', disse (Gil) Lopes (...)". Aqui, o empresário diz que os três estão de férias. E mais uma matéria: "São cada vez mais insistentes as informações sobre uma possível alteração na formação do trio gaúcho Engenheiros do Hawaii (...). A última versão é a de que o líder da banda, Humberto Gessinger, estaria dispensando o guitarrista Augusto Licks".

Naquele vendaval, chamaram a atenção de Augusto as declarações do empresário, pois eram categóricas: "Os Engenheiros do Hawaii não devem acabar, mas devem mudar sua formação". Aquilo fez a ficha cair para Augusto, confirmando o que já suspeitava: a história de "banda nova" era teatro, uma manobra para tirá-lo dos Engenheiros do Hawaii. Lembrou de quando tinha entrado para a banda em 87, um dos Engenheiros declarou que tinham dado "um golpe de estado no Nei Lisboa". Agora, o golpe era contra ele.

A imprensa estava em cima: fotógrafos e jornalistas deixavam recados na secretária eletrônica, tocavam a campainha, faziam plantão na rua, na esperança de conseguir alguma informação de Augusto. O sobrinho Camilo, que tinha chegado de visita, teve que se sujeitar àquele clima de ansiedade e às luzes apagadas no apartamento. Estava ficando insuportável continuar no Rio.

Amanhecia no dia 20 de dezembro, uma segunda-feira. A Parati azul preparava-se para partir do Rio de Janeiro, levando Augusto e Márcia pela Linha Vermelha, em direção à rodovia Presidente Dutra. Enquanto dirigia, Augusto pensava em tudo que estava acontecendo. Lembrou de uma entrevista que deu para um fã-clube em Belo Horizonte na turnê do disco GL&M, quando uma fã perguntou se ele já tinha pensado em sair da banda. Na ocasião, ficou pensativo e respondeu que a música que fazia estava acima de tudo. Agora, estava muito chateado por não estar mais na banda, mas sabia que era uma coisa que poderia acontecer. O que mais o chateava e o deixava inconformado era a forma como aconteceu.

Parou no posto Graal para descansarem. Aproveitou para ir até um "orelhão" e ligou para o sobrinho Otto. Queria saber se O Globo tinha publicado a carta que enviara, e se havia alguma novidade, afinal os três últimos dias não estavam sendo fáceis. Otto estava querendo muito falar com Augusto, mas aparelho celular ainda não era uma coisa acessível em 93. Ouvir a voz do tio foi um alívio, pois tinha recebido uma informação importante: o advogado Ricardo Ferri, cujo escritório era associado ao escritório da advogada Silvia Gandelman e que atendia às questões relativas a Propriedade Intelectual, teria sido procurado para fins de registro da marca Engenheiros do Hawaii. A avaliação era de que a tentativa teria sido motivada pela matéria publicada em O Globo. Ricardo teria respondido não poder atender ao pedido por questão ética, pois trabalhava em colaboração com o escritório de Silvia Gandelman, advogada de Augusto, que seria parte interessada. E continuou Otto:

— Provavelmente eles vão correr atrás de um outro escritório para fazer o pedido de registro da marca.

O pedido de registro da marca continuava sendo a alternativa para que Augusto garantisse seus direitos. Ele se negava a fazer, não queria a marca para ele, mesmo quando lhe explicavam que seria apenas um instrumento de negociação, e que o pedido talvez nem fosse aceito pelo Instituto Nacional de Propriedade Industrial (INPI). Agora, porém, a situação mudava com aquela nova informação.

— Tio, é o seguinte: ou você faz o pedido do registro da marca como forma de negociar a parte que lhe cabe na banda ou deixa eles registrarem, ficando como está: sem banda e sem receber os direitos que acreditamos que você tem.

Ficou um silêncio na linha telefônica que ligava o Rio de Janeiro a um ponto da estrada com destino a São Paulo. Sem saída, pressionado diante do risco de dar "mole" ficando sem chances de resguardar seus direitos, Augusto autorizou que fosse encaminhado o pedido de registro.

Desligou o telefone. Sabia que a decisão iria ser manipulada contra ele, entretanto, sabia que, devido às circunstâncias, era a única coisa certa que poderia fazer, a menos que se acovardasse e aceitasse a injustiça que entendia que estava sendo feita. Voltou ao carro e seguiu o caminho que havia traçado.

O pedido de registro da marca foi feito pelo procurador, o advogado Ricardo Ferri, com protocolo no INPI do dia 21 de dezembro, em nome de M.J. Comunicações Ltda., empresa de Márcia Jakubiak, em três classes diferentes.

No mesmo dia 21, o jornal O Globo chegava às bancas e nas casas e apartamentos do Rio de Janeiro. No segundo Caderno, página 2, uma primeira e última declaração sobre o caso assinada por Augusto Licks. Dizia a carta: *"Surpreso com o noticiário divulgado, gostaria de esclarecer que: em primeiro lugar, o Sr. Nehemias Gueiros não é, nunca foi, meu advogado. Em segundo lugar, jamais autorizei qualquer pessoa ou instituição a prestar declarações públicas ou falar em meu nome a meios de comunicação. Em terceiro e último lugar, assessoria para assuntos de natureza jurídica e afins de meu interesse tem sido prestada por minha advogada, Dra. Silvia Dain Gandelman, desde 1989".*

Abaixo da carta de Augusto, foi publicada a carta do advogado Nehemias Gueiros:

"Venho em caráter de desagravo da notícia publicada no Segundo Caderno do Globo, relativamente à propalada separação dos Engenheiros. Realmente o Augusto Licks me procurou pessoalmente para lhe dar assistência no que denominou 'momento de crise' por que passa o conjunto atualmente. Não se falou em tomar qualquer atitude jurídica, ou judicial, pelo contrário, eu próprio o aconselhei a sair da cidade e esfriar a cabeça até janeiro, quando então acessa-

ríamos o assunto. *Nossa primeira e grande preocupação era justamente com a imprensa. Combinamos em ficar em silêncio total. Qual não foi minha surpresa na terça-feira, a ligação do repórter do GLOBO, já mencionando o assunto. Falou sobre os Engenheiros e seu novo trabalho acústico e me indagou sobre a agenda de shows. Não sou o empresário da banda nem mesmo o advogado de todos. Claro que não pude informar nada a esse respeito e não o fiz. Comentei tão somente que o trabalho acústico da Sala Cecilia Meireles era novíssimo no repertório do conjunto e representa uma incorporação de novo estilo ao grupo. Finalmente, quanto à separação do grupo, trata-se de uma situação que nem existe de fato nem de direito, mormente porque isto teria que ser referendado através da rescisão contratual e todos os seus desdobramentos legais. O jornalista Gilberto de Abreu prevaricou quando utilizou indevidamente meu nome como pessoa conhecida no meio fonográfico, para pseudofundamentar a sua matéria sobre o assunto".*

O Globo, então, abaixo, publicou a nota da redação: *"Como a segunda carta comprova, Augusto Licks, integrante do grupo Engenheiros do Hawaii, procurou o Sr. Nehemias Gueiros em busca de assessoria jurídica. Gueiros respondeu às perguntas feitas pelo repórter a respeito do fim da banda, cancelamento de shows e rumos da nova turnê da forma que aparece na reportagem publicada na última sexta-feira, dia 17".*

Augusto chegou em São Paulo e foi direto para a casa da amiga Liana. Sair do Rio, mudar de ambiente, tinha sido necessário, e tudo ainda estava muito confuso. Ficou dois dias em São Paulo. Em um dos passeios, de volta de uma sessão de cinema, na Avenida Paulista, um jovem o reconheceu:

– Augusto Licks!

– Não, deve estar me confundindo – respondeu.

– É ele sim – interveio Liana.

O rapaz, Marco Antonio, então tirou a mochila das costas e de dentro um álbum com fotos, reportagens, tudo de Augusto. Era um verdadeiro fã. E fez um pedido: "Não deixa a sua guitarra parar, você tem que continuar tocando".

Deixando São Paulo, Augusto e Márcia colocaram o carro na estrada, seguindo pela Régis Bittencourt a caminho de Curitiba. Augusto ainda ligou para casa para acionar a secretária eletrônica, entre vários recados tinha um de Gil Lopes, que não chegou a ouvir até o fim. Depois seguiram viagem, descendo sempre pela BR-116 até encontrar a estrada de São Vendelino, chegando em Montenegro. Nada como passar as festas de final de ano com as famílias. Aquela foi a primeira viagem que fizeram de carro para a cidade natal de cada um, roteiro que voltou a ser repetido nos anos seguintes.

Passadas as festas e com as cidades voltando ao seu ritmo normal, a advogada Silvia Gandelman recebeu uma ligação pedindo sugestão de nomes de advogados que pudessem fazer o processo de registro da marca Engenheiros do Hawaii, pois a intenção era de que a banda continuasse. Silvia então informou que o pedido de registro já havia sido feito junto ao INPI por Augusto. O ano de 1994 chegava sem pedir licença.

MANCHETES DE JORNAIS

O Brasil vivia um momento de euforia em vários sentidos. Depois do impedimento do primeiro presidente eleito por voto popular após o Regime Militar, Fernando Collor de Mello, o país se preparava para eleger o novo presidente da República. No esporte, a seleção brasileira de futebol se aprontava para a Copa do Mundo dos Estados Unidos em busca do tetracampeonato mundial.

Os Engenheiros do Hawaii começavam o ano de 94 rachados: de um lado Augusto Licks, fora do grupo, e do outro, Humberto e Carlos.

Se os tempos de banda tinham sido de muita tensão, a separação acabaria não sendo diferente.

Naquela altura, a informação do pedido de registro da marca já havia chegado a Humberto e Carlos. A advogada Silvia Gandelman se dispunha a conversar. Para ela, Augusto tinha feito a coisa certa, impedindo que a marca fosse registrada por algum oportunista de fora da banda. Não houve conversa e o dia 7 de janeiro deixou isso bem claro. Os jornais Zero Hora e Jornal do Brasil chegavam a seus leitores dando destaque sobre as declarações de Carlos Maltz sobre Augusto Licks, mas não eram elogios.

O Jornal do Brasil trouxe a manchete "Licks é um burocrata", com a linha fina: *"Carlos Maltz rompe o silêncio, anuncia que já há um candidato para a vaga do ex-guitarrista do Engenheiros e fala sobre a crise da banda"*. A matéria, assinada por José Mitchell, correspondente do Jornal em Porto Alegre, afirma que está surgindo um "novo Engenheiros do Hawaii". O nome do guitarrista para substituir Augusto ainda não é divulgado, mas consta que Humberto e Carlos já estariam ensaiando com ele. Sobre a razão da separação, Carlos explica: *"O que aconteceu é que o Augusto estava muito burocrático, tipo guitarrista profissional contratado, que sempre foi o caminho dele"*.

Na matéria Carlos contou que ele e Humberto decidiram pela separação, avisaram que não iriam mais tocar com ele e depois viram no jornal que ele estava contratando um advogado. Sobre a marca, Carlos foi irônico: *"Não sei se é verdade, mas, se ele fez isso, foi bobagem. Só se ele lançar a marca Engenheiros do Hawaii em calcinhas, esses lances empresariais. Todo mundo sabe que nós somos os Engenheiros do Hawaii"*. Outro motivo citado por Carlos para a separação seria a falta de criação por parte de Augusto. O baterista conta que com o sucesso, ele se acomodou. Não há na matéria nenhuma fala de Augusto ou de alguém falando por ele.

No jornal Zero Hora, Juarez Fonseca assina a matéria "Maltz diz que Licks era peso morto". O jornalista abre dizendo que os Engenheiros estavam sendo remontados com um novo guitarrista (a especulação levava ao nome de Nei Van Soria, que tocou na banda Cascavelletes). Juarez prevê a quebra de silêncio por parte de Licks depois desta matéria. *"Ontem ligou a um amigo e disse que 'a baixaria' ainda não havia chegado ao ponto de mobilizá-lo para uma resposta. Depois de ler estas declarações de Maltz, espera-se que ele apareça para dar a sua versão do mais rumoroso caso de separação em uma banda brasileira de rock"*. Augusto continuou em silêncio.

Também é nessa matéria que surge uma das versões repetidas até hoje de que Augusto teria registrado a marca três meses antes de sair, o que não aconteceu (o pedido de registro foi feito em 21 de dezembro, depois de ter sido colocado para fora da banda). Diz Maltz neste jornal: *"Estávamos juntos fazendo shows, enquanto ele, pelas costas, entrava com o pedido de registro sentindo que iria dançar"*. E continua, em seguida: *"Se tivermos que comparecer ao tribunal vamos levar o nosso ortopedista como testemunha, para mostrar nossas costas encurvadas de segurar esse mala por muito tempo"*.

E ao final da matéria, Juarez elenca várias frases de Maltz ditas na entrevista: *"Eu e o Humberto temos uma filosofia muito nossa, a gente meio que aceita as coisas que aparecem pelo caminho, está sempre na mão do acaso. E foi dentro dessa filosofia que o Augusto entrou na banda. Mas há um bom tempo já não estávamos mais aguentando a relação com ele (...). Fizemos um esforço muito grande para colocar o Augusto nos Engenheiros do Hawaii, para que tivesse uma visão de banda. O Humberto trabalhou intensivamente no papel dele dentro da banda – o som da guitarra, o tipo de cabelo, as roupas. Mas ele nunca entrou de verdade na banda. Com ele nunca fomos uma unidade como era no começo e como começa a ser agora de novo. Mas é claro que não renegamos o trabalho que fizemos juntos (...). Há um bom tempo ele dizia que estava ali por causa da grana, parecia mais interessado no dinheiro que no som, mais nos anéis que nos dedos. Reconheço que ele foi um pouco vítima do processo de gigantismo da banda, do sucesso. Mas eu e o Humberto sabemos que a gente tem que dar um chute nessas coisas de vez em quando (...) O Augusto era um cara preso, preocupado, tinha hora para ensaiar, só tocava o repertório, nunca rolava uma jam com ele".*

Anos depois, o próprio *roadie* do baterista, Nilson Batista, iria desmentir aquela alegação de apatia, de "não rolar uma jam", num depoimento emocionado que deu pela internet, esclarecendo que Augusto era o primeiro no *soundcheck*: *"Era feito por etapas começando com o Augustinho, Maltz e depois o Gessinger, o que pra mim era perfeito e podia fazer um som, tocar a bateria junto com o Cássio (roadie de Humberto) que tocava o contrabaixo com o Augustinho na guitarra, claro. Era o máximo! É sempre legal fazer um som com quem toca bem e tem bom gosto, o toque dele nos Engenheiros era refinado e trabalhado ao mesmo tempo".* Baterista na banda Surfista Prateado, Nilson ainda fez uma analogia para descrever Augusto: *"Musicalmente eu não tinha visto um guitarrista com braços de 'polvo'. Só pra exemplificar: numa mesma música ele tocava uma guitarra de 12 cordas na introdução, na parte A da música ia para o violão − que ficava numa estante −, no refrão ia para a guitarra de 6 cordas e fazia uma cama harmônica com uma pedaleira midi, e uma gaitinha vez por outra".*

Naquele início de 1994, o Jornal do Brasil publicou uma matéria de duas páginas analisando o lançamento do *home video* dos Engenheiros do Hawaii. A colunista Cláudia Cecília conclui o texto com uma reflexão: *"Aí você pensa no que tinha de melhor na história. A guitarra de Licks, a flauta de Licks, os solos de Licks. Pois é".* No dia 12 de janeiro de 94, José Mitchell, da sucursal de Porto Alegre do mesmo JB, publica a matéria "Guitarrista adia resposta", valendo-se de uma conversa com o irmão de Augusto. *"Licks vai aguardar os acontecimentos e a nova formação dos Engenheiros para definir as medidas legais cabíveis. Afonso explicou que seu irmão, por enquanto, não quer polemizar com os antigos companheiros, nem dar entrevistas".* Afonso conhecia de perto o que era alguém ter a imagem atacada publicamente, pois tinha sido assessor do deputado federal Ibsen Pinheiro.[152] A matéria de Mitchell volta a citar Afonso: *"Ele observou que 'Augusto não tomou nenhuma iniciativa para o rompimento, o que foi feito pelos outros'".*

No mesmo período, outros veículos da imprensa repercutem a separação da banda. No Estadão, Gil Lopes foi enfático: *"A liderança de Humberto Gessinger é indiscutível, ele é a alma do grupo, e, portanto, o Engenheiros vai continuar, só que com outro guitarrista".* Na mesma matéria é dito que o pedido de registro da marca teria sido feito por Licks antes da sua saída, ou seja, uma informação não verdadeira que continuava sendo repetida. Continuou sendo repetida também no Jornal da Tarde: *"Licks entrou com pedido de registro da marca 'Engenheiros do Hawaii'. Segundo Maltz, o guitarrista fez isso há três meses, portanto antes da sua saída, sem que os outros soubessem. 'Isso mostra bem sua personalidade, é um burocrata', disse Maltz. 'Ele ficou com o orgulho ferido, pois, na verdade, achava que a banda ia acabar sem ele'".* Sobre a marca, Maltz disse que o registro nunca foi importante para ele e Humberto. Na mesma matéria do JT, o jornalista Airton Seligman informa que procurou Augusto, porém não o encontrou.

As declarações agressivas na imprensa, além de abalarem Augusto e causarem mal-estar entre amigos e familiares, mesmo assim faziam o guitarrista pensar: por um lado, declarações de impacto não eram surpresa, pois já tinham acontecido antes, embora nunca com aquela contundência. Poderiam ser uma estratégia de provocar assunto na mídia para manter a banda em evidência. Porém, os ataques e as explicações, como a informação falsa de que o guitarrista teria registrado a marca antes de sair, não combinavam com o comportamento de Carlos Maltz nos últimos anos, nos quais

---

152 O drama de Ibsen está descrito em detalhes na monografia acadêmica de Arthur Machado: https://www.slideshare.net/macarthurpoa/final-agorasim

ele parecia estar feliz e sem problemas, fazendo shows e gravando discos. Augusto chegou a ouvir o baterista numa entrevista afirmando estar satisfeito com a formação da banda, que era "a definitiva". A sensação de Augusto era de que tudo aquilo despejado na imprensa não era muito espontâneo. Pensava: como o Maltz iria sustentar alegações impossíveis de provar? Será que teria ouvido de terceiros, sem conferir a veracidade?

Augusto chegou a enviar fax endereçado ao jornalista Marcelo Ferla, do jornal Zero Hora, exibindo cópia do pedido de registro onde está a data de 21 de dezembro de 93, comprovando que foi feito quando ele já não estava mais na banda. A marca, aliás, nem estava registrada, o que havia era um pedido de registro a ser avaliado num lento processo pelo INPI.

Verdade a ver navios, a versão falsa iria se propagar ao longo dos tempos, repetida e depois viralizada pelas redes sociais da internet. Não bastasse ter sido excluído da banda, Augusto ainda tinha que carregar, para vários fãs, a pecha de vilão, acusado de ser culpado pelo fim da formação GLM.

A história mal contada convenceu muitos fãs, mas não todos e, de um jeito ou de outro, muitos não se conformavam. Seu nome era gritado nos shows ("Cadê o Augusto pra solar agora?"), camisetas com seu rosto eram exibidas e até hoje fãs ainda perguntam em entrevistas sobre a possibilidade da volta do GLM. E em meio a tudo, nunca se soube o motivo verdadeiro da saída do guitarrista.

O próprio site oficial dos Engenheiros do Hawaii mantém o registro da marca como uma das causas da separação, ignorando a reunião na Showbras em que Carlos "dispensou" o guitarrista. Diz o site: *"A terceira[153] e mais provável versão é que em meio a rixas in-*

---

153 Diz o site dos Engenheiros do Hawaii sobre a segunda versão (ou oportunidade, como é citado no texto): *"(...)divulgou-se que Humberto teria tirado Licks da banda porque não gostava que ele fosse considerado o único músico da banda, notícia negada em carta à revista que a divulgou".*

ternas e discussões, Augusto sentindo que a relação com os outros integrantes estava se tornando inviável, registrou o nome Engenheiros do Hawaii como sendo de sua propriedade. Gessinger e Maltz entraram na justiça declarando que é pública e notória a posse por parte do nome Engenheiros do Hawaii. Rolou a maior baixaria com troca de insultos e acusações de todos os lados, e depois de muita lama rolar, Carlos e Humberto ficaram com o nome". Nessa versão, é fácil perceber mais uma inverdade: nunca aconteceu nenhuma "troca de insultos e acusações". Na verdade, a única manifestação de Augusto na mídia foi a carta que escreveu a O Globo, no dia 21 de dezembro de 1993, em que não faz acusação a ninguém da banda.

No mesmo O Globo, em matéria publicada no dia 26 de janeiro de 1994 e assinada por Antônio Carlos Miguel, é revelado o nome do novo guitarrista, substituindo Augusto Licks: *"Os Engenheiros do Hawaii já têm um guitarrista para o lugar de Augusto Licks. Eles estão ensaiando em Porto Alegre com Ricardo Horn, um amigo de adolescência do cantor, compositor e baixista Humberto Gessinger"*. A Zero Hora traçou um perfil do novo guitarrista em matéria publicada em 31 de janeiro. Nela, Ricardo Horn conta que as conversas para substituir Licks começaram em dezembro.

Também é datado do dia 26 de janeiro de 1994, na 2ª Vara Cível do Rio de Janeiro, um processo movido por Augusto Licks contra Humberto Gessinger e Carlos Maltz. A ação abrangia dois pedidos: indenização por danos morais e à imagem do autor, em razão das entrevistas que foram dadas; e a dissolução da sociedade de fato, haja vista que não existia uma empresa "Engenheiros do Hawaii" com contrato e CNPJ. Na ação fazia-se um histórico da entrada de Augusto na banda e as declarações na imprensa dadas por Carlos em jornais como Zero Hora e Jornal do Brasil, e de Humberto na Veja. Dizia esta última matéria: *"[Humberto e Carlos] não escondem que morriam de vontade de se livrar logo de Licks, a quem chamam de "guitarrista burocrático". No último show da banda em São Pau-*

lo [na verdade este não foi o último show], Gessinger disparou um 'acorda, Augusto', em tom enviesado, no meio da apresentação. 'É um chato, que nem se vestir sabe', apela o vocalista, que por sua vez se autodenomina o 'déspota esclarecido do grupo'. Gessinger também se irritava quando o guitarrista recebia elogios".

No decorrer do processo a Showbras apresentou uma carta em que a revista confirma que não havia conversado com o vocalista e que teria colocado a fala de acordo com pessoas próximas a ele. Porém, em outra matéria, publicada no Jornal do Brasil do dia 3 de fevereiro, é atribuída a Humberto a seguinte fala: *O Augusto era gente fina. O que aconteceu foi que aquela formação se esgotou. É uma barra enfrentar a estrada. Se não houver uma relação boa: é melhor trabalhar num banco como burocrata. Só a criatividade pode resistir à estrada. E o Augusto era meio inerte".*

No dia 9 de março, a Zero Hora publicou a matéria "Os Engenheiros do Hawaii deitam no divã". Na matéria, Leandro Steiw diz que o advogado de Carlos e Humberto estava solicitando a um psicanalista de Porto Alegre um parecer sobre o processo de danos morais movido pela advogada de Augusto, exigindo 12 mil salários mínimos como reparação pelos ataques verbais que sofreu através da imprensa. A ideia, segundo a matéria, era desmontar a acusação de ofensa moral alegando que as agressões teriam começado por Augusto quando fez o pedido de registro da marca. O jornalista tentou falar com a advogada do guitarrista, Silvia Gandelman, porém ela negou argumentando que não tinha autorização do cliente. Acrescentou que *"desde dezembro do ano passado, o guitarrista não fala com a imprensa, orientado por sua advogada. Ele recusa-se a dar entrevista".*

Aliás, desde que saiu, Augusto nunca falou com a imprensa sobre o processo de ruptura da banda. Passariam décadas até que voltasse a falar com a imprensa, e mesmo assim apenas para tratar de suas palestras interativas.

Muitos sugeriram a Augusto dar a sua versão sobre a história da sua saída, não entendiam por que ele não falava. Augusto, por sua vez, perguntava-se o contrário: por que falar? Entendia que, se desse uma entrevista, provavelmente haveria muitas outras rebatendo, gerando mais conflitos, e a sua entrevista sequer seria lembrada. Mais importante do que isso, talvez tivesse que falar mal, o que não seria de seu feitio, e quem escutaria seria o fã que se espremeu na grade para ver o show e que guardou dinheiro para comprar um disco. Pensava que para o fã o que importava era a banda, indivisível, e falar mal de um outro integrante seria o mesmo que falar mal da própria banda, seria "cuspir no prato que comeu".

Sabia que os fãs queriam escutá-lo também, mas para não magoá-los teria que mentir, não ia fazer isso. Por isso, sabia que as versões falsas de que "tinha traído a banda" seguiriam se espalhando e causando impacto na highway. O que o confortava era que familiares e amigos próximos sabiam de sua boca o que tinha realmente acontecido.

MOACIR MONTENEGRO

Enquanto o tempo passava e o processo caminhava no âmbito judicial, Augusto e Márcia resolveram buscar alguma tranquilidade nos Estados Unidos. Depois de um tempo revendo a família americana e os amigos na costa leste, ligou para o amigo Pedro Haase, que estava morando em Berkeley, uma cidade universitária da "Bay Area", região suburbana de São Francisco, na Califórnia, conhecida por ser o "berço" do movimento Hippie e de protestos estudantis nos anos 60. "Por que tu e Márcia não vêm para a Califórnia, ficar um tempo aqui?", convidou Pedro. Arrumaram as malas e partiram para a costa oeste.

Pedro e a esposa Iria Pedrazzi eram amigos do casal Silvia e José Emerim, donos do Brazil Today, um dos dois jornais voltados à

Augusto e Márcia na cidade de São Francisco (EUA), em 1994. Nesta época os dois trabalharam para o jornal Brazil Today.
Foto acervo pessoal de Augusto Licks.

comunidade brasileira. Iria foi premiada por uma reportagem sobre o ex-jogador Fio Maravilha,[154] que teve grande repercussão. Em 94, os quatro estavam reestruturando a publicação para a cobertura da Copa do Mundo, que teria sede brasileira na Califórnia. Augusto e Márcia foram recebidos poucas semanas antes da abertura do mundial, em 17 de junho.

Pedro encontrou um Augusto abalado. Era comum saírem para conversar. Trancados no carro, o recém-chegado era só desabafo. Tudo que aconteceu e estava acontecendo o magoava. Pedro ouviu o amigo chorar relatando o baque de ter seu nome escancarado nacionalmente, sendo chamado de "peso morto" e "burocrata".

Com a Copa, o Brazil Today passou a ser semanal, precisando de mais gente para escrever matérias. De visita, estava um casal de jornalistas.

– Augusto, não tem muita grana, mas vai ser legal – convidou Pedro.

– Não sei. Não estou querendo aparecer. Vai que alguém descobre que estou no jornal, aí a imprensa vai me achar.

– Vamos, Augusto. Vai ser bom para você.

– Algumas matérias vão precisar ter assinatura e eu não vou pôr meu nome para descobrirem que estou aqui.

– Você não vai assinar, vamos usar um pseudônimo. Que tal Moacir Montenegro? – sugeriu Pedro, usando o segundo nome de Augusto e o nome da cidade em que nasceu. Assim, o Brazil Today passou a contar com a coluna de Moacir Montenegro, a identidade secreta de Augusto Licks. Iria e Márcia eram repórteres e Pedro fazia o papel de editor e diagramador.

---

154 João Batista de Sales, o "Fio Maravilha", destacou-se no time de futebol do Flamengo, do Rio de Janeiro, e teve uma canção composta em sua homenagem por Jorge Ben. Jogou depois em clubes norte-americanos até se radicar em São Francisco.

Os dias foram se passando. Trabalho, conversas entre amigos e passeios. Augusto e Márcia alugaram um apartamento com outro jornalista, Octávio Tostes, que trabalhava na CNN e virou motorista de Pelé. Alternavam turnos: de dia iam para a redação do Brazil Today, enquanto Octávio dormia. Ele virava a noite no centro de imprensa. O prédio em que moravam tinha o apelido de "Rocinha", de tanto brasileiro que havia por lá. As paredes eram de material fino, flexível. Uma noite, as paredes começaram a vibrar fazendo estrondo, era um tremor de quatro graus na escala Richter. Berkeley e cidades vizinhas estão localizadas sobre a mais crítica área sismológica dos Estados Unidos, a falha de Hayward, que integra o sistema geológico de San Andreas. Augusto e Márcia ficaram debaixo dos vãos da porta para se proteger, dica que Augusto tinha ouvido de chilenos. Logo perceberiam que os tremores eram diários, mas ao menos não intensos como o daquela noite.

Tinham acesso ao pessoal da Copa, jornalistas e ingressos para os jogos do Brasil. Com o jornal e o "espírito" do mundial, Augusto vai deixando de lado a tensão que o cercava e vai se abrindo, demonstrando tranquilidade.

Com Bebeto e Romário, Dunga de capitão e a dupla de técnicos Parreira e Zagallo, o Brasil não chegara como favorito à Copa de 94, mas não perdia para ninguém. Depois de 1x0 contra a Suécia nas semifinais, o Brasil era finalista para a decisão de 17 de julho em Pasadena. Pedro teve que ficar na redação para fechar o jornal. Augusto e Márcia, sem ingressos para a final, decidiram ir ao estádio e tentar a sorte. E conseguiram.

Faltando pouco tempo para o início da decisão, as bilheterias anunciaram uma última leva de ingressos, mas não era barato: 300 dólares cada um. Indecisos entre a tentação e o preço salgado, foram por via das dúvidas se encaminhando para a fila, junto com três jornalistas paranaenses: a repórter de TV Cristina Graeml, o "polaco" Ulisses Iaroshinski e o radialista Valter Viapiana. A indecisão era agravada pelo fato de vários aparelhos de TV estarem ligados fora do estádio, exibindo imagens do campo. Disse Márcia: "Estamos na frente da decisão de uma Copa do Mundo, em que o Brasil pode ser campeão. Quando isso vai acontecer de novo?". Decidiram então marchar com os 300, mas teve gente que preferiu ficar fora, perto das TVs. Para azar, no momento em que Brasil x Itália começou, as TVs foram desligadas.

Márcia e Augusto deram sorte, talvez tenham dado sorte para a seleção brasileira: viram Roberto Baggio chutar para fora o pênalti que deu o tetracampeonato ao Brasil. Dariam a mesma sorte 22 anos depois no Maracanã, quando o futebol brasileiro conquistou nos pênaltis sua primeira medalha de ouro em olimpíadas. Antes da correria e comemoração em Los Gatos, Augusto ainda cumprimentou antigos colegas de rádio. No calor da euforia, Valter Viapiana conseguiu a façanha de arrancar uma entrevista exclusiva com Augusto, para a Rádio Clube Paranaense B2 de Curitiba. O jejum de 24 anos sem vencer uma Copa do Mundo finalmente chegara ao fim, quebrando momentaneamente o silêncio de Augusto Licks.

Algumas semanas após a Copa, Márcia voltou ao Brasil enquanto Augusto foi visitar Rogério na Alemanha e rever amigas na França e na Inglaterra. De volta ao Brasil, fechou-se em seu apartamento no Rio de Janeiro. As saídas de casa eram feitas sempre com receio de ser identificado ou de algum jornalista o reconhecer, sentimento que o perseguiu por muito tempo.

DEFESA E ACUSAÇÃO

Ano novo e novos desafios. Um deles era voltar a ver os antigos colegas de banda, não em um palco, mas em uma sala de audiência da 2ª Vara Cível do Rio de Janeiro. A audiência aconteceu em 2 de fevereiro de 1995. Augusto não via Carlos desde a reunião da

Showbras, em que foi afastado da banda, e Humberto desde o último show, no Olympia de São Paulo. O clima era tenso antes do início, marcado para as 14 horas. No local, os dois lados, com respectivos advogados e testemunhas.

Na sala de audiência, uma mesa separava os músicos que juntos subiram em muitos palcos do Brasil e do exterior, em mais de seis anos, emocionando um público que não cansava de cantar estrofes e refrãos, gritar, tocar uma guitarra imaginária e sonhar um dia estar em uma banda. Ao lado, em vez de *roadies* e técnicos de som e luz, estavam advogados engravatados, alinhados, com as leis para defender seus clientes. Augusto estava acompanhado de Dr. Rodolfo, do escritório de Silvia Gandelman, e do irmão Roque. Carlos e Humberto levaram dois advogados à audiência.

Augusto aguardava dentro da sala com os demais quando vieram lhe avisar: uma de suas testemunhas estava aos prantos. Alguém teria pressionado a fã Carla Anselmo Duffles Teixeira, que depois disso desatou numa crise de choro. Pediu então que a dispensassem, para que pudesse voltar para casa. Augusto era muito grato a Carla, uma das raras pessoas que concordaram em testemunhar espontaneamente, e ele não quis intimar ninguém. Muitas pessoas o apoiaram após sua saída da banda, manifestaram solidariedade, mas a maioria não quis testemunhar, temiam "queimar o filme" no meio musical, prejudicando oportunidades de trabalho. Do outro lado, quem também acabou não depondo foi o empresário Gil Lopes, que estava no rol de testemunhas de Humberto.

Logo no início da audiência, os advogados de Humberto e Carlos apresentaram uma proposta de acordo em relação à sociedade de fato e à marca "Engenheiros do Hawaii". Augusto receberia uma compensação financeira e abriria mão do pedido de registro. Surpreso com a oferta, Augusto falou rapidamente com o irmão e logo sinalizou ao advogado que aceitasse. Nem quis barganhar valor. Para ele o acordo era o reconhecimento formal de que tinha, sim, direitos em relação à banda. O próximo ponto dizia respeito aos danos morais e à imagem. Augusto não iria estipular preço para o que tinha sofrido. Se aquilo não era errado, então que assim dissesse o juiz. E assim a audiência se estendeu por cerca de seis horas.

Em seu depoimento, Augusto relatou que recebia manifestações hostis durante os shows por parte de Humberto, que se intensificaram em 1993, e citou a carta de uma fã de São Paulo dizendo já saber que ele iria ser retirado do grupo.

A defesa de Carlos e Humberto repetiu o que vinha argumentando no processo: que a banda já era nacionalmente conhecida quando Augusto entrou e que ele seria um ilustre desconhecido antes de ser convidado para tocar com os Engenheiros.

Já a acusação de Augusto citou os discos de ouro e de platina que a banda conseguiu enquanto o guitarrista estava no grupo e questionou sobre o uso da palavra "burocrata", que Carlos usou para definir Augusto. Carlos não soube dizer se a utilizou em uma entrevista. Sobre a expressão "peso morto", disse que usou para dizer que Augusto não estava colaborando e que não se recorda de ter dito especificamente esta expressão e que não levaria um ortopedista ao judiciário.

Dedé Ribeiro contou que, antes de entrar nos Engenheiros, Augusto era bastante conceituado na cidade, se não considerado o melhor guitarrista de Porto Alegre naquela época. Ao entrar na banda já tinha um grande currículo profissional. Sobre as expressões veiculadas nos jornais "peso morto" e "mala", atribuídas a Augusto, disse que as mesmas tiveram forte repercussão na cidade e entre os músicos de Porto Alegre. Ela notou que o guitarrista estava abalado com tudo que estava acontecendo e que tinha dificuldades em falar sobre o assunto.

Também testemunharam Maurício Pereira de Oliveira, amigo indicado por Augusto, e a empresária Carmela Forsin, indicada por Humberto. As demais testemunhas foram dispensadas, incluindo as que seriam ouvidas por carta precatória, como Juarez Fonseca e Eurico Salis, indicados por Humberto.

Em 31 de março de 1995 o juiz condenou Carlos e Humberto a indenizarem Augusto por danos morais e à imagem em 400 salários mínimos. Posteriormente as duas partes recorreram, e no julgamento de segunda instância os desembargadores mantiveram a condenação, porém a sentença foi reduzida para 30 salários mínimos.

O site do INPI mostra que a marca Engenheiros do Hawaii nunca chegou a ser registrada em nome da M.J. Comunicações, que tinha Márcia e Augusto como sócios. O pedido feito em dezembro de 1993 consta como "arquivado". A marca foi registrada em nome de Humberto Gessinger, com data de 16 de dezembro de 1998.

Depois da audiência, Augusto nunca mais encontrou Carlos. Este ligou algumas vezes para Augusto, mas não conseguiu falar. Augusto e Humberto encontraram-se rapidamente uma vez no aeroporto do Galeão. Humberto perguntou algo do Grêmio. Augusto desejou boa sorte e seguiu seu caminho.

Em 2015, Carlos contou que no ano em que o guitarrista saiu da banda *"Humberto estava muito insatisfeito pois achava que Augusto não estava mais interessado na banda. Isso vinha antes do Filmes de Guerra. O Filmes foi o último suspiro"*. Sobre Humberto não olhar para Augusto nos shows, comentou que *"Humberto entra 'numas', ele não é muito racional. Por que ele fez isso? Ele tinha que brigar com alguém. E eu não estava nem aí. Eu era mais omisso que qualquer outra coisa. 'Vamos colocar o Augusto na banda?', 'Vamos'. 'Vamos tirar o Augusto da banda?', 'Vamos'. Para mim não fazia muita diferença"*.

Em entrevista para o site Fanatic Media Group, em 2017, o baterista afirmou: *"Ninguém estava preparado para substituir o Augusto à altura, ninguém nunca esteve, ninguém nunca substituiu ele à altura. Tanto que a gente teve que colocar dois guitarristas e um tecladista para substituí-lo e mesmo assim acho que não foi suficiente.*

Eu acho que o trabalho dele era muito melhor do que esses outros três juntos, não que esses caras não fossem bons músicos, o Casarin, Fernando Deluqui... Mas é que o guitarrista dos Engenheiros era o Augusto, fazer o quê?".

Na biografia dos Engenheiros, escrita por Alexandre Lucchese e lançada pela Belas Letras em 2016, Augusto respondeu somente a questões relativas ao workshop e assuntos não relacionados com Engenheiros do Hawaii. Humberto Gessinger, questionado sobre o rompimento com o guitarrista, respondeu que "foi uma verdadeira criancice". Para este livro, sobre o mesmo assunto, Humberto se esquivou, alegando não querer fazer "mimimi". *"Hoje muito pouco me lembro e daqui há dois anos não vou lembrar quase nada".* E comentou: *"Se é verdade que quem dá o tapa esquece e quem recebe não, eu devo ter dado tapa em todo mundo, porque eu não me lembro de nada muito ruim".*

Humberto, na biografia da banda, ainda desmentiu que naquele ano de 1993 houvesse desinteresse da parte de Augusto, observando que este tinha era generosidade: *"Ele entendia de equipamento muito mais do que eu, mas foi em busca assim que dei a ideia".* Acrescenta que o fato de Licks ter comprado equipamentos novos, deixando tudo pronto para os ensaios que se avizinhavam na época, demonstra que o guitarrista se manteve interessado e disposto a trabalhar até seus últimos meses de banda. *"O Augustinho sempre foi muito correto",* disse Humberto. E Carlos: *"Era uma coisa que à época fazia sentido, porque a gente tinha chamado ele para entrar na banda. Então, do mesmo modo como tínhamos chamado, estávamos demitindo. Mas, olhando hoje, percebo que isso foi uma coisa completamente absurda. A banda era ele também. Não éramos mais donos do grupo, como achávamos".*

DO QUARTO PARA O MUNDO

Augusto tinha abandonado todos os seus outros projetos para respirar a banda 24 horas por dia. A saída o abalou: primeiro por ter sua vida voltada a algo que, de uma hora para outra, foi tirado dele sem pedir licença; e segundo, a forma como foi feito, que o fez mergulhar em um mundo introspectivo, receoso de um mundo lá fora, em que poderia ter um jornalista à espera de algo para virar manchete de jornal. Entrou em um universo próprio, longe de tudo. Não se sai por aí para fazer uma banda na próxima esquina, depois de uma história como GLM.

Se tinha lhe sido tirada a banda, e sem chance de volta, então melhor exorcizar de vez o que dela tivesse restado. Era preciso olhar para outros lados da vida, reconstruir referências. Augusto se dedicou a muita autorreflexão, fez leituras astrológicas, kármicas, até por supercomputador, e também terapias, tomou florais e antidepressivos da época, teve vez em que quase ficou em dúvida sobre quem era terapeuta e quem era cliente, desconfiado jogou fora uma caixa de Prozac. Era difícil falar com ele. Até mesmo os amigos mais próximos tinham dificuldade em ter notícias suas.

Por outro lado, sua saída permitiu fazer coisas para as quais nunca tinha tempo. Por exemplo, passar mais tempo em Montenegro com Otto e Irma. Se foi difícil ler manchetes de jornais falando dele de forma pejorativa, talvez tenha sido ainda mais difícil para seus pais, já idosos. Aconteceu até de serem despertados no meio da noite por telefonemas anônimos.

Seu Otto estava sempre pronto para embarcar na Parati, e quando o filho perguntava aonde gostaria de ir, lembrava o gesto do Captain Kirk, de Jornada nas Estrelas, esticando o braço para a frente: "Toca pra lá!". Era a estrada não asfaltada para Pareci, Matiel e Caí. Às vezes dona Irma se juntava nos passeios, e num deles realizou um antigo sonho: ir até o cemitério de São Benedito e visitar a sepultura dos primeiros Gewehr que chegaram à região, o casal Kastor e Katharina. Augusto tirou foto da mãe ao lado da lápide, um documento, considerando que houve reformas no cemitério.

Nos primeiros tempos da vida de casado com dona Irma, seu Otto tinha montado uma pequena oficina, em que as ferramentas ficavam à beira da estrada em Linha Comprida. Era dura a vida na colônia, e o pouco trabalho que conseguia era consertar ferraduras e rodas de carreta, como a que seu pai tinha. Um dia chegou ali um rapaz, Arnildo Führ, procurando trabalho. O ferreiro não se negou a ter um ajudante. Quando a doença o obrigou a abandonar o ofício, fechou a ferraria.

Num dos passeios de carro, o pai de Augusto sugeriu que fossem a Dom Diogo, lá tinha uma confeitaria que gostaria de visitar. Ao estacionar em frente, uma casa simples, Augusto reparou que havia degraus de acesso. Como a saúde do pai estava fragilizada, achou melhor deixá-lo descansando no carro para primeiro ver se tinha gente em casa. Augusto subiu e avistou um senhor sentado na sala, que não conhecia. Avisou que seu Otto Licks estava lá embaixo, tinha vindo visitar. O senhor desgrudou as costas da cadeira e perguntou em alemão: "Der Licks Otto?", já se levantando. Desceu, pegou Otto no colo e o carregou subindo a escada. Com todo cuidado, acomodou-o numa cadeira e em seguida lhe trouxe água e bolachinhas de Natal. Augusto ficou observando, sensibilizado e feliz pelo gesto daquele senhor, e aguardou pacientemente enquanto os dois conversaram longamente em alemão, mesmo sem entender. Depois de um tempo, seu Otto o chamou, estava cansado, hora de ir embora.

Mais tarde, no café da noite com Irma e Otto, saborearam uma "cuca" maravilhosa que era feita naquela confeitaria e soube que Dona Hilda fazia muito sucesso com as vendas delas, ajudada pelo marido e pelos filhos que saíam de camionete fazendo entregas pelas redondezas. Soube também que o nome dela era Hilda Laudi Führ, casada com Arnildo Führ, a quem Otto dera trabalho lá na oficina de

Linha Comprida. Jacob Otto Licks faleceu no dia 12 de dezembro de 1997, aos 85 anos, de complicações pulmonares. No ano seguinte, em outubro de 1998, ele e Irma completariam 60 anos de casados.

No tempo em que a internet engatinhava no Brasil, Augusto já navegava na rede. Participava do rec.sport.soccer, um fórum de discussão acadêmico que existia desde antes da internet comercial começar no Brasil. O assunto, é claro, era futebol, mas uma discussão, diríamos, de alta classe. Certo dia, Augusto, que usava um *nickname*, foi contatado por uma jornalista. Ela se apresentou. Era Paula Schmidt, de O Estado de S. Paulo. Em razão da qualidade dos conteúdos, Paula mostrou os textos para o editor Luiz Octávio de Lima, e Augusto foi convidado para escrever uma coluna semanal. O site do Estadão passou então a contar com a "SOCCER from a Brazilian perspective", assinada por Augusto Licks.

Augusto fazia comentários, análises, misturava cultura brasileira com futebol, não aspectos técnicos do jogo. Na segunda seção da coluna ("Quick Pass") listava uma quantidade de notícias curtas, incluindo as últimas transferências de jogadores. Naquela época, havia muito interesse do público estrangeiro no futebol brasileiro, mas a língua portuguesa era uma barreira. A coluna era escrita em inglês e publicada às quartas-feiras, e na seção "Letters" acumulavam-se mensagens enviadas por leitores de diversos países dos quatro cantos do mundo. Augusto não conhecia pessoalmente nem Paula e nem Luiz. Também nunca comentaram sobre o Augusto Licks guitarrista dos Engenheiros do Hawaii. Provavelmente em determinado momento souberam, pois os fãs descobriram que ele estava escrevendo para o Estadão e começaram a deixar recados nos comentários. Em um e-mail para Augusto, o editor destacou a singularidade de terem mantido um trabalho de alto nível profissional sem que ninguém se conhecesse. Augusto escreveu a coluna por dois anos e meio, toda semana, até a Copa de 98, realizada na França.

Em paralelo, Augusto manteve por alguns meses, com a produtora "Tele News", de Odilon Tetü e Leonardo Ribeiro, um informativo on-line diário de notícias em inglês sobre o futebol brasileiro, era o "Football-Brazil", um serviço tipo agência de notícias. Nessa época, Augusto já dominava a informática. Ele mesmo desenvolveu recursos de software para agilizar o funcionamento do site. Certa vez Augusto escreveu mensagem ao técnico Zagallo fazendo-lhe uma pergunta saia justa: se tivesse que escolher só uma opção, preferia ganhar jogando feio ou perder jogando bonito? O "velho lobo" foi cortês e numa detalhada resposta salientou: "Copa do Mundo e Olimpíada foram feitas para os que almejam a medalha de ouro. Você gosta mais do choro da derrota ou das lágrimas do sucesso?".

Naquele tempo, as pessoas ainda se dispunham a ler mensagens longas de e-mail, e Augusto chegou a trocar comentários, sem se identificar, com gente como Armando Nogueira, Renato Maurício Prado, Fernando Calazans e Juca Kfouri. Assinava como "Augusto" apenas, e como tal chegou a ser citado nas colunas de Nogueira e Kfouri. Em um e-mail, Juca chegou a ameaçar de brincadeira: *"Augusto, eu ainda divulgo um dos seus comentários e você vai saber o que é fama..."*. Mal sabia Juca...

Na Copa de 2006, realizada na Alemanha, Augusto fez comentários ao vivo na rádio Roquete Pinto e se atreveu a dizer que o Brasil não era favorito da Copa, contrariando a unanimidade. O âncora na ocasião, José Fernandes Jr, perguntou: "Mas por quê?". O Brasil havia conquistado o pentacampeonato em 2002 e o time parecia ter confiança. Para responder, Augusto lembrou de uma frase atribuída ao guitarrista Eric Clapton: "Não dá pra tocar um bom blues com a barriga cheia". Tudo isso misturado com assuntos gerais, como política. O comentário gerou um certo mal-estar e chegaram a indagar se Augusto teria registro profissional (tinha dois, por falta de um) e o âncora lamentou, mas não poderia dar continuidade às suas participações. No dia em que o Brasil foi eliminado pela França, por um a zero, em 1° de julho de 2006, o âncora ligou e falou com Augusto ao vivo, quando ele lembrou da "profecia do apocalipse".

Quando saiu da banda, Augusto não queria fazer o que já tinha feito, como tocar em estúdio ou produzir um disco. Escrever num jornal americano e para um site eram coisas novas, por isso animadoras. O que ele não deixava de fazer, por ser esporádico, eram trilhas musicais. Não gostava de encomendas, tipo isso ou tipo aquilo. Seu lance era compor música original, fazer soar o que sentia num contexto cênico.

Foi assim a música que compôs em 95 para o curta-metragem *Eu Sou Buck Jones*, de Glecy Coutinho, com montagem de Vera Freire, baseado num fato real de 1943 no Espírito Santo, em que um menino sem dinheiro faz de tudo para assistir a seu herói de faroeste no cinema. Augusto compôs melodias diferentes, que ao final se encaixam na música de encerramento, como contrapontos. Augusto utilizou linguagem semelhante na peça de teatro *Todas as Noites de Todos os Dias*, em 2007, em que os personagens encontram uma cabeça de mulher falante e contam histórias para que a mesma lembre de seu passado. Para cada personagem[155] Augusto compôs uma música-tema ao piano, e ainda arriscou interferir sonoramente na ambientação, criando uma teia de sons de canos de água, fios em curto-circuito, goteiras, fitas de áudio sendo rebobinadas, páginas de livro sendo folheadas, produzindo quase um "cenário sonoro".

Mas a grande composição da sua vida junto com Márcia, que esteve ao seu lado no momento em que mais precisou e com quem casou em 9 de maio de 1998, chegou em 2000. Laura foi um bebê planejado, muito esperado e amado. A gravidez foi tranquila. Augusto curtiu cada momento, cada ida ao médico, os exames de ultrasso-

---

155 Interpretam os personagens Danilo Watanabe, Camila Nhary, João Ferreira, Raquel Libório, Pablo Aguilar e Ana Carolina Sauwen. Com direção de Angel Palomero, o texto foi escrito por Walter Daguerre em conjunto com os atores.

nografia. A primeira vez que ele ouviu o coração dela batendo, saiu do exame com a cara de quem tinha presenciado um milagre. A decisão do casal foi de saber o sexo do bebê no dia do parto. Durante a gravidez, dona Irma fazia a brincadeira de girar um anel pendurado num cordão para saber se seria menino ou menina. Márcia brincava com ela: "Dona Irma, não vale ficar puxando pra um lado!".

Laura nasceu exatamente no dia em que estava previsto pelo médico: 1° de setembro de 2000. Às 6 da manhã, Márcia chamou Augusto, porque a bolsa tinha estourado. Ele pulou da cama e perguntou: "Agora é sério, nós vamos voltar do hospital em três?". No parto descobriram que era uma menina e foi uma grande festa, principalmente na família de Augusto, em que havia dez sobrinhos homens e apenas uma menina. Um telefonema no início da tarde daquele dia eternizou para ele a felicidade de poder anunciar para sua mãe a chegada de mais uma neta: "Senta aí numa cadeira, que eu tenho uma boa notícia pra te dar. Sentou? Então escuta: o sobrenome é Jakubiak Licks... e o nome é... Laura!". "Ha!", exclamou Irma em alegria. Além de ser uma menina, o nome também homenageava sua irmã, tia Laura.

O nome já tinha sido escolhido há anos. Desde criança, Márcia lia os livros sobre os pioneiros americanos da escritora Laura Ingalls Wilder, e queria uma filha com esse nome. Augusto também se apaixonou pelo nome. Não havia um acordo caso viesse um menino.

Tudo correu da melhor forma possível. Augusto e Izilda, irmã de Márcia, assistiram ao parto. Izilda, a madrinha de Laura, foi o anjo da guarda por duas semanas e ensinou tudo sobre bebês aos recentes papai e mamãe. O padrinho foi o irmão de Augusto, Roque. E, claro, não faltou o carinho e a ajuda das queridas vovós Maria e Irma.

Márcia e Augusto curtiram cada momento da filha: primeiro dia na escola, festas do pijama, férias com os primos, viagens de carro em família para o sul. Quando fez 15 anos, Laura quis uma festa simples e cantou com amigos e o pai na guitarra. Márcia e Augusto

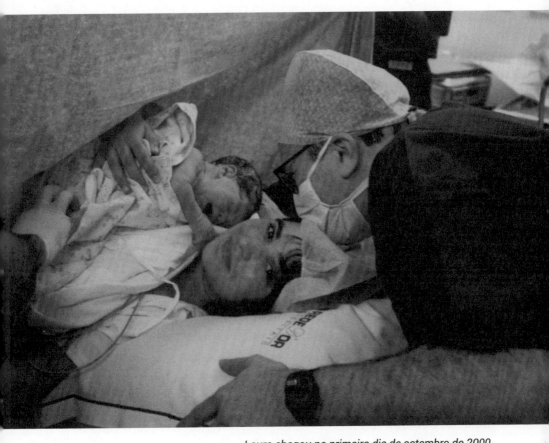

Laura chegou no primeiro dia de setembro de 2000.
Foto acervo pessoal de Augusto Licks.

costumam repetir uma frase: "Laura é tudo, é o ar que a gente respira". Costumam abraçá-la e sempre dar um "cheiro" para garantir oxigênio extra. Se o ano de 2000 foi de alegria com a vinda da filha, o mesmo não aconteceu no ano seguinte.

As estatísticas divulgadas em 2017 pela UFMG sobre falhas médico-hospitalares no Brasil talvez ajudem a entender o drama que devastou a família de Augusto no ano de 2001. Dona Irma era uma mulher forte, e apesar de ter chegado aos 85 anos parecia ter mais vitalidade do que os filhos, talvez graças às condições nas quais cresceu na colônia, em que a atividade física dos trabalhos caseiros se aliava à qualidade do ar e a uma alimentação orgânica livre de produtos químicos industrializados. Adorava caminhar e conduzia entusiasticamente a venda da família, além de apreciar meio cálice de vinho.

No Rio de Janeiro, depois de um passeio para Costa Rica e Estados Unidos, Dona Irma fez uma caminhada e, sentindo-se cansada demais, foi levada a uma emergência cardíaca. Os exames revelaram a necessidade de uma cirurgia, valva aórtica, considerada indicação "clássica" na medicina. Exames anteriores feitos no Rio de Janeiro já tinham revelado uma condição preocupante de outra valva, a tricúspide. Augusto e as duas Helenas, cunhadas, ouviram do cardiologista José Geraldo Moreira Filho as implicações de se fazer ou não a cirurgia, pesando riscos de um lado, e a perda de qualidade de vida de outro.

Considerando que o pós-operatório poderia ser demorado, a família avaliou que seria melhor fazer a cirurgia em Porto Alegre, mais perto de casa. O cirurgião tinha boas referências. Lá, dona Irma foi submetida a um cateterismo parcial e não se falou sobre a observação da valva tricúspide feita nos exames do Rio. Logo após a cirurgia, o cirurgião atendeu brevemente os familiares, informando que tudo tinha corrido bem, mas que riscos ainda perdurariam no pós-operatório.

Iniciou-se então um processo massacrante, de tentar acompanhar a recuperação de Dona Irma no centro de tratamento intensivo, sem informações esclarecedoras. Passavam-se dias e dona Irma não saía do CTI, não era desentubada. O cirurgião viajou para os Estados Unidos, e um clínico indicado pelo hospital nunca foi apresentado à família, que ficou sem saber o que acontecia. Augusto e a cunhada Heleninha recorreram então ao cardiologista que atendera Irma no Rio de Janeiro. Após dois dias informando-se sobre o quadro, sem o hospital fornecer exames da cirurgia, José Geraldo enfim listou várias preocupações. Augusto então autorizou a remoção de dona Irma, por UTI aérea.

Num hospital particular do Rio, a mãe de Augusto foi atendida com transparência e condições mais humanizadas. Em vez de CTI, foi direto para um quarto, e não era mais sedada, manteve-se consciente. Os exames logo revelaram que a eficiência da valva implantada sobrecarregava outras áreas do coração não atendidas na cirurgia, e a primeira a sofrer com isso era justamente a valva tricúspide. Os médicos passaram a tratar dona Irma clinicamente, e o quadro melhorou. Infelizmente, o otimismo foi interrompido com a informação de que a função renal estava prejudicada. Não havia opção senão uma segunda cirurgia.

Augusto lembrou-se de que Rogério tinha se sentido muito triste por estar longe quando seu Otto falecera. Telefonou então para a Alemanha e relatou a situação ao irmão, sugerindo que pegasse o próximo voo para o Brasil. Quando Rogério chegou, dona Irma parecia levitar de felicidade, o filho distante, tão querido dela e de todos. E apontou para as fotografias de Laura vestindo a roupinha que ela tinha feito de crochê nos meses antes da cirurgia. Continuava lúcida a mãe de Augusto, revelando até impaciência. O cirurgião perguntou a ela se o autorizava a fazer uma segunda cirurgia, e ela corajosa concordou. Augusto tinha ouvido da cunhada Izilda que, para pacientes em condições muito fragilizadas, todo contato físico era muito pesado, agressivo. Pensando nisso, Augusto segurava com o máximo de leveza que conseguia as mãos daquela mãe maravilhosa, sentia os dedos dela como pétalas de flor.

No dia 28 de maio, aniversário de Augusto, perto do horário de seu nascimento, sua mãe foi submetida à segunda cirurgia. Junto com Heleninha e o amigo psicólogo Tonio Dorrenbach Luna, que tinha vindo especialmente de Curitiba, ainda a viu ser conduzida para a unidade pós-operatória. "Vamos lá, Irma!", torciam.

De volta em casa, não demora a tocar o telefone. Márcia atende, é Heleninha, que tinha ficado no hospital, e passa a informação: "Não tem volta". O chão desaparece para Augusto, enquanto Tonio lhe administra um medicamento sublingual. Num desabafo carregado de emoção, Augusto faz uma declaração à mãe, que Tonio sempre lembra e que define como inesquecível. Traumas como o da saída da banda ficaram "fichinha", substituídos por algo bem maior. Perdia-se ali o elo de uma grande família, a referência maior sobre valores de vida, de luta e de sobrevivência. Iniciava-se uma inevitável reconfiguração. Na época de quase frio carioca, uma música não saía da cabeça de Augusto: "Autumn Leaves".[156]

Certa vez caminhando pela região do SAARA (Sociedade de Amigos e Admiradores da Rua da Alfândega), Márcia ouviu uma música cantada e acompanhada por um órgão, que saía de dentro de uma igreja, em frente ao intenso movimento de comércio e de ambulantes, a igreja de Santo Elesbão e Santa Ephigênia. A igreja e o ambiente do comércio lembravam muito dona Irma. Durante sete anos, Márcia e Augusto encomendaram aquela missa cantada no dia 28 de maio. Todo ano, o irmão Beto junta-se a Augusto, que se sente homenageado pelo duplo significado que a data de seu aniversário passou a ter.

---

156 Composta por Joseph Kosma em 1945, com o título original húngaro "Folhas Caindo", foi rebatizada "Folhas Mortas" na França, e "Folhas de Outono" nos EUA, onde a estação é chamada *fall*.

Após o falecimento de dona Irma, os irmãos Augusto, Afonso e Rogério uniram-se para preservar a venda da família Licks, em Montenegro, desejo frequentemente expresso pela mãe: "Enquanto tiver um Licks vivo, isso ali não pode acabar", dizia durante caminhadas de braços com Augusto, o filho mais novo. Nos trabalhos de preservação nos anos após a virada do milênio, o velho armazém incorporou cabines telefônicas, Cyber-Café e até um espaço cultural que abrigou um recital do Rogério e uma exposição de quadros alusivos ao poeta Mario Quintana, cedidos pela sobrinha Helena Quintana. Mesmo com as transformações, mantinha-se a venda de alguns itens tradicionais, como benzina, anzol e linha de pescaria, e o preparo de cerveja com lúpulo alemão.

O armazém foi reinaugurado em agosto de 2006 pelos "Três Carreteiros"[157] Beto, Géio e Gusto, contando com a assessoria competente de Josete Mirapalheta, a "tia Jô". As portas abriram logo após o término da missa dominical. O Armazém Licks, agora um Centro Cultural, com café, livros disponíveis para leitura, entre outras coisas, ficou cheio. Rogério Licks foi a atração musical da reinauguração com o "Poesias Musicadas de Mario Quintana", projeto que marcou os 100 anos de nascimento do poeta gaúcho. Augusto ficou na mesa de som. Às 12 horas, Afonso começou a fechar as portas do Armazém. Com as portas fechadas, Augusto pegou o violão e começou a tocar com o irmão Rogério. Um show para poucos, afinal Rogério e Augusto, até então, nunca haviam feito uma apresentação publicamente juntos. Tocaram "Autumn Leaves". O prédio que abrigou o Armazém Licks foi demolido no dia 22 de janeiro de 2017. Um pequeno pedaço do piso da venda foi emoldurado e entregue a Augusto pelo irmão Afonso.

Uma foto de Augusto na reinauguração foi compartilhada nas redes sociais da época. Há muito se perguntava o que teria acon-

---

157 Homenagem ao avô Alfredo Licks.

tecido com Augusto Licks. A revista Bizz chegou a publicar a matéria "Que fim levou Augusto Licks", sem trazer nenhuma resposta. Na rede Orkut, havia uma comunidade com milhares de seguidores chamada "Por onde anda Augusto Licks?", em que os fãs buscavam informações sobre seu paradeiro. O site "Rockenrou" fez uma pesquisa para os leitores escolherem "o melhor e o pior guitarrista de todos os tempos". Na primeira opção, precisa dizer quem ganhou?

Desde sua saída da banda, Augusto passou a tocar pouco os instrumentos, e quando tocava geralmente estava sozinho. Antes do nascimento de Laura, Augusto e Márcia recebiam a visita do casal Ivani Flora e Odilon Tetü. Márcia e Ivani são do Paraná e trabalhavam na Rede OM, mas se conheciam apenas pelo vídeo. Em um dos encontros, depois de uma boa janta e um bom vinho, no meio de uma conversa, Augusto pegou o violão e começou a dedilhar, o que não era comum na frente de outras pessoas. Em 2017, Augusto deu uma entrevista para Ivani, que é correspondente de uma TV Portuguesa, sobre a exposição do Nirvana, no Rio de Janeiro. Depois da entrevista, um visitante foi até Augusto dizer que era seu fã.

Num aniversário de Laura, Augusto pegou o violão e, sem ensaio, ela cantou "Knockin' on Heaven's Door", de Bob Dylan, e "Wild World", de Cat Stevens. Todos ficaram surpresos e felizes. As filhas de Ivani e Odilon, Flora e Nina, com quase a mesma idade de Laura, gostavam de dormir na casa do "tio" Augusto, porque ele tocava violão para elas. A preferida era "Here Comes The Sun", dos Beatles. Também é "de casa" Paula Solano, mãe de Isabela, amiga de Laura desde o primeiro dia do jardim.

Certa vez, ainda quando Laura era criança, Augusto chegou em casa e a filha estava assistindo a uma reprise do "Globo de Ouro", em que os Engenheiros do Hawaii estavam se apresentando.

– Pai, você tem uma banda?

– Não tenho mais, filha – Laura desatou a chorar.

Em 2007, quando estava compondo a trilha para a peça *Todas as Noites de Todos os Dias*, Laura, com seis anos, chegou para o pai e disse:

– Papai, a sua música é como um pássaro: tem asas, tem que voar.

Foi como uma flechada. As palavras da própria filha não saíram mais da cabeça, precisava retomar a música em sua vida. Poderia, pelo menos, pensar em uma forma de levar o seu vasto conhecimento a um público interessado em música.

Quando estava formulando o projeto, lembrou do ano de 1986, quando ainda em Porto Alegre assistiu a um ciclo de palestras de José Miguel Wisnik, professor da USP, intitulado "O Som e o Sentido". Passadas duas décadas, a lembrança veio à mente quando começou a elaborar sua palestra-interativa *Do Quarto Para o Mundo*, procurando reproduzir nos participantes a sensação de esclarecimento que teve na época. O título foi uma ideia da amiga Dedé Ribeiro, que o ajudava na produção.

O "Workshop", como ficou conhecido, é definido no material de divulgação como uma rara oportunidade de se conversar com alguém que incorporou durante décadas a evolução das maneiras de se fazer música no Brasil, pioneiro na utilização de diversas técnicas e instrumentos, sempre crítico com os mesmos, e que vem oferecer aos iniciantes uma orientação técnica e existencial sobre caminhos que poderão percorrer.

Diferente de cursos, aulas ou oficinas convencionais, o "Workshop" de Augusto Licks não se prende a aspectos técnicos da música, embora ofereça atalhos para que sejam melhor entendidos e utilizados. A abordagem é mais ambiciosa: busca situar o hábito musical de uma pessoa comum em relação aos obstáculos que a vida em sociedade impõe. Daí o título, que descreve o caminho entre a intimidade (quarto) e o conflito social (mundo). Embora destinado a músicos iniciantes, qualquer pessoa pode participar do workshop de Augusto, pois abrange questões universais e existenciais. Em todas as cidades onde foi realizado, o tempo passou rápido, tamanha a diversidade de assuntos, que por vezes incluem até temas polêmicos como drogas[158], religião, política ou futebol. Augusto dedica toda a segunda parte a responder perguntas, e quem dá ênfase aos temas são os próprios participantes.

Na primeira edição em Porto Alegre, em 2008, a conversa começou às 11 da manhã e terminou só depois das 18 horas, para o local fechar. A quantidade de perguntas parecia uma queda de braço com o palestrante, e nenhuma ficou sem resposta. Para Augusto, *Do Quarto Para o Mundo* é um ato de resistência contra o senso comum. Nesta ocasião, Augusto quebrou um jejum de anos com a imprensa ao falar por telefone à Rádio Guaíba. Perguntado sobre Engenheiros do Hawaii, respondeu: "Nunca foi um hábito meu falar sobre o meu trabalho pessoal". O segundo encontro aconteceu em Iracemápolis (SP), em 22 de maio de 2010.

Mesmo depois de anos longe da banda e da mídia, ainda são muitos os fãs que procuram notícias de Augusto Licks e uma forma de encontrá-lo. Emerson Gimenes "Rickenbacker" articulou a "Turma da Mureta". Quem ia ao Rio de Janeiro entrava em contato com ele, e lá na Mureta da Urca Augusto recebia de forma carinhosa os fãs para uma conversa, autógrafos e fotos. Em um desses encontros, em 2015, estava Rodrigo Pedrosa, vindo de Belo Horizonte, junto com Manuela Meneses, que já havia participado da Turma da Mureta em 2008. Na conversa, Augusto comentou que sentia saudades da capital mineira e perguntou se daria certo levar o Workshop para lá. Por meio de um financiamento coletivo, em que fãs de todo o Brasil participaram, Augusto levou o *Do Quarto Para o Mundo* para Belo Horizonte, no dia 17 de outubro de 2015.

---

158 Para Augusto, drogas não se resumem a álcool e químicos, entende que o mundo está se drogando eletronicamente. Acha que é preciso entender melhor o porquê de pessoas se drogarem.

Dessa experiência, nasceu a ROMA Produtora, de Rodrigo e Manuela. O nome foi dado por Augusto, que chamava o casal com este nome. A próxima parada do Workshop foi em São Paulo, no dia 12 de março de 2016. Depois seguiu para Curitiba, em 7 de maio do mesmo ano. E o *Do Quarto Para o Mundo* fechou o ano de volta a Porto Alegre, no dia 24 de setembro. Nesta última, Augusto deu entrevistas para a Rádio Guaíba e para o jornal Zero Hora. Perguntado sobre um possível reencontro com Carlos e Humberto, respondeu: *"Tudo tem seu prazo de validade. As coisas da banda não acabaram muito bem. Começou a se criar ali uma aspiração de carreira solo disfarçada. Virou uma forma de poder"*. O Workshop também foi para a cidade mineira de Juiz de Fora, no dia 22 de setembro de 2018.

No dia 15 de setembro de 2015, Augusto realizou um Workshop mais que especial e que deixou marcas. Por intermédio de Moisés Teles, esteve no Instituto Benjamin Constant (IBC), no Rio de Janeiro, falando sobre música para alunos cegos e alunos com baixa visão. Alunos e professores participaram e fizeram perguntas. Em determinado momento a aluna Laís sentou-se ao piano e juntos tocaram "Pra ser sincero". Depois, Laís lhe presenteou com uma cópia em Braille do programa do Workshop e o tomou pela mão para um passeio pelos corredores internos do IBC, apresentando colegas e descrevendo as atividades de cada sala por que passavam. Uma tarde para nunca esquecer. No dia 13 de setembro de 2018, Augusto retornou ao Instituto para participar do evento "Guitarra – universo de sons". Mais um dia inesquecível para o guitarrista.

Augusto sempre gostou de ensinar coisas que sabia. Muito antes de elaborar o *Do Quarto Para o Mundo*, trocava aulas de violão por aulas de francês com a amiga Deliamaris Acuña, em Porto Alegre. No Rio, ensinava informática à astróloga Liliane Magalhães, que em troca lhe ensinava noções sobre os quatro elementos. Teve raros alunos de guitarra, entre eles Cristiano, irmão do amigo Hélton em Porto Alegre, a quem vendeu sua dupla de pedais Ibanez, e uma fã no Rio de Janei-

Depois de quase 22 anos longe dos palcos, Augusto faz uma
participação no show da cantora Tsubasa, no Rio de Janeiro, em 2015.
Foto acervo pessoal de Augusto Licks.

ro, Daniela Diz. Ainda em Porto Alegre passou noções de harmonia a Nando Gross, outro que depois também desenvolveu carreiras simultâneas de músico e jornalista de rádio. Mais do que dizer como as coisas eram feitas, Augusto orientava os aprendizes a eles próprios irem fazendo, e assim desenvolvendo suas próprias maneiras.

Outra experiência marcante foi voltar ao palco depois de mais de 20 anos. A cantora japonesa Tsubasa Imamura, apaixonada por música brasileira, aprendeu português para gravar músicas daqui. Seus vídeos "bombaram" na internet e desde 2009 ela passa pelo Brasil para shows. Em 2014 convidou Augusto, pois tinha gravado "Pra ser sincero" utilizando o "koto", tradicional instrumento japonês. Augusto gostou da versão, e na turnê seguinte, em 11 de julho de 2015, aceitou participar do show de Tsubasa no Centro de Referência Musical Artur da Távola, no Rio. Pegou emprestada a guitarra de Max Viana, filho do cantor Djavan, e a acompanhou em "Pra ser sincero". Eram quase 22 anos desde a última vez que subira num palco no Brasil. Fãs ali presentes choravam. Para Augusto, além de matar a saudade daquele ambiente, sua participação realizou um sonho que há tempos tinha, de que sua filha Laura o visse tocando em um show. Sonho realizado.

No ano seguinte, voltou ao palco com a cantora e também tocaram "Parabólica", em versão instrumental. Augusto e Laura ainda participaram das gravações do clipe de "Padrão Brasil". Em 2018, a gravadora Edoya Record do Japão lançou novo CD, *Tsubasa*, onde ela canta a inédita "Acalanto de Rua", uma canção sobre abandono, que Augusto tinha escrito originalmente em inglês ("Street Lullaby").

Alguns fãs chegaram a batizar filhos em homenagem ao guitarrista. O pai José Domingos Goulart criou um nome único para a sua filha: Anandalicks. O filho de outro pai, por um possível erro de cartório, foi registrado como Links. O fã Saulo Caldas avisou para Augusto, antes mesmo de seu filho nascer, que o nome era uma homenagem, e que o garoto seria chamado pelos familiares de "Augustinho".

Em 2014, os jornalistas Leandro Souto Maior e Ricardo Schott lançaram o livro *Heróis da Guitarra Brasileira*. Por meio de uma pesquisa intensa sobre os músicos brasileiros, os autores selecionaram 80 guitarristas e cada um deles teve um perfil que incluiu sua história e seus instrumentos. Augusto autorizou que estivesse no livro, porém naquela época ele ainda não dava entrevistas.

Em agosto de 2016, a revista Guitar Player, aquela que Augusto colecionava, publicou uma entrevista de quatro páginas com Augusto Licks, em que o guitarrista fala do workshop *Do Quarto Para o Mundo*, sobre os guitarristas de hoje, fãs, recursos musicais, equipamentos e Engenheiros do Hawaii. Sobre a banda, ele diz: *"Procuro guardar boas recordações, inclusive daquelas coisas que posso utilizar como algo útil para compartilhar. Se fosse de minha parte, ainda estaríamos tocando, viajando o mundo e evoluindo, mas não esteve em mim essa opção".*

Vez ou outra, Augusto se reúne com o amigo Eduardo Prestes, e juntos tocam e conversam muito sobre música. São dois violões. Em sete anos que tocam, de forma esporádica, fizeram composições juntos, releituras de músicas antigas e reinventaram arranjos. Publicamente, apenas uma vez tocaram juntos. A banda da qual Eduardo fazia parte se apresentou nas Casas Casadas, em Laranjeiras, no Rio, e Augusto, que estava assistindo à apresentação, foi chamado para uma participação. Juntos tocaram "Loucos", de Eduardo, e "Maracujás", de Nei Lisboa e Augusto.

Muitos boatos foram lançados ao longo dos anos, não só sobre os Engenheiros. Um deles é de que Augusto estaria fazendo um projeto com Dado Villa-Lobos, da Legião Urbana. Augusto encontrou apenas uma vez Dado em um hotel, quando lhe mostrou seu violão Martin. Tempos depois o produtor Mayrton Bahia pediu o Martin para Dado gravar no disco da Legião. Augusto atendeu com prazer. Espalharam também que Augusto teria sido convidado para tocar nos Titãs e na banda de blues de Nasi, vocalista do Ira!, a Nasi & Os

Irmãos do Blues. Nem uma coisa, nem outra. Sobre os Engenheiros foram muitos os boatos. Diziam que Augusto participaria da gravação do Acústico MTV dos Engenheiros, em 2004. Desde que saiu, Augusto não recebeu nenhum convite para tocar novamente na banda. O que aconteceu foi que, certa vez, na formação do disco *Simples de Coração*, uma pessoa da equipe técnica lhe fez uma visita e perguntou se ele não era a fim de voltar para a banda, pois o rumo que o grupo estava tendo não era bom, e com ele entrando outros integrantes poderiam sair. Augusto cortou a conversa.

LICKS NO PALCO

O dia é 19 de abril de 2017. O local é a sala de Música do Theatro São Pedro, no centro de Porto Alegre. As pessoas começam a chegar e esperam do lado de fora. No interior da sala, os últimos toques e retoques da passagem de som.

– Testando: um, dois, três.

Um gesto breve levanta o microfone a uma altura imaginável capaz de captar as falas durante o show. Um leve dedilhar pelas seis cordas do violão.

– O meu violão não pode ficar tão mais alto que o do Rogério.

Augustinho procura equalizar emoção, ansiedade e técnica, todas ao mesmo tempo.

Do seu lado, o irmão José Rogério Licks, seu mentor, inspirador de música e de atravessar fronteiras sem se preocupar com o que está do outro lado. É a primeira vez que tocam publicamente. O técnico de som é o sobrinho Fabricio Licks. Ele é toda a equipe por trás da técnica do show.

– Fabricio, que sobrenome usamos para citar seu nome nos agradecimentos do show? – pergunta Augusto.

– Pode ser Fabricio Licks, tio. Aliás, vocês não imaginam como este sobrenome me deu problemas nas décadas de 80 e 90.

Fabricio lembra do período que o tio Augusto integrava os Engenheiros do Hawaii. Capas de revistas, páginas de jornais, hotéis, viagens, fãs histéricas e comportadas, entrevistas, sete discos, tensão, brigas, críticas ferozes da imprensa, festivais, tudo isso e muito mais fez parte do currículo da banda naquele período.

Foi um período em que Augusto pôde realizar experiências musicais que ainda não havia realizado enquanto parceiro e depois guitarrista de Nei Lisboa. Foi com Nei que Augusto se tornou conhecido no Sul do Brasil. Foi com os Engenheiros que Augusto se tornou conhecido no Brasil. No final do ano de 1993 saiu da banda e de lá para cá pouco se soube de Augusto Licks.

Depois de quase 25 anos, Augusto se prepara para subir novamente em um palco, não em uma participação especial, como fizera duas vezes antes, mas como parte do show.

Após testar o som, Augusto e Rogério se dirigem ao camarim. Hora de abrir as portas para o público. Os irmãos dialogam e elogiam o som. Augusto agradece mais uma vez ao fã Márcio Flores por emprestar o violão Epiphone, e depois pede uns minutos só, enquanto Rogério faz seus últimos preparativos.

Às 12h35 é anunciado o show daquela tarde, dentro do projeto Évora. A mestre de cerimônia, Carmem Lúcia, dedica o espetáculo a dona Irma, a matriarca da família Licks, mãe de Roque, João Timóteo, Marilaine, Terezinha, José Rogério, Maria Elisabete, Afonso e Augustinho. Sete deles estavam lá. Também estavam o amigo Pedro Haase, que esteve presente em tantos momentos de Augusto, e Boina, que tocou com Augusto e Nei por diversas vezes.

Rogério sobe ao pequeno palco, prepara seu violão e começa o show intimista com "Suíte Inconsútil", uma composição dele. Segue com "Adágio de Albinoni" e com suas composições: "Meditação da

Flor-de-Lis", "Vem da Noite, Como o Sol", "Cruzando a Cordilheira", "Rio Caí" e "Morgumel", um instrumento para lá de interessante.

Rogério ajeita o microfone e chama o convidado especial: Augusto Licks entra, faz um gesto agradecendo aos aplausos e improvisa com Rogério. E as canções seguem: "Romance Andaluz", "Coral Santa Cecília", "Greensleeves", entre outras. De composição só de Augusto tocam "Cenárias", "Maré Alta", "Incáusticas", "O Vento" e "Solos a Viajar". No meio da apresentação, Augusto interrompe um improviso que estava iniciando e pede desculpas, o celular tinha tocado, precisa atender. Parece ser ligação internacional. Rogério entra com um blues e a fala de Augusto se torna uma canção, assim como fazia com Nei em *Só Blues*. Rogério faz sua leitura de "Pra ser sincero" e juntos tocam uma versão instrumental de "Parabólica". As músicas seguem. Aplausos e mais um bis e mais aplausos. Augusto e Rogério[159] se abraçam, realizados. Lá de cima, seu Otto e dona Irma aplaudem sem parar. Dessa vez assistiram ao espetáculo todo, afinal o som não estava tão alto assim.

P.S.: Outra noite dessas, Augusto foi visto e ouvido no Lapa Café executando seu cross-tapping e sua "chuva de pedrinhas", em uma música do jovem grupo "Destinatário Anônimo". Talvez às vezes ele saia na noite carioca como um guitarrista qualquer, quem sabe um novo ditado da selva urbana.

---

159 No ano seguinte, em 2018, os irmãos apresentaram o recital "LICKS Blues", no dia 4 de maio no Teatro Therezinha Petri Cardona, em Montenegro; no dia 8 de maio no Salão Mourisco da Biblioteca Pública do Rio Grande do Sul, em Porto Alegre; e no dia 9 no Multipalco do Theatro São Pedro, também na capital gaúcha.

MEU PAI É INCRÍVEL

Por Laura Jakubiak Licks

Não sei nem por onde começar, mas meu pai é incrível. Ele sempre foi uma inspiração para mim. Eu o chamo de "meu cara de óculos". Desde que eu me conheço por gente, lembro do meu pai cantando e tocando para mim.

Ouvimos de tudo juntos: Tchaikovsky, Mozart, Joni Mitchell, Cat Stevens, Beatles, Bob Dylan, Tom Jobim, Dorival Caymmi e até música gaúcha como o Xote Carreirinho.

Quando eu era pequena ele ficava tocando violão até eu pegar no sono, e ele fez muitas músicas para mim. Ele me contou que antes mesmo de eu nascer, quando eu ainda estava na barriga da minha mãe, ele já cantava para mim. No dia em que nasci, chorei muito e ele disse que foi comigo até o berçário e começou a cantar, e na hora eu parei de chorar.

Meu pai sempre disse que eu sou uma estrelinha que veio lá do céu, eu sempre guardo essas palavras com carinho. Não me lembro quando descobri que ele era famoso, mas lembro de uma situação engraçada em que um grupo de fãs foi ao portão do meu jardim de infância e eu fiquei toda feliz.

Lembro também de encontrar umas fitas VHS de shows dos Engenheiros do Hawaii, e desde aquela época gosto muito das músicas. Aos 9 anos, comecei a me interessar por violão. Meu pai começou a me dar dicas e me deu meu primeiro violão, mas só comecei a tocar de verdade aos 14, mesma idade que ele começou.

Meu pai me mostrou o mundo da música, mas também me mostrou vários filmes como *O Mágico de Oz*, *Star Wars* e *Blade Runner*, e até hoje assistimos muitos filmes juntos.

Todo dia nós conversamos sobre muitas coisas, sobre tudo mesmo, nós somos uma dupla dinâmica (apesar de altos e baixos) e com a minha mãe vira um trio maravilhoso que é a minha família. Sou muito feliz e grata por tudo. Meu pai é o melhor do mundo! Todo dia ele me ensina algo, e ele diz que eu também ensino várias coisas. Amo muito e tenho muito orgulho dele.

Meu papi é pop!

Afonso Licks, Alexandre Lucchese, Alonso Licks, Álvaro Nascimento, Andrews Lima, Augusto Licks, Bebeto Alves, Carlos Maltz, Carlos Mosmann, Carmem Rial, Claudia Marsi, Dario Zalis, Davi EngHaw, Dedé Ribeiro, Douglas Sad Silveira, Eduardo Prestes, Emerson Gimenes, Eurico Salis, Flávio Dutra, Gelson Oliveira, Giba Assis Brasil, Gislene Gómez, Gustavo Sobreira, Humberto Gessinger, Ivani Flora, Ivo Studart, Jamari França, Jean Ravaneda, Jim Reilly, Jon Rosch, José Rogério Licks, Juarez Fonseca, Karin Cristine, Kim Parker, Kleiton Ramil, Laura Jakubiak Licks, Leo Henkin, Liana Milanez, Luiz Carlos Galli (Boina), Luiz Carlos Maluly, Manuela Meneses, Marcel Dumont, Márcia Jakubiak, Margareth Gouveia, Maria Elisabete Licks, Marilaine Licks, Marta Peliçoli, Mauro Borba, Moisés Teles, Nancy Lix, Ned Steinberger, Nehemias Gueiros, Nei Lisboa, Nilson Batista, Odilon Tetü, Otto Licks, Pedro Haase, Reinaldo Barriga Brito, Robert Regonati, Rodrigo Pedrosa, Roque Licks, Sasha Cavalcante, Saulo Caldas, Silvia Gandelman, Terezinha Licks, Tonio Dorrenbach Luna, Wagner Tiso, Wilson Schünemann e aos demais que colaboraram direta ou indiretamente para este livro.

**COMPRE UM
·LIVRO·
doe um livro**

Nosso propósito é transformar a vida das pessoas por meio de histórias. Em 2015, nós criamos o programa compre 1 doe 1. Cada vez que você compra um livro na loja virtual da Belas Letras, você está ajudando a mudar o Brasil, doando um outro livro por meio da sua compra. Queremos que até 2020 esses livros cheguem a todos os 5.570 municípios brasileiros.

**Conheça o projeto e se junte a essa causa:
www.belasletras.com.br**

Este livro foi composto em roboto e impresso em papel lux cream 70 g pela gráfica Pallotti em fevereiro de 2019.